季羡林自选集

八大印章珍藏版

印章编号　1

　　这是用缅甸字母书写的巴利文大藏经。巴利文没有自己的字母，在缅甸乃用缅文字母，在泰国则用泰文字母，依此数推，因此而异。

　　这一套经，页数混乱，无法按顺序排定前後。书写用的可能是从石油原油中提出来的黑漆似的东西。如果是红色的话，则用的是朱砂整製的红色颜料。所用北纸名曰民。

　　而现夹板上绘的是：一释迦牟尼的少壮中年、老年的形像，共三幅。二神猴哈努曼的形像，也是三幅。中间夹杂着佛教神话中金翅鸟（garuda）等等。

　　在缅甸历史上，十九世纪中叶缅王

季羡林自选集

季羡林谈佛

季羡林 著

北京联合出版公司
Beijing United Publishing Co.,Ltd.

图书在版编目（CIP）数据

季羡林谈佛 / 季羡林著 . -- 北京 : 北京联合出版
公司 , 2024.7. --（季羡林自选集）. -- ISBN 978-7
-5596-7689-4

Ⅰ . B948-53

中国国家版本馆 CIP 数据核字第 2024YU4805 号

季羡林自选集：季羡林谈佛

季羡林　著

出 品 人：赵红仕
选 题 策 划：外图凌零
统　　　筹：徐蕙蕙
特 约 编 辑：康舒悦　刘芳芳
责 任 编 辑：管　文
封 面 设 计：陶　雷
内 文 排 版：孟　迪

北京联合出版公司出版
（北京市西城区德外大街 83 号楼 9 层 100088）
北京联合天畅文化传播公司发行
武汉市盛宏源印务有限公司　新华书店经销
字数 264 千字　880 毫米 ×1230 毫米　1/32　10.25 印张
2024 年 7 月第 1 版　2024 年 7 月第 1 次印刷
ISBN 978-7-5596-7689-4
定价：49.90 元

代序 ——— 做真实的自己

◎ 季羡林

　　在人的一生中，思想感情的变化总是难免的。连寿命比较短的人都无不如此，何况像我这样寿登耄耋的老人！

　　我们舞笔弄墨的所谓"文人"，这种变化必然表现在文章中。到了老年，如果想出文集的话，怎样来处理这样一些思想感情前后有矛盾，甚至天翻地覆的矛盾的文章呢？这里就有两种办法。在过去，有一些文人，悔其少作，竭力掩盖自己幼年挂屁股帘的形象，尽量删削年轻时的文章，使自己成为一个一生一贯正确、思想感情总是前后一致的人。

　　我个人不赞成这种做法，认为这有点作伪的嫌疑。我主张，一个人一生是什么样子，年轻时怎样，中年怎样，老年又怎样，都应该如实地表达出来。在某一阶段上，自己的思想感情有了偏颇，甚至错误，绝不应加以掩饰，而应该堂堂正正地承认。这样的文章绝不应任意删削或者干脆抽掉，而应该完整地加以保留，以存真相。

在我的散文和杂文中，我的思想感情前后矛盾的现象，是颇能找出一些来的。比如对中国社会某一个阶段的歌颂，对某一个人的崇拜与歌颂，在写作的当时，我是真诚的；后来感到一点失望，我也是真诚的。这些文章，我都毫不加以删改，统统保留下来。不管现在看起来是多么幼稚，甚至多么荒谬，我都不加掩饰，目的仍然是存真。

像我这样性格的一个人，我是颇有点自知之明的。我离一个社会活动家，是有相当大的距离的。我本来希望像我的老师陈寅恪先生那样，淡泊以明志，宁静以致远，不求闻达，毕生从事学术研究，又决不是不关心国家大事，绝不是不爱国，那不是中国知识分子的传统。然而阴差阳错，我成了现在这样一个人。应景文章不能不写，写序也推托不掉，"春花秋月何时了，开会知多少"，会也不得不开。事与愿违，尘根难断，自己已垂垂老矣，改弦更张，只有俟诸来生了。

1995年3月18日

序二——我尊敬的国学大师

◎梁　衡

　　季羡林先生是我尊敬的国学大师，但他的贡献和意义又远在其学问之上。我尝问先生："你所治之学，如吐火罗文，如大印度佛教，于今天何用？"他肃然答道："学问不问有用无用，只问精不精。"其严谨的治学态度发人深省。此其一令人尊敬。先生学问虽专、虽深，然文风晓畅朴实，散文尤美。就是有关佛学、中外文化交流，甚至如《糖史》这些很专的学术论著也深入浅出，条分缕析。虽学富五车，却水深愈静，绝无一丝卖弄。此其二令人尊敬。先生以教授身份居校园凡六十年，然放眼天下，心忧国事。常忆季荷池畔红砖小楼，拜访时，品评人事，说到动人处，竟眼含热泪。我曾问之，最佩服者何人。答曰："梁漱溟。"又问再有何人。答曰："彭德怀。"问其因，只为他们有骨气。联系"文化大革命"中，先生身陷牛棚，宁折不屈，士身不可辱，公心忧天下。此其三令人尊敬。

先生学问之衣钵，自有专业人士接而传之。然治学之志、文章之风、人格之美则应为学术界、全社会，尤其是青少年所学、所重。而这一切又都体现在先生的文章著作中。遂建议于先生全部著作中，选易普及之篇，面对一般读者，编一季文普及读本。于是有此选本问世，庶可体现初衷。

（梁衡，著名散文家。曾任原国家新闻出版署副署长、人民日报社副总编辑）

序三 _____ 季羡林先生的道德文章

◎ 梁志刚

　　"季羡林自选集"丛书付梓在即，责编要求我写一篇序。初闻此言，颇感错愕：老朽何德何能，哪有资格为大师的文集作序？继而思之，季先生的同辈学人，已经渐去渐远，即使我的师兄师姐，也是寥若晨星。我作为先生的及门弟子和读者，同时还是先生传记的作者，谈点心得体会，作为引玉之砖，不但是必要的，而且是应该的。于是我鼓足勇气，写点一孔之见，与诸位读者交流。

　　说起季羡林先生的自选集，据我所知，最早是在1988年，北京师范学院出版社要求季先生自选精华，编成《季羡林学术论著自选集》。季先生从过去几十年所写的200万字的学术著作中，选出几十篇，还为这本集子写了自序。他发现，所选文章基本上都是考证方面的，这说明，自己的兴趣和能力即在于此。清代大文豪姚鼐说："天下学问之事，有义理、文章、考证三者之分，异趋而同为不可废。"

20世纪80年代中期以前，季羡林的治学主要是考证。他师承陈寅恪和瓦尔德施米特，认为考证是做学问的必由之路。至于考证的方法，他十分佩服并身体力行胡适提出的"大胆的假设，小心的求证"。他认为，过去批判这两句话，批判一些人，是在极左思想的支配下，以形而上学冒充辩证法来进行的。他反对把结论当成先验的真理，不许怀疑，只准阐释，代圣人立言，为经典作注。他认为这样只能使学术堕落。他说："我过去五六十年的学术活动，走的基本上是一条考证的道路。""考证要达到什么目的呢？无非是寻求真理而已。""什么叫真理？大家的理解也未必一致。有的人心目中的真理有伦理意义。我不认为是这样。我觉得，事情是什么样子，你就说它是什么样子。这是唯物主义，同时也是真理。"要想了解季羡林是如何考证、如何寻求真理的，请读一读本丛书中的《季羡林谈佛》。

季羡林曾经多次说"不喜欢义理"。可是在20世纪80年代中后期，他在"义理"的研究方面，投入了不少的精力，取得了可喜的成果。其原因是，他看到，西方文化引领世界数百年，给人类带来前所未有的利益，同时也造成了巨大的生存危机，诸如环境污染、人口爆炸、淡水不足、气候变暖、臭氧出洞、物种灭绝、战争频发、贫富差距扩大等等。他在思考人类的出路在哪里。当然不只是季羡林，世界上有些有识之士也在考虑同样的问题。英国的汤因比对人类文明的发展趋势进行了深刻的反思，日本的池田大作在考虑如何把"战争与暴力的世纪"改造成"和平与共生的世纪"，并与季羡林展开隔空对谈。季羡林从中国古代圣贤那里受到启发，提出了"天人合一"的新解，主张人与自然和谐相处；在人与人、国与国的关系方面，主张和为贵，和而不同，建立和谐世界；在东西方文化关系方面，主张坚持"拿来"，强调"送去",用东方的药,治西方的病;他提出"河东河西论",大胆预言:21世纪将是中国的世纪。这些,为建立人类命运共同体理念提供了理论支撑。我们这套丛书中的《季羡林谈国学》《季羡林谈东西方文化》无疑是其代表作品。

至于文章,季羡林先生是广受读者欢迎的散文大家。他笔耕七十余载,创作散文五百余篇,其中许多是脍炙人口、清新隽永的名篇。1980年香港文学研究社出版的《季羡林选集》和1986年北京大学出版社出版的《季羡林散文集》就是较早的散文自选集。在这前一本书的跋和后一本书的自序中,他详细介绍了自己的创作过程和"惨淡经营"的创作理念。此后,各家出版单位编辑出版的季羡林散文集可以说数不胜数。记得2006年初,有一家出版社找到我,要编一本季先生的学者散文。我去医院请示季先生,季先生说:"我的散文已经出了七八种,有的还没有经过我同意。这些书大同小异,你选这几篇,他选那几篇,重复的不少。这对读者不负责任。你不要凑这个热闹。人家不编的,你编。"本套丛书大多是散文。对季先生的散文,方家评论多矣,我这里只引用林江东的评语——"季先生散文的特点是:在朴实中蕴含着优美,在静穆中饱含着热情,在飘逸秀丽中不失遒劲和锋刃,在淳朴亲切的娓娓道来中给人以强烈的震撼,在诙谐隽永的语言中蕴含着深刻的人生哲理,在行云流水般的字里行间凸显先生的人格魅力。"我认为此言不虚,读季先生的散文,确实是一种美的享受。

季羡林先生是著名翻译家,他的译著在三十卷《季羡林全集》中占三分之一。1994年初,中国工人出版社出版了一本季羡林译著自选集。季羡林为这本《沙恭达罗——中国翻译名家自选集·季羡林卷》写了篇小引,提出了一个十分重要的原则,"不改少作,意在存真"。他说:"除了明显的错误或者错排,其余的我一概不加改动,意在存真,给历史留下些真实的影子。有的作家到了老年拼命改动自己青年和中年时代的文章，好像一个老年人想借助美容院之力把自己修饰得返老还童。我认为此举不足取。"季羡林先生是这样说的，也是这样做的。他的《清华园日记》和早年许多著述，都是以本来面目示人。令人欣喜的是，本套丛书的编者，严格遵循作者的本意，不辞辛劳追根溯源，坚决剔除某些版本的不当修饰，奉献给读者的是季先生的原玉。

季羡林先生走了，留给我们丰厚的精神遗产。印刷机轰鸣，指示灯闪烁，一套新书很快就要和读者见面了。这套书里的文章是季先生亲自挑选，出版社精心打造的；是值得认真品读，值得珍藏，传诸后世的。季羡林说："我的工作主要是爬格子。几十年来，我已经爬出了上千万的字。这些东西都值得爬吗？我认为是值得的。我爬出的东西不见得都是精金粹玉，都是甘露醍醐，吃了能让人升天成仙，但是其中绝没有毒药，绝没有假冒伪劣，读了以后至少能让人获得点享受，能让人爱国、爱乡、爱人类、爱自然、爱儿童，爱一切美好的东西。总之一句话，能让人在精神境界中有所收益。"

季羡林被评为"感动中国"2006年度人物，评委们称赞他是"中国现代知识分子的一面旗帜和榜样"。他是如何做到的呢？在人生的最后岁月，季羡林考虑最多的是和谐。他对《人民日报》的记者说："要想达到个人和谐的境界，需要具备两个条件，良知和良能。知是认识，能是本领。良知是基础，良能是保障，两者缺一不可。知行合一，天人合一，方能和谐。良知是什么？概括起来就是八个字——爱国、孝亲、尊师、重友，这在中国传统文化中都有。一个人如果做到了这一点，就可以说他是个人和谐了，而每一个人都和谐了，那整个社会也就和谐了。"至于良能是什么，季羡林没有说。窃以为，从事不同的行业，良能当各有特色。而对学者与教师而言，季羡林为聊城大学题写的校训"敬业、博学、求实、创新"似可概括。良知和良能的完美结合，季羡林不仅是倡导者，而且是模范的实践者。限于篇幅，我不能展开讲，只能扼要说说。

　　说到爱国，这是中国知识分子的传统。季羡林先生提倡的爱国，是具有世界眼光的爱国，是和国际主义相统一的爱国，不是义和团式的"爱国"。那样的"爱国"其实是害国。1931年"九一八"事变后，20岁的季羡林和清华同学躺在铁轨上拦火车，去南京请愿要求政府出兵抗日；1942年，德国当局承认汪伪政权，季羡林和张维等留学生坚决反对汉奸政府，他们不顾生死，宣布自己"无国籍"；朝鲜战争爆发后，他积极签名，捐献稿费支援抗美援朝。他的爱国，更多表现在实际工作中，融汇在本职岗位的敬业里。20世纪80年代，他担任中国敦煌吐鲁番学会会长，针对"敦煌在中国，敦煌学在日本"的说法，响亮地提出"敦煌在中国，敦煌学在世界"的口号，带领我国敦煌学者与国际学术界密切合作开展敦煌学研究，取得了骄人的业绩，他本人更是在耄耋之年学术冲刺，完成了《糖史》和《吐火罗文A(焉耆文)〈弥勒会见记剧本〉译释》两部顶尖的科学巨著，为祖国争得了荣誉。季羡林的爱国，还表现在他深谙"天下兴亡，匹夫有责"的道理，针对那场给国家民族带来巨大灾难的十年浩劫，他主张总结亿金难买的深刻教训，绝不允许悲剧重演。他用自己的切身经历，和着血和泪写成《牛棚杂忆》，一时令"洛阳纸贵"。他还发出振聋发聩的四问，不仅震撼国人心灵，而且展现了一个有良知者对祖国的拳拳赤子之心。

　　季羡林提倡尊师，是以爱生为前提的。作为北京大学的资深教授，季羡林对学生如亲人，他为新生看行李的故事，几乎尽人皆知。我再说几件不那么家喻户晓的事。1964年新生入学，季羡林到男生宿舍看望新生，他看见盥洗室水槽里放着几个瓦盆，就问："怎么把尿盆放在这里？"我怯怯地说了句："不是尿盆。"季先生没有再说什么，第二天，系学生会通知：季先生自掏腰包买了二十个搪瓷脸盆，没有脸盆的同学可以来领。我虽然没有去领盆，但心里暖暖的。1980年海淀区人民代表选举，中文系一名女学生自荐参加竞选，结果代表没有选上，反遭大字报围攻。季副校长知道这名同学承受着巨大压力，吩咐身边工作人员暗中呵护，以免发生不测。1985年新生入学，一位从广东农村来的同学没有带被褥和棉衣，季先生发动老师们为他捐钱捐布票置办被褥，还找出自己的旧棉袄给他御寒。同学们都知道，季先生学问好，人更好，所以他深受学生的爱戴和崇敬。

季羡林先生为学为人都达到了很高的境界，绝非偶然。我们读他怀念师友的文章，可清楚地发现，他从恩师陈寅恪、汤用彤、胡适和瓦尔德施米特、西克、哈隆身上传承了什么，还有鞠思敏、王寿彭、胡也频、董秋芳、吴宓、朱光潜等对他的影响和帮助，原来他是站在大师的肩膀上啊！

读季先生的书，不难看出，他一生走过曲折的路。回国后的三十多年，他是在战争和一个接一个的运动中度过的。在极左乌云压城的时候，运动来了，他不停地检讨自己"智育第一、业务至上"的"修正主义"，运动一过，就"死不悔改、我行我素"。有人会说，这是典型的"人格分裂"。我认为不是。中国的知识分子，像陈寅恪那样始终清醒的是凤毛麟角。大多数人都与季羡林遭遇类似。我们要听其言，观其行。在高压下违心或诚心地检讨是"言"，是为了"过关"。而其行，坚持"死不悔改"，坚持业务至上，坚持教书育人，才是其良知使然。而且，季羡林死守一条底线，就是只检查自己，决不攻击他人，这才是更加难能可贵的。

不仅仅如此，有人问他，一生最敬佩什么人？他回答是彭德怀和梁漱溟，由此不难窥见他的风骨。季羡林晚年，致力于中华优秀传统文化的发掘和传承，他曾多次与人讨论"侠"和"士"的问题，可惜没有来得及写成文章。这样的文章只能由后人来写了。我相信我们这个伟大民族，一定能够出现越来越多造福人类的国侠和国士。

以上体会尽管浅陋，但是我的肺腑之言。遵照季先生吩咐，"假话全不说，真话不全说"，就此打住。我想重复一句季先生对我耳提面命的话，作为这篇序的结尾："记住，书好不好，读者说了算。"

2023年7月30日

于北京大兴

（梁志刚，季羡林的学生，《季羡林大传》作者）

目　录

我和佛教研究

　　我接触到佛教研究，已经有五十年的历史了。1935 年，我到了德国哥廷根，开始学习梵文、巴利文和吐火罗文，算是我研究佛教的滥觞。从那以后，在长达半个世纪的漫长的年代里，不管我的研究对象"杂"到什么程度，我对佛教研究始终锲而不舍，我在这方面的兴趣也始终没有降低。

　　"你研究佛教是不是想当和尚呀？"有人曾半开玩笑地问过我。我从来没有信过任何宗教，对佛教也不例外。而且我还有一条经验：对世界上的任何宗教，只要认真地用科学方法加以探讨，则会发现它的教义与仪规都有一个历史发展过程，都有其产生根源，都是人制造成的，都是破绽百出，自相矛盾的，有的简直是非常可笑的。因此，研究越深入，则信仰越淡薄。如果一个研究者竟然相信一种宗教，这件事情本身就说明，他的研究不实事求是，不够深入，自欺欺人。佛教当然也是如此。

　　那麼為什麼還要研究佛教呢？要想圓滿地回答這個問題，應該先解決對佛教評價的問題。馬克思主義對宗教的評價是眾所周知的，從本質上來看，也是正確的①。佛教這個宗教當然也包括在裡面。但是我感覺到，我們過去對佛教在中國所產生的影響的評價多少有點簡單化、片面化的傾向。個別著名的史學家幾乎是用謾罵的口吻來談論佛教。這不是一個好的學風。謾罵不等於戰鬥，也不等於革命性強，這個真理早為大家所承認，可惜並不為這位史學家所接受。平心而論，佛教既然是一個宗教，宗教的消極方面必然會有。這一點是不能否認的。如果我們說佛教簡直渾身是寶，完美無缺，那也不是實事求是的態度。

　　但是佛教在中國產生的僅僅是消極的影響嗎？這就需要我們平心靜氣仔細分析。從整個世界自古至今文化發展的情況來看，一個文化，不管在某一時期內發展得多麼輝煌燦爛，如果故步自封，抱殘守缺，又沒有外來的新成分注入，結果必然會銷聲匿跡，成為夏天夜空中的流星。打一個未必很恰當的比方，一種植物，必須隨時嫁接，方能永葆青春，放任不管，時間一久，就會退化。中華民族創造了極其卓越的文化，至今仍然沒有失去活力，歷時之久，為世界各民族所僅見。原因當然是很多的，重要原因之一，我認為，就是隨時吸收外來的新成分，隨時"拿來"，決不僵化。佛教作為一個外來的宗教，傳入中國以後，拋開消極的方面不講，積極的方面是無論如何也否定不了的。它幾乎影響了中華文化的各個方面，給它增添了新的活力，促其發展，助其成長。這是公認的事實，用不著再細加闡述。

　　我們過去在評價佛教方面，不是沒有問題的。一些史學家、哲學史家等，除了謾罵者以外，評價也往往失之偏頗，不夠全面。他們說，佛教是唯心主義，同唯心主義作鬥爭的過程，就是中國唯物主義發展的過

①　趙復三：《究竟怎樣認識宗教的本質》，《中國社會科學》1986年第三期。

程。用一个通俗的说法就是，佛教只是一个"反面教员"。我们过去习惯于这一套貌似辩证的说法，今天我们谁也不再满足于这样的认识了。我们必须对佛教重新估价。一百多年以前，恩格斯已经指出来过，佛教有辩证思想。我们过去有一些论者，言必称马恩，其实往往是仅取所需的狭隘的实用主义。任何社会现象都是极其复杂的，佛教这个上层建筑更是如此。优点和缺点有时纠缠在一起，很难立即做出定性分析。我们一定要摒除一切先入之见，细致地、客观地、平心静气地对佛教对中国文化的影响进行分析，然后再做出结论。只有这样的结论才具有说服力，因为它符合客观事实。

现在大家都承认，不研究佛教对中国文化的影响，就无法写出真正的中国文化史、中国哲学史甚至中国历史。佛教在中国的发展是一个非常有意义的研究课题。公元前传入中国以后，经历了试探、适应、发展、改变、渗透、融合许许多多阶段，最终成为中国文化、中国思想的一部分。至于在中国发展起来的禅宗，最终发展到诃佛骂祖的程度，几乎成为佛教的对立面，也是人类思想史上的一个有趣的现象，值得深入研究的。佛教在中国产生了许多宗派，有的流布时间长，有的短。几乎要跟佛教"对着干"的禅宗流传的时间反而最长，也是一个值得深思的现象。

我还想在这里谈一谈整个宗教发展的问题。冯定同志在世时，我有一次同他谈到宗教前途问题。我提出了一个问题：是宗教先消灭呢，还是国家、阶级先消灭？最终我们两人的意见完全一致：国家、阶级先消灭，宗教后消灭。换句话说，即使人类进入大同之域共产主义社会，在一定的时期内，宗教或者类似宗教的想法，还会以某种形式存在着。这看起来似乎类似怪论，我却至今深信不疑。我记得，马克思讲过一句话，大意是：宗教是有宗教需要的人们所创造的。"宗教需要"有多种含义：真正的需要、虚幻的需要，甚至麻醉的需要，都属于"需要"的范畴，其性质大相径庭，其为需要则一也。否认这一点，不是一个唯物主义者。

那么，我们是不是就不要宣传唯物主义、宣传无神论了呢？不，不，决不。我们信仰马克思主义，我们是唯物主义者。宣传、坚持唯物主义是我们的天职，这一点决不能动摇。我们决不能宣传有神论，为宗教张目。但是，唯其因为我们是唯物主义者，我们就必须承认客观实际，一个是历史的客观实际，一个是眼前的客观实际。在历史上确实有宗教消灭的现象，消灭的原因异常复杂。总起来看，小的宗教，比如会道门一类，是容易消灭的。成为燎原之势的大宗教则几乎无法消灭。即使消灭，也必然有其他替代品。举一个具体的例子，佛教原产生于印度和尼泊尔，现在在印度它实际上几乎不存在了。现在的一些佛教组织是人为地创办起来的。为什么产生这个现象呢？印度史家、思想史家有各种各样的解释，什么伊斯兰的侵入呀，什么印度教的复活呀。但是根据马克思的意见，我们只能说，真正原因在于印度人民已经不再需要它，他们已经有了代用品。佛教在印度的消逝决不是由于什么人、什么组织大力宣传，大力打击的结果。在人类历史上，靠行政命令的办法消灭宗教，即使不是绝无仅有，也是十分罕见。

再看一看眼前的客观实际。世界上第一个社会主义国家苏联，建国至今快七十年了。对无神论的宣传可谓不遗余力，对宗教的批评也可谓雷厉风行。然而结果怎样呢？我们现在从许多刊物上都可以读到，在苏联，宗教并没有被消灭，而且还有一些抬头之势。"一边倒"的时代早已一去不复返了。我们决不认为苏联什么都好，但是苏联的经验和教训，确实是值得我们借鉴的。

总之，我认为，对任何宗教，佛教当然也包括在内，我们一方面决不能去提倡；另一方面，我们也用不着故意去"消灭"。唯一的原因就是，这样做，毫无用处。如果有什么地方宗教势力抬头了，我们一不张皇失措，二不忧心忡忡。张皇无用，忧心白搭。宗教是在人类社会发展到某一阶段产生出来的，它也会在人类社会发展到某一个阶段时消灭。操之过急，徒费气力。我们的职责是对人民进行唯物主义、无神论教育。至于宗教是否因之而逐渐消灭，我们可以不必过分地去考虑。

宗教会不会成为社会发展、生产力发展的障碍呢？会的，但并非决定性的。研究宗教史，我们会发现一个很有趣的现象：宗教会适应社会的发展、生产力的发展而随时改造自己，改变自己。在欧洲，路德的宗教改革是一个例证。在亚洲，佛教小乘改为大乘，大小二乘在个别国家，比如说在日本，改为和尚能结婚，能成家立业，也是一个例证。在日本，佛教不可谓不流行，但是生产力也不可谓不发达，其间的矛盾并不太突出。我刚从日本回来，在日本，佛教寺院和所谓神社，到处可见，只在京都一处，就有一千七百多所。中国所谓"南朝四百八十寺"，同日本比起来，简直是小巫见大巫了。我参观的几所寺庙占地都非常大。寺里绿树参天，净无纤尘，景色奇秀，幽静宜人，同外面的花花世界，形成鲜明的对照，人一走进去，恍如进入另一世界。日本人口众多，土地面积狭小，竟然留出这样多的土地供寺院使用，其中必有缘故吧。我个人认为，这是一个非常有趣，非常有意义的现象，值得我们深入研究。我们是否可以这样说：佛教在日本，不管是以什么形式存在，一方面能满足人们对宗教的需要，另一方面又不妨碍生产力的发展，所以才能在社会上仍然保持活力呢！我感觉到，我的这些议论颇有点怪论的味道。但是，我确实是这样想的，我不愿意欺骗别人，所以就如实地写了出来，以求教于方家。

话说得太远了，我们还是回头谈中国佛教吧。我个人研究佛教是从语言现象出发的。我对佛教教义，一无兴趣，二无认识。我一开始就是以一个语言研究者的身份研究佛教的。我想通过原始佛典的语言现象来探讨最初佛教的传布与发展，找出其中演变的规律。让我来谈佛教教义，有点野狐谈禅的味道。但是，人类思维有一个奇怪的现象：真正的内行视而不见的东西，一个外行反而一眼就能够看出。说自己对佛教完全是外行，那不是谦虚，而是虚伪，为我所不取。说自己对佛教教义也是内行，那就是狂妄，同样为我所不取。我懂一些佛教历史，也曾考虑过佛教在中国发展的问题。我总的感觉是，我们在这一方面的研究还非常落后。同日本比较起来，落后很远。我们现在应该急起直追，对佛教在中国历史上和文化史、哲学史上所起的作用，更要细致、具体、实事求是地加以分析，以期能做出比较正确的论断。这一件工作，不管多么艰巨，是迟早非做不行的，而且早比迟要好，否则我们就无法写什么中国哲学史、中国思想史、中国文化史，再细分起来，更无法写中国绘画史、中国语言史、中国音韵学史、中国建筑史、中国音乐史、中国舞蹈史，等等。总之，弄不清印度文化、印度佛教，就弄不清我们自己的家底。而且印度佛教在中国的影响决不仅限于汉族，其他兄弟民族特别是藏族和蒙古族，都受到深刻的影响。在这方面，我们的研究更为落后，这种现象决不能让它继续下去了。

现在《文史知识》——一个非常优秀的刊物——筹组了这样一期类似专号的文章，我认为非常有意义，非常有见地。《文史知识》真正做到了雅俗共赏，不但对一般水平的广大读者有影响，而且对一些专家也起作用。通过阅读本期的文章，一方面可以获得知识；另一方面，也是更重要的一方面，还可以获得灵感，获得启发，使我们在研究佛教的道路上前进一步，以此为契机，中国的佛教研究的道路将会越走越宽广，越走越深入，佛教研究的万紫千红的时期指日可待了。

1986年6月24日

（本文是季羡林1986年为《文史知识》"佛教知识专号"撰写的文章）

原始佛教的历史起源问题

在历史上，佛教曾经在印度和其他一些亚洲国家里流行过。一直到今天，它还在这些国家里不同程度地流行着。

但是，尽管古今中外研究佛教的书籍、文章已经是汗牛充栋，真正搔着痒处的却是绝无仅有。这大大地影响了我们对于这个有世界意义的宗教的理解。

恩格斯说过，基督教的历史起源问题是"我们社会主义者也很关心的一个问题"[1]。我想，对我们来说，原始佛教的历史起源问题也是这样。下面我就对这个问题提出一些肤浅的看法。

一、佛教兴起时印度社会经济和政治情况

佛教兴起于公元前五六世纪。这时印度情况是怎样的呢？

---

[1] 文中所引恩格斯语皆见《布鲁诺·鲍威尔和原始基督教》，载《恩格斯论原始基督教史》，人民出版社，1961 年。

雅利安人从大约公元前二千年左右起从今天的阿富汗、巴基斯坦一带侵入印度。他们先在西北部旁遮普一带立定了脚跟，然后逐渐向东扩展。到了公元前五六世纪的时候，他们已经达到了孟加拉或者更东的地方，他们的势力遍布整个北印度，恒河和朱木拿河汇流的地方成了婆罗门教的文化中心。印度原有的土著居民有的被迫南迁，或者向北方和东方撤退；有的还留在原住的地方，形成了一个特殊的社会阶层，忍受着外来侵略者的奴役和压迫。当时印度正处在奴隶社会，这些人就是奴隶或者接近奴隶的人。

从社会经济的发展水平来看，雅利安人显然低于本土居民。最近几十年来的发掘工作，证明了本土居民创造的所谓"印度河流域的文化"水平是相当高的。雅利安人继承了这种文化，与本土居民共同努力，加以发展。到了佛教兴起的时候，北印度早已由青铜器时代转入铁器时代了。

生产工具的改进促进了农业和手工业的发展。原始居民多从事农业，而雅利安人则本是游牧民族，到了这时候，农业的地位也渐趋重要。农村的基本组织形式是农村公社，土地是公有的，农业与手工业直接结合。手工业的分工已经比较精细，有各种不同的手工艺人。而且农村公社也似乎在手工业方面有了一些分工，有专门从事一个行业的村社。这就证明，商品经济已经很发达了。

随着生产力的发展，各生产部门之间的分工日益扩大。居民依其职业结成了集团，不同民族相互杂居，阶级矛盾和阶级分化日益加强。原有的氏族部落机构逐渐变成了镇压人民的国家机器。根据佛典的记载，当时在北印度出现了十六个国家，其中最重要的是摩揭陀（约当今天的比哈尔邦）、憍萨罗（约当今天的乌德）、阿槃提（约当今天的摩腊婆）和跋蹉（今阿拉哈巴德一带）。这些国家的都城都是宝货充盈，富庶繁华。这时候印度的许多产品，像细布和钢，都已名扬海外。古代希腊的许多历史学家都有所记载。海外贸易早已开始了。

值得注意的是，在雅利安人统治比较集中的地方，新兴的国家都是君主制。在婆罗门文化圈外，也就是在雅利安人统治薄弱或者还没有达到的地方，政治制度则迥乎不同。在这里没有世袭的君主。执政者名曰罗阇，是定期选举的。有点像古代罗马的执政。汉译佛典虽称之为"王"，实际上与王是不一样的。西方学者一般把它叫作"共和国"，也只是说明与世袭君主制不同而已。这可能是氏族公社的残余，不过还有待于进一步的探讨。佛教的创始者释迦牟尼出生的释迦族就属于这个类型。

在这些国家中，阶级关系是什么样子呢？阶级关系表现形态之一就是所谓种姓制度。种姓共有四种：婆罗门（祭司、知识的垄断者）、刹帝利（武士）、吠舍（农民、牧民、商人）和首陀罗（工匠等）。这种制度萌芽极早，但是最初并不十分严格。到了公元前五六世纪的时候，由于统治的需要，逐渐严格起来。在这方面，婆罗门卖了大力气，他们大肆宣扬，想把这种制度神圣化，加以巩固。他们把社会上不同阶级不同阶层人民的权利、义务，甚至生活细节，都刻板地规定下来，不得逾越。四姓间不能通婚，甚至不能共食。把一个统一的社会拆得支离破碎。

婆罗门和刹帝利虽然是两个种姓，却是一个阶级，他们都是奴隶主。他们之间也有矛盾，但是一般说来是互相支持互相利用的。吠舍名义上与婆罗门和刹帝利同属所谓再生族，都是雅利安人。但是他们中间不断产生阶级分化的现象。少数人经济地位提高，变成了中小奴隶主，或者成为大商人，甚至官吏。绝大多数经济地位下降，沦为同首陀罗类似的人，处于奴隶边缘。如果从地域方面来看的话，西部是婆罗门当权，东部则是刹帝利当权。吠舍的地位在西部和东部都差不多。

至于首陀罗究竟是什么样的人，人们的看法是不一致的。有的人说，他们是等级制的最下层，但毕竟还是自由民，与奴隶有所不同。这种说法是不符合实际情况的。《法经》里面用种种方式强调前三个种姓与首陀罗的不同，可见首陀罗是不属于雅利安族的。在雅利安人侵入印度以后，原始居民一部分变为奴隶，从事家务劳动，一部分仍从事原来的工作，绝大多数是手工业者，以后又随着手工业的发展，变为各种工师。首陀罗就是这一部分人。他们实际上是种族奴隶。

总起来，我们可以说，种姓制度是阶级矛盾和民族矛盾的混合产物。

既然有阶级，就有阶级斗争。但是根据各种文献记载来看，我们看不出这个时期的阶级斗争特别激烈。说生产方式方面有什么根本的改变，也是没有根据的。据婆罗门经典和佛教经典的记述，在这时期人民的生活中，当然并不是没有斗争和矛盾的，但是总起来说还是比较平静的、安定的。在许多国家里，政治秩序比较稳定；在城市里，商业和手工业都比较发达；在乡村里，农业和牧业都相当繁荣。要说许多地方有变乱，国与国之间有时也有战争，那么在印度整个历史上什么时候又没有这种情况呢？

总之，据我自己的看法，佛教兴起时的印度，同基督教兴起时的罗马是不一样的。在罗马当时是一个"经济、政治、精神和道德普遍瓦解的时代"（恩格斯语），而印度则不是这样。

但是，在这里，我们必须有阶级观点和民族观点。在不同的民族居住的地区内，在不同的阶级里，生活情况就决不会一样。这种观点，其他时候也要有，在论述公元前五六世纪印度情况时，更是绝对不能离开的。

二、当时思想界的情况

上面谈到的那种社会经济和政治情况必然会反映到思想领域中来。

梨俱吠陀时代（公元前二千年中叶），雅利安人是乐观的，总是向前看的。当时他们侵入印度为时不久，经常同本地居民战斗。在许多颂神的歌中，他们呼吁神灵协助，祈求胜利。他们并不怕死，认为战死可以升天。后来的阎罗王已经有了，但是他的王国并不阴森可怕，里面充满了永恒的幸福。

随着时间的推移，在东进的过程中，他们遇到的困难，自然的和人为的，越来越多了起来。那种天真粗犷的乐观情绪逐渐染上了一些悲观的色彩。但是基本调子仍然是乐观的。

代表这种思想的是婆罗门。

与此同时，还有另外一种人代表另外一种思想。这就是婆罗门教、佛教以及当时其他教派所谓的沙门。

沙门是什么样的人呢？在《梨俱吠陀》的一首诗中，曾描绘了一种叫作"牟尼"的人，蓄长发，着脏衣，外衣是褐色的，飞行空中，喝饮毒汁。显然，对吠陀时代的雅利安人来说，这样的人是十分陌生的，他们同婆罗门是完全不一样的。唯一合理的解释就是，这是土著居民的宗教的代表，也就是行苦行的所谓沙门。

在佛典里，经常是沙门、婆罗门并提。希腊人梅伽斯提尼斯记述他在公元前三四世纪在印度亲身经历的时候，谈到印度有两种哲学家，一种叫婆罗门，一种叫沙门。沙门不住在城中，甚至也不住在屋中，穿树皮衣，吃橡子，用手捧水喝，不结婚，不生子，行苦行，枯坐终日不动。根据我们目前能够得到的资料来看，这些描绘是忠实的。

这些沙门的哲学思想和宗教信仰是同婆罗门不一样的。他们根本不相信婆罗门相信的那一些吠陀里面的大神。他们相信轮回转生，作为轮回转生说基础的业说是他们宗教信仰的核心。所谓业说就是，今生所作所为的好坏决定来世转生的好坏。无论做好事做坏事，有因必有果，反正总是要转生的。可是他们又厌恶生，不想再转生。于是就想尽了种种办法，希望能跳出轮回。他们认为，苦行是达到这个目的的手段。

显而易见，所有这一切想法的基础是悲观主义。有这种主义的人决不会是征服者、胜利者、日子过得很舒服的人，而是被征服者、失败者、日子过得很不舒服的印度原来的居民。他们处在雅利安人的奴役下，生活只给他们带来痛苦。因此，他们不但对今生没有任何兴趣，而且也不希望有什么来世。有的人就想用苦行来帮助自己跳出轮回。而苦行主义本身也说明了被压迫者被奴役者那种得不到任何人世间享乐的无可奈何的心情。

沙门所代表的思想正是这些被征服了的原始居民的思想。婆罗门思想与沙门思想是根本对立的。婆罗门主张膜拜神灵，祭祀祈福，而沙门则不供养什么神灵，主张业（行为）可以决定祸福，人们是自己命运的主人。他们甚至主张，连神仙也受业的支配。这简直是挖婆罗门的墙脚。这可以说是政治经济方面的阶级斗争在意识形态领域内的反映。

但是，到了公元前七八世纪《奥义书》兴起的时候，在正统的婆罗门教的经典中逐渐出现了轮回业报这样带悲观主义色彩的学说（可能在梵书中已有萌芽）。在婆罗门六派哲学中，数论和瑜伽的主要学说基本上同沙门是一致的。据婆罗门经典的记载，在雅利安人中首先宣传这种新学说的是刹帝利，而不是婆罗门。《奥义书》中屡次提到，轮回业报说是秘密学说，是刹帝利所专有而婆罗门所未闻的。这情况一方面说明了婆罗门和刹帝利在思想领域内的斗争；另一方面也说明了，从现在开始婆罗门的哲学思想和宗教信仰逐渐接受一些本地居民的东西，吠陀思想与非吠陀思想开始汇流了。

比《奥义书》稍后一点，到了公元前五六世纪，也就是佛教兴起的时候，印度思想界呈现出空前的活跃。根据耆那教经典的记载，当时有三百六十三个哲学派别，其中六十二派属于佛教。佛教经典《长阿含经》《梵动经》列举六十二见（学说）。佛教还经常谈到外道六师。

可见当时学派之繁多，争鸣之剧烈。但是，归纳起来，总超不出上面谈到的那两大系统：婆罗门和沙门。属于婆罗门系统的各学派主张梵我一体，宣扬祭祀祈福；属于沙门系统的各学派则主张轮回业报，宣扬苦行解脱，认为一切存在都是苦难。如果从地区上来看，前者流行于西方雅利安人聚居和统治的地方，后者流行于东方婆罗门文化圈外印度原始居民聚居的地方。这种情况是从《梨俱吠陀》以来逐渐发展演变的结果。

在这时候，属于沙门系统的各学派竭力宣传"非杀"。这显然是代表原始居民的农民的利益的，是与婆罗门杀牲祭神、雅利安游牧人民杀牲为生针锋相对的。

佛教兴起时思想界情况大体就是这样。

三、佛教的起源

现在再来探讨佛教的起源，许多问题就可以迎刃而解了。

佛陀最根本的教义是所谓十二因缘、四圣谛、八正道。十二因缘的基础是苦，苦的根源是无明（不了解，不认识）。四圣谛：苦、集、灭、道，也以苦为中心。而八正道：正见、正思、正语、正业、正命、正精进、正念、正定，是为了从苦中解脱而修行的方法。总之，他认为生老病死，一切皆苦，存在本身就是痛苦。他也相信业报，相信轮回。他的最高目标就是铲除无明，了解或认识存在的因果关系，从而跳出轮回，达到涅槃。

这一些想法都涂着浓厚的悲观主义的色彩。有的人说，世界上没有一个宗教不是悲观主义的，但是，像佛教这样彻底的悲观，还是绝无仅有的。我认为，这种说法是很有见地的。

佛教这种悲观主义是从哪里来的呢？

根据我们上面的分析，佛教继承的不是婆罗门教的传统，而是沙门的传统。而且，从佛教产生的地区和环境来看，也只能是这样，而不可能是别的样子。

我们先从地区的或民族的观点上来看一看这个问题。

释迦牟尼生在今天的尼泊尔境内。他的宗教活动大部分是在摩揭陀国。摩揭陀国处在印度东方，是雅利安人到得比较晚的地方。在《阿闼婆吠陀》里，摩揭陀和鸯伽都被认为是极远极远的地方的象征。西方的婆罗门很少来到这里。这里的人是受人轻视的，一向与婆罗底耶人相提并论。婆罗底耶人说的是一种雅利安土话，不信婆罗门教。他们是否是雅利安人，不得而知，反正是十分被人看不起的。摩揭陀人同他们并提，可见他们被鄙视的程度。鄙视的原因很明显：这里是印度土著居民聚居的地方，是僻处在婆罗门文化圈之外的边远地区。在雅利安人心目中，这里是没有开化的区域。释迦牟尼宣传宗教的主要对象就是这些被人轻视、"没有开化的"人民。

至于释迦牟尼降生于其中的释迦族究竟是什么民族，人们的意见是有分歧的。有的人主张，他们不是雅利安人。我们不在这个问题上纠缠。但是，有一点是明确的，从他们所处的地区来看，从当时雅利安征服者分布的情况来看，从他们的一些特殊的风俗习惯来看，从他们的政治组织的形式来看，他们不像是外来的雅利安人，而像是原来的居民。释迦族的政治组织是"共和国"，行政首领罗阇是选举产生的。这样的"共和国"同新兴的君主国是有矛盾的。摩揭陀国王未生怨王曾侵略过"共和国"的离车，憍萨罗国王毗突吒婆曾侵略过"共和国"的释迦。我看，这不完全是一般的侵略。其中有没有民族矛盾的成分呢？这是耐人寻味的。

如果我们不从民族矛盾的角度上来解释这个问题，有一件很重要的事情我们就无法解释。根据佛教传说，释迦牟尼在出家前是一个太子（这件事本身就有夸大渲染的成分），处于深宫之中，长于妃嫔歌妓之手，享尽了人间的荣华富贵，根本没有遇到一点不愉快的事情。恩格斯说："宗教是由身感宗教需要并了解群众宗教需要的人们所建立的。"像这样一个太子会有什么宗教需要呢？他又会怎样了解群众的宗教需要呢？这样一个人决不会悲观到要出家的程度。事实决不会是这样子的。他自己必然受到了一些痛苦，至少是在精神上受到。他感到日子也不那么好过，人间也不那么值得留恋。于是悲观了，出家了。这痛苦是从哪儿来的呢？他了解群众的宗教需要根源又在哪里呢？最合理的解释就是民族压迫。他的悲观主义表达了人民群众的比较普遍的情绪。于是，他的学说一出，立刻就得到了信徒，从几个人到几百人，为以后的发展打下了基础。他的宗教从一个部落宗教经过不断地改造，逐渐变成了几个王朝的国教，进而成为有世界影响的大宗教。

至于佛经里那些关于释迦牟尼遇到老人、病人和死人的故事，最原始的佛典里是没有的。可能是后来的和尚们感到没有这个就无法说明释迦牟尼出家的原因，因而编造出来的。恩格斯说："作为人的创作结果的宗教，虽然有它所特有的诚恳的热情，当其创立时，就已经不会是不带欺骗和不歪曲历史事实的。"对基督教来说，这句话是正确的。对佛教来说，它同样也是绝对正确的。

现在我们再从阶级和种姓的关系上来看一看这个新兴的宗教。它的基础究竟是哪一个种姓、哪一个阶级呢？这是一个十分复杂的问题。据我看，佛教的基础并不限于某一个种姓。佛经里面再三强调它不重视种姓差别，一入佛教，就如众流归海，一切差别不复存在。这样一来，又怎样理解沙门和婆罗门的对立呢？不重视种姓差别这件事本身就是对婆罗门的反抗，因为婆罗门教是十分重视种姓差别而且是只代表婆罗门的利益的。

但是，佛教也并不是真对一切种姓一视同仁。它当然首先就会反对婆罗门。在婆罗门教的经典里，四姓的顺序是：婆罗门、刹帝利、吠舍、首陀罗，而在佛教的经典里则是：刹帝利、婆罗门、吠舍、首陀罗。释迦牟尼自称是刹帝利。释迦族原来不大可能有什么种姓制度，这只是受了婆罗门教的影响而模拟出来的。他们自称是刹帝利，据我看，这也是冒牌货。不管怎样，既然自称为刹帝利，就必须为刹帝利辩护，竭力抬高它的地位。《长阿含经·阿摩昼经》就是一个例子。新兴的国王（其中也有一些是冒牌的）也努力抬高刹帝利的地位，于是一拍即合，他们也就信奉起、支持起佛教来了。

我看，佛教最可靠的基础是吠舍。上面已经谈到，吠舍不断产生阶级分化。农民、牧人、商人都属于这个种姓。佛教主张"非杀"，其中包括不杀耕牛，这当然代表了农民的利益。在佛教兴起的时候，由于对外贸易和国内贸易的发展，由于大城市的兴起，城市大商人的地位越来越高。梅伽斯提尼斯说，印度有七个种姓，第四个就是商人。在政府官员中，有人分工专管贸易。可见商人在当时地位之重要。释迦牟尼同这些商人有着很好的关系。首先信佛教的就是两个商人，这决不是偶然的。佛经中所说的长者就是商业行帮的首领。这些人在佛经里是受到尊敬的人物。他们对于支持佛教是特别卖力气的。须达多长者购买童子胜的花园赠送佛陀，出亿万金钱布满园中，就是一个很好的例子。还有一件事情，也要在这里谈一下。佛陀是主张禁欲的。但是大城市中一些妓女却对他很感兴趣。有名的庵婆罗女就赠送过他一座花园。这些事情都说明，佛教在一定程度上符合了大城市中新兴的阶级或阶层的利益。

至于首陀罗，佛陀的大弟子中也有首陀罗出身的，比如优婆离就是。但是佛陀并不特别提倡首陀罗出家，虽然他也不拒绝。有人说，他对首陀罗感情特别深厚，这是不符合实际情况的。

种姓关系和阶级关系不是一回事，其间有一定的联系，但也有不小的差别。如果纯粹从阶级关系这一个角度上来看一下佛教的话，那么，与其说它同奴隶接近，还不如说它同奴隶主更接近一些。根据佛经的记载，释迦牟尼曾吸收过一些奴隶或处在奴隶边缘上的人入教。但是，我们无论如何也不能说，他代表着奴隶的利益。他在很多地方都表示出一些阶级的或种姓的优越感，他以身为刹帝利而感到自豪。他的生平我们不很知道。他本身好像就是奴隶主出身。竭力支持他的那一些属于吠舍种姓的大商人，也大都是属于奴隶主阶级。因此，如果还要严格区别他同那一些完全站在奴隶主立场上说教的宗教家的话，我们只能说，他对那些通过阶级分化而新兴起来的奴隶主更感兴趣。基督教在初期曾满足了奴隶的一些要求。佛教并不完全是这样。如果说，原始佛教表达了最下层人民的愿望，那显然也是不符合实际情况的。

上面我从民族的（地区的）和阶级的观点上来探讨了佛教的一些问题，说明佛教继承的是本地的沙门的传统，而不是外来的婆罗门的传统。虽然有一些宗教哲学的术语看来是两教共有的。这只可能是互相假借。婆罗门教的一些神也出现在佛教里，但地位大大降低。这只不过是佛教为了提高佛祖的地位而制造成的，不能说明有什么渊源关系。

如果我们研究一下佛陀最初的大弟子的出身，也可以看出佛教与沙门的关系。许多大弟子都出身沙门，连婆罗门出身的舍利弗和大目连，也是先做沙门，然后改信佛教的。我看，这不能说是偶然现象。

是不是就可以说，佛教完完全全属于沙门系统呢？也不是的。释迦牟尼才出家的时候，为了寻求解脱，跳出轮回，曾拜苦行沙门为师。他进行了严酷的苦行，几乎到了完全绝食的程度。结果是气息微弱，濒于死亡，苦行无效，大道未得。他毅然决然改变办法，重进食品，终于在菩提树下成了佛教徒认为至高无上的正等觉。这件事实就说明他与沙门的分歧。梅伽斯提尼斯写道："在印度人中间还有那些信奉佛陀箴言的哲学家。"可见他也不把佛教徒列入沙门一类。总之，我们可以说，佛教继承了沙门传统，但又加以发展、改进，形成了独立的一派。

以上这些情况，绝大多数的资产阶级学者是不了解的。他们认为，在印度只有一个哲学和宗教的传统，佛教和婆罗门教是有继承关系的。

按照这个说法，《奥义书》既然早于佛教，"奥义书"这个名字和《奥义书》思想必然在佛典里有所反映。但是，事实上，除了个别的思想有一些共同之点外，整个思想体系是不一样的，甚至连"奥义书"这个名字在佛典里根本都找不到。对佛陀来说，《奥义书》好像是根本不存在的。碰到这种情况，那些学者大伤脑筋，挖空心思，寻找它们之间的渊源关系。他们有的说，《摩诃婆罗多》里面的那几篇哲学诗正好是从《奥义书》到佛教和其他沙门学派的桥梁。这当然像堂吉诃德大战风车一样，决不会有什么结果的。

　　如果同意我上面作的那一些分析，不但不会出现这样的现象，而且还有助于了解佛教在印度和印度以外盛衰的原因。佛教扎根在被压迫的原始居民中间，提出了一切皆苦的学说，符合了一部分人的想法（当然也就麻醉了他们）。它相信轮回业报，从而反对了种姓制度。它基本上是无区别地对待一切种姓的，它不像婆罗门那样排斥异己，不把社会分割得七零八碎。它反对婆罗门杀牲祭祀，投合了农民的愿望。佛教徒虽然不从事体力劳动，靠布施为生，但是他们不许占有任何财物，房子、牛羊、土地等都不许占有，不许做生意，不许触摸金银，因此同人民的矛盾不大。佛教主张使用人民大众的语言，这就比婆罗门使用梵文大大地有利于接近人民、宣传教义。它反对苦行，在这一点上，又比其他沙门教派占了上风。由于这一些原因，它在印度由小而大，终于成了大王朝的国教。输出印度以后，由于它无区别地对待一切民族，因而在一些亚洲国家流行起来，一直流行到今天。马克思认为宗教是颠倒了的现实的理论。佛教当然也是这样，等到没有可能、没有必要再颠倒现实的时候，佛教生存的基础也就会逐渐消逝。

1965年3月

原始佛教的语言

　　现在印度正以极其隆重的仪式纪念佛教创始人释迦牟尼涅槃2500周年。我们都知道，佛教在中印文化交流中起过很大的作用，对中国文化的许多方面都有过影响。因此，有很多人关心这次的纪念，这是完全可以理解的。下面我从佛教史里选出一个国外梵文学者和佛教研究者多少年来争而未决的问题，提出我的看法，借表纪念之意。

　　《巴利文小品》（*Cullavagga*）V.33.1叙述了一个故事：

　　　　这时有两个丘比，姓耶弥卢谛拘罗，是兄弟俩，原来生在婆罗门家中，声音良好，善于谈说。他们来到世尊那里，向世尊致过敬，坐到一旁去；坐下以后，两个比丘向世尊说："大德！现在的比丘，不同姓，不同名，不同门阀，不同家室，都来出家。他们用自己的方言俗语毁坏了佛所说的话。请允许我们用梵文表达佛语。"

佛世尊呵责他们说："你们这些傻瓜，怎么竟敢说：'请允许我们用梵文表达佛语。'傻瓜呀！这样既不能诱导不信佛的人信佛，也不能使信佛的人增强信仰，而只能助长不信佛的人，使已经信了的人改变信念。"呵责完了以后，又给他们说法，然后告诉比丘说："比丘呀，不许用梵文表达佛语！违者得突吉罗。"①

佛最后说：anujānāmi bhikkhave sakāya niruttiyā buddhavacanaṃ pariyāpuṇituṃ。

上面这个故事牵涉到原始佛教的一个比较重要的问题，语言的问题。佛教在初兴起的时候，在许多方面，可以说是对当时占统治地位的宗教婆罗门教的一种反抗，一种革命。它坚决反对使用婆罗门教的语言梵文，是非常自然的。尽管在公元前五六世纪，梵文的发展已达到最高峰，如果使用它的话，可以给宣传教义带来很多好处，然而为了贯彻自己的主张，佛仍然丝毫不加考虑，并且骂这两个比丘是"傻瓜"。这两个比丘大概是由于出身婆罗门家庭的关系，脑筋里还有一些旧的思想意识，所以向佛建议采用梵文，因而受到了佛的呵责。

不用梵文，究竟用什么语言呢？在宗教宣传方面，"语言政策"还是一个比较重大的问题，对这个问题必须有一个决定。佛最后的一句话，就是回答这个问题的。

然而问题也就出在这里。这一句话本身比较含混，直译出来就是：

我允许你们，比丘呀，用自己的语言学习佛所说的话。

从汉文译文看起来，这句话也还算是清楚。但是专就巴利文原文来

---

① 《巴利文律藏》*The Vinaya Piṭakaṃ*，ed.by Hermann Oldenberg，Vol.II，The Cullavagga，London 1880，p.139.

看，"自己的语言"（sakāya niruttiyā）这个词就可能有两种解释：一种是"佛自己的语言"，另一种是"比丘自己的语言"。多少年来，国外梵文学者和佛教研究者争论之点，就在这里。

英国学者 T.W.Rhys Davids 和德国学者 H.Oldenberg 把这个词解释为"比丘自己的语言"[①]。德国学者 W.Geiger 把它解释为"佛自己的语言"[②]。自从他们引起争端以后，国外的梵文学者和佛教研究者纷纷参加，展开了热烈的争论。大体上可以分为三派：一派同意前者，一派同意后者，一派异军突起，另立新说。否认 W.Geiger 的说法的有德国学者 F.Weller[③]、英国学者 A.B.Keith[④]、德国学者 M.Winternitz[⑤]等。

英国学者 E.J.Thomas 提出了一个新的解释。他把 nirutti 解释为"文法"，把佛最后说的那一句话译为：

我允许你们，比丘呀，根据它的文法去了解佛所说的话[⑥]。

这当然是讲不通的，因为 nirutti 决不能解释为"文法"[⑦]。

W.Geiger 看起来很孤立。但是他有一个很有力量的靠山。他引用了巴利文佛典注释的权威佛音（Buddhaghosa）的注释作为自己的依据。

此处所谓 sakā nirutti 就是三藐三佛陀所说的摩揭陀方言[⑧]。

这又是怎么一回事呢？要想说明这些问题，解决这些纠纷，必须研

---

① 《巴利文律藏》英译本 *Vinaya Texts*, III, Sacred Books of the East XX, p.151.

② 《巴利文文学和语言》*Pāli · Literatur und Sprache*,Strassburg 1916, p.5.

③ 《佛教杂志》*Zeitschrift für Buddhismus*, n.F.I, 1922, p.211 ff..

④ 《印度历史季刊》*Indian Historical Quarterly*, I, 1925, p.501.

⑤ 《印度文学史》*A History of Indian Literature*, II, p.602.

⑥ 《佛陀传》*The Life of Buddha*，New York1927, p.253 ff..

⑦ M.Winternitz,《印度文学史》*A History of Indian Literature*,II ,p.602ff..

⑧ *Samantapāsādikā* ed.Saya u Pye IV, p.416-420.

究一下佛在世时所说的方言和佛典编纂的过程。

我们知道，释迦牟尼生在当时印度的北部边陲地区，在现在的尼泊尔境内。但是他一生游行传教却多半是在当时的摩揭陀国（Magadha，约当现在的比哈尔邦）。因而他利用的语言，很可能就是摩揭陀语[①]。从各方面来推测，他活着的时候，还不会有写定的佛典，不管用什么语言。

根据佛教的传说，他涅槃后不久，他的弟子大迦叶就在王舍城召集五百罗汉，结集佛经。因为有五百人参加，故名"五百结集"。佛涅槃后一百年，佛教徒又在毗舍离集会。因为有七百人参加这次大会，故名"七百结集"。据早期的传说，这次集会的主要目的是铲除教律方面的十种邪说[②]。但是较后的传说则说，这次集会延续了八个月，把世尊的遗说校阅了一遍[③]。这说法显然有点太过火了。但是，佛死了已经一百年，前此专恃口头流传的佛经可能有一些已经写定下来。所以这个传说里面可能包含着一些历史事实。

据学者们一般的意见，大概在第三次结集的时候，大规模地编纂大藏经才有可能[④]。这时候正是佛教护法大王阿育王（即位时间约为公元前273年）在位的期间。高僧 Tissa Moggaliputta 在波吒利弗（Pāṭaliputra，现在的巴特那）会集众僧，来编纂佛典。我们上面已经说过，佛在世时宣扬教义所用的语言，可能是摩揭陀语。那么，在他死后，佛徒们根据口头流传下来的一些零碎经典而编纂佛典的时候，编定时所用的语言也就会是摩揭陀语。但又不会是纯粹的摩揭陀语，因为时间渐久，佛教传布的区域渐广，想保持一种纯粹的语言，是不能够想象

[①] H.Oldenberg,《佛陀》*Buddha*, London1928, p.177.

[②] Cullavagga XX, *Sacred Books of the East*, Vol.XX, p.409 ff..

[③] 《巴利文小纪》*Dipavaṃsa*, V.27 ff.；《大纪》*Mahāvaṃsa*, IV.

[④] E.J.Thomas,《佛陀传》*The Life of Buddha* p.170 ff.；Copleston,《佛教》*Buddhism*，p.154, 171, 175.

的。所以德国学者 H.Lüders 就把这原始佛典所用的语言称为古代半摩揭陀语。Tissa Moggaliputta 属于上座部（梵文是 sthaviravāda，巴利文是 theravāda），所以他带头编纂的也就是这一派的经典。他还派遣和尚四出宣传佛教。被派到锡兰去的就是阿育王的弟弟（一说是阿育王的儿子）摩哂陀（Mahinda）[①]。据锡兰佛教徒的传说，现存的巴利文《大藏经》就是摩哂陀带到锡兰去的，而巴利文也就是摩揭陀语（Māgadhā nirutti，Māyadhikā bhāsā），换一句话说，巴利文就是佛所说的话，而巴利文《大藏经》也就是佛教的唯一正统的经典。

写到这里，我们再回头看上面说过的佛音对 sakā nirutti 这两个字的解释。我们就可以明白，他之所以这样解释，是他的立场决定的。他是巴利文佛经注释的权威，他拥护巴利文经典，他当然会不遗余力地为巴利文经典争一个正统的地位。他的解释之不可靠，之主观，原因也就在这里。

我们还可以从语言特征上来阐明巴利文不是摩揭陀语。关于巴利文的流行地区问题，学者们有各种不同意见。Westergaard[②] 和 E.Kuhn[③] 认为巴利文是优禅尼（Ujjayinī）地方的方言。R.O.Franke 从碑刻方向来着手研究这个问题，结论是：巴利文是宾陀山（Vindhya）中部至西部一带的方言[④]。Sten Konow 也以为宾陀山地带就是巴利文的故乡[⑤]，因为他发现巴利文与毗舍遮语之间相同的地方很多，而毗舍遮的故乡他就

---

① Barth，《印度的宗教》*Religions of India*，London 1921，p.130；Copleston，《佛教》，p.176 ff..

② 《论印度史的最古时代》*Über den ältesten Zeitraum der indischen Geschicht*，p.87.

③ 《巴利文法述论》*Beiträge zur Pāli-Grammatik*，p.6 ff..

④ 《巴利文与梵文》*Pāli und Sanskrit*，p.131 ff..

⑤ 《毗舍遮语的故乡》*The Home of Paiśāca*，ZDMG.64，p.95 ff..

定为优禅尼 ①。H.Oldenberg 最初主张巴利文是羯迦（Kaliṅga）方言 ②。附和此说者有 E.Müller③。但是 H.Oldenberg 后来又放弃了前说，另立新说，说巴利文是马拉提语的前身 ④。E.Windisch⑤ 和 W.Geiger⑥ 则复归旧说，说巴利文就是摩揭陀方言 ⑦。

　　上面这些说法虽然分歧，但也有比较一致的一点，这就是，多数学者都主张巴利文是一个西部方言。事实上也正是这样子。巴利文的形态变化与阿育王石刻的吉尔那尔（Girnār）石刻相似，如"于"格的语尾 -amhi、-e，"业"格复数的语尾 -ne 等。但是另一方面，摩揭陀语则是一个东部方言，r 变成 l，s 变成 ś，以 -a 作尾声的字"体"格的语尾 -e 等。两者的区别是非常大的，无论如何也不能混为一谈。

　　根据上面的论证，我觉得，我们已经有把握来下一个结论了：sakā nirutti 不是指"佛自己的语言"，也不是指什么"文法"，而是指"比丘们自己的语言"。佛允许比丘们用自己的方言俗语来学习佛所说

---

① Grierson，《印度西北部的毗舍遮语》*The Paiśāca Lauguages of North Western India, Asiatic Society Monographs*.Vol.VIII，1906. 书中说毗舍遮语是印度西北部方言。

② 《巴利文律藏》*The Vinaya Pitakam*. Vol.I.London1879, p.L ff..

③ 《简明巴利文法》*Simplified Grammar of the Pali Language*, London1884, p.111.

④ 《奥义书的学说和佛教的起源》*Die Lehre des Upanishaden und die Anfänge des Buddhismus*, Gottingen1915, p.283.

⑤ 《论巴利文的语言性质》*Über den sprachlichen Charakter des Pali*, Actes du XIVᵉ Congres International des Orientalistes, prem.partie, Paris1906, p.252. ff..

⑥ 《巴利文文献和语言》*Pāli Literatur und Sprache*, Strassburg 1916, p.5.

⑦ 关于这个问题的文献不胜枚举，请参阅：季羡林《使用不定过去时作为确定佛典年代和来源的标准》*Die Verwendung des Aorists als Kriterium für Alter und Ursprung buddhistischer Texte*, 德国《格廷根科学院集刊·语言学历史学类》，1949, p.288, Anm, 2.

的话。

如果有人认为，这样的论证还不够的话，那么我们可以再举出一些新的证据。上面引的《巴利文小品》里的那一个故事，在中译《大藏经》里有不少的异本。现在条列如下：

《毗尼母经》卷四：

> 有二婆罗门比丘，一字乌嗟呵，二字散摩陀，往到佛所，白世尊言："佛弟子中，有种种姓，种种国土人，种种郡县人，言音不同，语既不正，皆坏佛正义。唯愿世尊听我等依阐陀至（指梵文）持论，撰集佛经，次比文句，使言音辩了，义亦得显。"佛告比丘："吾佛法中不与美言为是。但使义理不失，是吾意也。随诸众生应与何音而得受悟，应为说之。"是故名为随国应作。①

《四分律》卷五十二：

> 时有比丘字勇猛，婆罗门出家，往世尊所，头面礼足，却坐一面，白世尊言："大德，此诸比丘众姓出家，名字亦异，破佛经义。愿世尊听我等以世间好言论（saṃskṛta，梵文）修理佛经。"佛言："汝等痴人，此乃是毁损，以外道言论而欲杂糅佛经。"佛言："听随国俗言音所解，诵习佛经。"②

---

① 《大正新修大藏经》（以下简写为Ⓚ，当页的上、中、下栏表示为a、b、c）卷 24,822。
② Ⓚ卷 22,955a。

《五分律》卷二十六：

> 有婆罗门兄弟二人，诵阐陀鞞陀（Chandas-veda）书，后于正法出家。闻诸比丘诵经不正，讥呵言："诸大德久出家，而不知男女语、一语多语、现在过去未来语、长短音、轻重音，乃作如此诵读佛经。"比丘闻羞耻。二比丘往至佛所，具以白佛。佛言："听随国音诵读，但不得违失佛意，不听以佛语作外书语，犯者偷兰遮。"①

《十诵律》卷三十八：

> 佛在舍卫国。有二婆罗门，一名瞿婆，二名夜婆，于佛法中笃信出家。本诵外道四围陀（Veda）书。出家已，以是音声诵佛经。时一人死，一人独在，所诵佛经，忘不通利。更求伴不得，心愁不乐，是事白佛。佛言："从今以外书音声诵佛经者，突吉罗。"②

《根本说一切有部毗奈耶杂事》卷六：

> 缘处同前。时尊者舍利子与二婆罗门子而为出家，一名牛授，二号牛主。二人悉教读诵经教。后时此二人共游人间，至一聚落，

---

① ㊛卷 22,174b。参阅《五分律》卷 6（㊛卷 22,39c）："时诸比丘种种国出家，诵读经偈，音句不正。诸居士便讥呵言：'云何比丘昼夜亲承，而不知男女黄门二根人语及多少语法？'诸比丘闻，各各羞耻，以是白佛。佛以是事集比丘僧，问诸比丘：'汝等实尔不？'答言：'实尔，世尊！'佛即遥责诸居士：'汝愚痴人，如何讥呵异国诵经，音句不正！'"
② ㊛卷 23,274a。

多获利养，便住此村。时彼二人先学婆罗门歌咏声法。由串习故，今时诵读作本音辞。时彼一人遇病，忽然身死。其现存者既溺忧心，经多废忘。即便还诣室罗伐城，入逝多林。既停息已，便诣尊者陈如所。礼敬事毕，白言："尊者，可共温经。"答言："善哉！我为汝诵。"既诵少多，报言："尊者所诵经典，文皆谬误，声韵不长，致有所阙。"答言："子我从先来如是习诵。"即便辞礼，更别往诣马胜、跋陀罗、大名、婆涩波、名称、晡律拿、牛主、毗摩罗、善臂、罗怙罗。既至彼已，白言："尊者，共我温经。"答曰："善哉！我为汝诵。"既诵少多，广如前说，乃至辞礼，遂诣尊者舍利子所。既礼敬已，白言："邬波驮耶，可共温经。"答曰："善哉！我为汝诵。"同诵之时，长引声韵。其舍利子声更倍长。白言："大师，自余尊老，诵习皆谬。唯独亲教，音句无差。"报言："汝愚痴人，自为谬误，谤余智者，不善诵经。彼诸大德，咸非谬误。"既被挫折，默尔无言。时诸苾刍以缘白佛。佛作是念："苾刍诵经，长牵音韵，作歌咏声。有如是过。由是苾刍不应歌咏引声而诵经法。若苾刍作阐陀（Chandas，梵文）声诵经典者，得越法罪。若方国言音，须引声者，作时无犯。"①

以上共引了五个异本。同一节经文，同一首伽陀，同一个故事，在佛经里可以找到许多异本，这是一件常见的事情。上面引用的异本里有相同的地方，也有相异的地方。相同的地方说明，它们出自一源；相异的地方说明，它们有了不同的发展。在这些异本里，尽管详略不同，但是基本内容是一致的，同《巴利文小品》里的那个故事比较，基本内容也是一致的。因此，我们可以说，这些中文异本同巴利文本也是来自同

---

① ⑤卷 24,232。

源。说明这一点是有必要的。只有在这个基础上，我们才能根据中文异本确定对巴利文本的解释。

这五个中文异本在"语言政策"方面都表达了同一个思想：梵文绝对不允许用，但是方言俗语的利用是完全可以的。根据这一点来看《巴利文小品》里那个故事最后佛所说的那一句话，它的含义就非常清楚，毫无可以怀疑的余地了。那一句多少年来争论未决的话我们只能译为：

> 我允许你们，比丘呀，用（你们）自己的语言来学习佛所说的话。

这个结论看起来平淡无奇，但是它实际上却解决了一个佛教史上比较重要的问题：语言问题。我们上面已经说到过，佛教初兴起的时候，是对婆罗门教的一种反抗。因此它在被压迫的人民大众中间找到了不少的信徒。这些人流品很杂，语言不同，出身各种姓，来自各地区。如果决定利用梵文，或者利用摩揭陀语来作学习媒介，就一定会有不少困难，就一定会影响佛教在人民大众中的传播。因此，原始佛教采取了放任的语言政策，一方面它不允许利用婆罗门教的语言梵文；另一方面，也不把佛所利用的语言摩揭陀语神圣化，使它升为经堂语而定于一尊。它允许比丘们利用自己的方言俗语来学习、宣传佛教教义。这对于接近群众，深入群众有很大的好处。据我看，佛教初起时之所以能在人民群众中有那样大的力量，能传播得那样快，是与它的语言政策分不开的；另一方面，后来佛经异本很多，语言很杂，不像婆罗门教那样能基本上保持圣典的统一和纯洁，这也是与放任的语言政策分不开的。

1956年12月17日

（本文原载《北京大学学报（人文科学）》，1957年第一期）

附记：

此文写完后，曾送请向觉明（达）先生指正。向先生回信说："我以为你的意见是正确的，也能说明佛陀的革命性和平等观。就在大乘佛教的传说中，也可以证明你的说法。如大乘佛教中经常说：'佛以一音演说法，众生随类各得解。'虽然是大乘的传说，而原始佛教的语言问题，就在这里也还是可以反映出一点真实情况来的。大乘佛教中这一传说应照尊说解释，剥去那神秘的外衣，归还佛陀的人间面目，从而连大乘佛教的用语问题也迎刃而解了。"我觉得觉明先生这个解释很好。爱本"貂尾续狗"之义，把它抄录在这里。

释迦牟尼

羡林按：

　　这一篇论文本来是给《中国大百科全书》写的一个词条。既然是词条，就要求简明扼要，条理清楚，不能像平常的论文那样把引文出处一一标出。但现在既然要发表，它又成了一篇平常的论文。这是一个矛盾，我无法完全解决。我只能采取一种折中的办法，把必要的引文注明出处。这里或那里，再加上一点我认为必要的补充或者说明。结果就形成了现在这个样子，送到读者面前。我认为有必要在这里把我的指导思想说明一下。释迦牟尼，就是佛教信徒的"如来佛"或者"佛爷"，他是一个神仙。但我是一个科学工作者，不是一个宗教信徒。我认为，释迦牟尼确有其人，是一个历史人物。因此我写这篇东西，就把释迦牟尼当成一个人，同世界上其他历史人物一样，他是我研究的对象。我必须把笼罩在他身上的那一团团神话迷雾，尽上我的力量全部廓清，根据历史唯物主义的原则，还他一个本来面目。这是我作为一个科学工作者不可推卸的职责。如果说得不对，那是受水平的限制，我主观上并无意宣传什么东西。如果有一些话对某一些有信仰的人有点刺耳，那我说一声："请原谅！"信仰与科学有时候会有矛盾的，正如鱼与熊掌不能得而兼有一样。

一、释迦牟尼的名字

释迦牟尼是佛教的创始人。他的名字梵文是 Śākyamuni，意思是"释迦族的圣人"。"释迦"是部落的名字，可见这不是他的真名。另外还有一个名字叫"乔达摩"或"瞿昙"，梵文 Gautama，巴利文 Gotama。有人说这是他的氏族名称。连一些百科全书，比如《大英百科全书》也这样说。但这是不对的。氏族一般都是外婚制，释迦牟尼的姨母名叫 Gautamī 瞿昙弥，可见他们不是外婚。此外，瞿昙还是一个婆罗门氏族名称，而释迦牟尼属于刹帝利种姓。瞿昙这个名字是按照当时印度贵族的一般习惯从古代《梨俱吠陀》赞歌的作者仙人家族中借用来的。Gautama 就是 Vāmadeva。释迦牟尼的真名是"悉达多"，梵文 Siddhārtha，巴利文 Siddhattha，意译"吉财"或"一切义成"，梵文 Sarvārthasiddha。

二、释迦牟尼的家族

他属于释迦族。当时在印度北部有十六个大国，基本上都是君主制度。此外还有四个独立的或半独立的共和国，释迦就是其中之一。玄奘在《大唐西域记》中用首都的名字称之为劫比罗伐窣堵国（旧译迦毗罗卫国），梵文 Kapilavastu。这是一个小共和国，只能说是半独立的，承认憍萨罗为宗主国，辖地跨今天印度和尼泊尔。释迦牟尼的诞生地就在今天尼泊尔泰来地区的梯罗拉柯提（Tilaura Koṭ）废墟，距印度北方邦巴斯提县的比普罗瓦（Piprahwa）西北约十英里。这可能是历史事实。因为在释迦牟尼涅槃后二百多年即位的孔雀王朝的大王阿育王曾在这里立过一个石柱，说明此处是释迦诞生地。《大唐西域记》卷六说：

> 城东南窣堵波，有彼如来遗身舍利，前建石柱，高三十余尺，上刻狮子之像，傍记寂灭之事，无忧王建焉……次北有窣堵波，有彼如来遗身舍利，前建石柱，高二十余尺，上刻狮子之像，傍记寂灭之事，无忧王之所建也。
>
> 次东窣堵波，无忧王所建，二龙浴太子处也。

这个石柱今天保留下来。考古学者还在这里挖掘出释迦牟尼的舍利坛。曾有一个时期西欧一些学者认为根本没有释迦牟尼其人。这是不对的。

他的家属自称是印度古代甘蔗王族的后裔，同《罗摩衍那》主人公罗摩同出一系。这恐怕是伪托。有人甚至怀疑，释迦族不是雅利安人，而是蒙古种，也没有什么具体的证据。

三、释迦牟尼出生的时间

释迦牟尼活了八十年，这没有异议。争论不休的是他灭度（逝世）的年代。只要把这一点弄清楚，他的生年问题也就迎刃而解。佛灭年代，异说甚多，据说约有六十种。只在中国的西藏地方，就有十四种之多[①]。其中比较通行的、有代表性的有以下几种：一、南传佛教各国主

[①] 参阅吕澂：《印度佛学源流略讲》，任继愈：《汉唐佛（下接 033 页）

张佛灭度于公元前 544 年或前 543 年；二、我国蒙藏黄教主张佛灭度于公元前 961 年；三、我国内地有公元前 1027 年说；根据"众圣点记"，则为公元前 485 年，较中国的孔子早死六年；四、在西方学者中，德国威廉·盖格主张公元前 483 年说，荷兰学者亨利·刻恩主张公元前 370年说，日本学者有公元前 386 年说和 384 年说，加拿大学者瓦德主张公元前 486 年说[①]；采纳得比较多的是公元前 483 年说。

四、释迦牟尼的生平

关于释迦牟尼的生平，我们并没有可靠的历史资料。现在只能根据梵文、巴利文以及汉文、藏文的佛经的记载加以叙述。其中有不少神话，也有不少传说，当然也有不少的历史事实。基本轮廓看来是可靠的，个别细节则很难说。

1. 释迦牟尼的少年时代

释迦牟尼出生在王家，父亲名叫净饭王。这有点夸大。他父亲可能只是贵族寡头中的一个头子，美化称之为王。母亲是摩耶夫人。降生的时间传说是中国旧历的四月八日。降生后七天，母亲逝世。他的姨母大爱 Mahāprajāpati，亦称瞿昙弥，把他扶养成人。她爱他如子，他敬她如母。这个姨母后来成为佛教僧伽中的第一个尼姑。他生长在深宫之中，享用极端奢侈。父亲给他修建了三座宫殿：春季、夏季、雨季各有一宫。他受到了当时刹帝利青年所受的全部教育，包括各种学艺，军事、体育也包括在内。成年后，娶了妃子，名叫耶输陀罗。"贤妃美容

（上接 032 页）教思想论集》。关于这个问题，德国著名梵文学者 H.Bechert 在他的新著《重新探讨佛陀生卒年代刍议》（Contribution to the Discussion on "The Date of the Buddha Reconsidered" 1980 年 10 月瑞典王家人文科学院印度研究讨论会上的发言，作者寄来了打字原稿）中又重新作了分析研究。
① A.K.Warder, Indian Buddhism（《印度佛教》），Delhi, 1970,p.44—45.

貌，窈窕淑女姿，瑰艳若天后，同处日夜欢"（引文见汉译本《佛所行赞》，下同）。他们生了一个儿子，名叫罗睺罗。这一定是历史事实，因为佛教和尚是不许结婚的，可是佛祖却竟结婚生子，给后来的佛徒带来一个尴尬局面。若非历史事实，佛徒是决不会这样写的。为了这件事，和尚编造了不少的神话故事，以图摆脱窘境。我只举一个例子。《根本说一切有部毗奈耶破僧事》卷四说："尔时菩萨在于宫内嬉戏之处，私自念言：'我今有三夫人及六万婇女。若不与其为俗乐者，恐诸外人云：我不是丈夫。'"①

2. 出家的经过

据传说，释迦牟尼二十九岁出家。他生下时，就有仙人预言：他如果不出家，就会成为转轮圣王。因此，他父亲早就担心他会出家。于是就用尽心思，让他享尽人间的荣华富贵，目的是引诱他放弃出家的念头。佛经讲，有一天太子要出游散心，国王派人平整道路，驱逐闲人，不让太子看到老人、病人、穷人等。然而净居天却变成一个老人，太子看了心烦，叹息不已，转回宫去。第二次出游，又看到一个天神化成的病人。第三次出游，看到一个天神化成的死人。第四次出游，看到一个天神化成的比丘。太子于是决心出家。这个故事显然是虚构的。总之，出家的真正原因我们还不清楚。当时社会上，有一派用不同形式出家寻求解脱的沙门，这是婆罗门的对立面。释迦牟尼出家原因之一，可能是受到沙门思潮的影响，但一定还有更深刻的内在的原因。

3. 苦行

释迦牟尼出家以后，原意是想走苦行这一条路。苦行在印度古已有之，而且是在各个时代都很流行。他先去找沙门阿罗蓝迦蓝和郁陀仙，

---

① 《大正新修大藏经》（以下简写为Ⓣ，当页的上、中、下栏表示为a、b、c），卷24,115a。

又去找五比丘,苦行了六年,结果身体羸弱,毫无所得,涅槃解脱,遥遥无期。他自己思忖:"如是等妙法,悉由饮食生。"(《佛所行赞》)不吃饭,妙法是寻求不到的。他下决心重新进食,接受了一个牧羊女奉献的香乳糜。"食已诸根悦,堪受于菩提。"(《佛所行赞》)五比丘看到这情况,认为他叛变了,相约不理他。他又继续游行,到处寻求解脱之道。

4. 成佛

释迦牟尼最后来到菩提伽耶这个地方,坐在菩提树下,发出誓言:如不成佛,决不站起。他坐在树下究竟思考了一些什么东西呢?我们很难确说。在释迦牟尼时代,社会上宗教人士中间流行着一种想法:精神可以突然发亮,豁然贯通,悟得至道;除了佛教外,耆那教也有这种信仰。也许就在这种信念支配下,他坐在那里思维。他先对一切众生起大悲心,得到天眼净,看到众生生死轮回,善人转生人神,恶人堕入地狱。他最后想到生死根源,就是后来传下来的十二因缘:无明(愚痴,不知)、行(形成力,形成)、识(认识)、名色(名称与物质形体)、六入(感官与感官对象)、触(感官与感官对象的接触)、受(感受)、爱(渴望)、取(爱执、执着于存在)、有(存在,无和空的对立面)、生(生)、老死(老死)。这十二因缘,有因果关系。但这关系很复杂,很微妙,解释也有分歧。根据《佛所行赞》,释迦牟尼是从下面老死想起的:"决定知老死,必由生所致……又观生何因,见从诸有业……有业从取生,犹如火得薪,取以爱为因……"如此一环扣一环,最后根源是"无明"("痴灭则行灭")。一切皆从"无明"起。什么叫作"无明"呢?对于这个关键的字眼,解释很分歧。有人说无明就是不知道事物实际上并不像人们想象的那样存在。这有点大乘的味道,但可备一说。有的经又说,"无明"就是不知道苦、集、灭、道四谛。无论如何,"不知道"的对立面,就是"知道"。知道了,就是

"大觉"，就是"佛"。这十二因缘着重讲因果关系，是后来佛教根本学说之一，但是佛在菩提树下还不能想得这样有系统。可能只是一个大体的轮廓。

5. 说法

释迦牟尼证得大道，成了佛。经过一番犹疑考虑，他决心说法转法轮。他来到迦尸城（今贝拿勒斯）。他首先想到向他出家后见到的两个比丘说法。但他们已经死去。他又去找那五个苦行者，他们正在迦尸附近的鹿野苑。他们相约对他表示冷淡，最后还是洗耳恭听。说法的内容是什么呢？根据佛经传说，大概是这样的：如来佛首先讲了中道，避免两个极端，又讲了八正道和四圣谛。如来可能讲了这样的一些想法，恐怕还比较粗糙。这样系统化是以后的事情。有的学者认为第一次说法不是历史事实，但缺乏可靠的证据。

6. 招收弟子

第一次说法以后，以憍陈如为首的五人成了佛的弟子。接着是迦尸城富家子耶舍入教。他又带了五十四人入教，此时已有比丘六十人。跟着是苦行仙人迦叶兄弟三个人入教，三人原都是婆罗门。三迦叶有弟子五百人，都受了正法。五百这个数目不可靠，这样整齐的数目是后来捏造出来的。在王舍城竹林，又收舍利弗、大目犍连为弟子。后来成了如来佛的大弟子，二人也都是婆罗门。总之是弟子越收越多。僧伽形成了。而且诸大弟子各有所长，比如舍利弗智慧第一，目犍连神通第一，优波离持律第一，罗睺罗持戒第一，大迦叶弟子头陀第一名，但据估算，终释迦牟尼之世，弟子也不过五百人。

从社会地位来看，他确实收了一些低级种姓的人，比如大弟子优波离就出身剃头匠，弟子中还有淫女、强盗、杀人犯、商人、猎人，但出身婆罗门的更多。释迦牟尼禁止奴隶入教。在佛典的律藏中，有很多关于这方面的规定。比如《根本说一切有部毗奈耶出家事》卷三说：

"从今已往，汝等苾刍不应与奴出家。若有求者，当可问之：'汝是奴不？'若与奴出家，得越法罪。"①

7. 释迦牟尼与国王结交

在招收弟子的同时，他到王舍城见到瓶沙王，佛故意问弟子迦叶为什么不再事火而出家为僧。迦叶说："事火修咒术，离解脱受生，受生为苦本，故舍更求安。我本谓苦行，祠祀设大会，为最第一胜，而更违正道。是故今舍弃，更求胜寂灭，离生老病死，无尽清凉处。"（《佛所行赞》）"寂灭"就是涅槃。事火无法求得涅槃，所以他舍弃了事火。瓶沙王一听，成为佛友，护法大王。

瓶沙王之子阿阇世（未生怨王）弑父自立，这是一件惊人的事情。佛教虽然是一个出世的宗教，中国有人骂它是"无父无君"，实际情况却不是这样。它也非常关心社会上的伦常道德，对于孝顺父母更是特别强调，它把"杀父母、杀阿罗汉、破僧、恶心出佛身血"看作是罪大恶极。这种意见屡屡见于佛教律中，无须具引。但是释迦牟尼对于阿阇世弑父自立这一件事却"宽大处理"。阿阇世后来后悔了，向佛坦白自己的罪行，佛竟加以安慰。佛经多次讲到这一件事，我只举两个例子。其一："佛重告使言：'语阿阇世王：杀父恶逆之罪，用向如来改悔故，在地狱中，当受世间五百日罪，便当得脱。'"②其二："佛告诸比丘言：'此阿阇世王，过罪损减，已拔重咎。若阿阇世王不杀父者，即当于此坐上得法眼净。'"③从这一件事情中可以看出，释迦牟尼争取国王，用心良苦。此外，他同迦尸国王波斯匿、拔蹉国王优填、王都人民之主恶生、南海之主优陀延等国主都有交谊。

① 大卷 23,1033b。
② 《菩萨本行经》卷中，见大卷 3,116a。
③ 《长阿含经》卷 17，见大卷 1,109b。

8. 联络商人

释迦牟尼同商人似乎有特殊的关系与联系。他成佛后不久就接受两个商人奉献的食品。见了瓶沙王以后，又认识了大长者（大商人）给孤独。给孤独在憍萨罗王都舍卫国布金满园买下了祇林精舍，赠给释迦牟尼。他成了佛教的居士。当时在摩揭陀国，在憍萨罗国，商人都是腰缠万贯，在社会上占有很重要的地位。摩揭陀王室也参与贸易活动，大概双方互相利用，共同发展，因而才结成了密切关系。如来佛在几十年传教活动中，到过许多国家，走的路也都是当时主要的商道。在涅槃前游行时也走的是商道。同商人的接触一定会是很多的。居士中间阔人富人占多数。

在弗哩逝（Vṛji）首都鞞舍离，释迦牟尼结识了淫女庵摩罗。她很有钱，在社会上很有地位，在朝廷上广通声气。她请佛吃饭，并送给佛一座花园。她服务的对象绝大部分可能也是富商大贾。

9. 涅槃

释迦牟尼二十九岁出家，三十五岁成佛后，游行传教，长达四十五年。东至瞻波，西到摩偷罗，初步组成了一个僧伽。据佛经记载，僧伽里面后来还接受尼姑。这是违反释迦牟尼的想法的，他瞧不起妇女，认为收妇女做尼姑，会缩短佛教的寿命，只因抚养他的姨母苦苦哀求才不得已而破此例。释迦牟尼允许他姨母出家，但很有感慨地说：“若不听女人出家受具足戒，佛之正法往世千岁。今听出家，则减五百年。”[1]

最后他从王舍城出发，做长途游行，来到了拘尸那揭罗的双树间，在这里逝世（灭度或涅槃）。火化后，许多国王来抢分舍利。

五、原始佛教的教义

释迦牟尼时代，正是印度古代思想最活跃的时期，有点像中国的

---

[1]《五分律》卷29，见⊕卷22,186a。

春秋战国时期，各种学说，风起云涌，百家争鸣，莫衷一是。从各方面来看，都可以说是印度历史上一个转折点。当时在思想界有两大对抗的潮流：一是婆罗门，主张吠陀天启，祭祀万能，婆罗门至上。这是保守派。一派是沙门，反对婆罗门那一套，是革新派。释迦牟尼属于沙门系统，属于革新派。恩格斯说，他的学说中有一些辩证法的因素。有人说，他的主要敌人不是婆罗门，而是外道六师，这看法很有见地。他究竟宣传了些什么学说，今天还无法证实，只能根据现存的佛经加以概括的论述。

有人主张，释迦牟尼在涅槃前不久，对自己的学说做了一个撮要，这就是：四念处、四意断、四神足、四禅、五根、五力、七觉意、贤圣八道。所有佛教宗派，包括大乘在内，都无异说。这似乎就是释迦牟尼自己归纳的基本教义[①]。这说法有没有根据呢？应该说是有的。《长阿含经》卷二《游行经》说：

> 告诸比丘："汝等当知，我以此法自身作证，成最正觉，谓四念处、四意断、四神足、四禅、五根、五力、七觉意、贤圣八道。汝等宜当于此法中，和同敬顺，勿生讼诤。"[②]

但是这种根据是靠不住的。这所谓"三十七品"在佛典中已经成为一个刻板的老一套。不管什么地方，一提到佛的教义，就是这一套。例子太多，无法引用。看来这是佛教和尚长期形成的一套说法。释迦牟尼在生前不可能对自己的学说做这样系统的阐述，这样的系统化显然是后人做的。

---

① A.K.Warder, *Indian Buddhism*（《印度佛教》），Delhi, 1970, p.830.
② Ⓚ卷 1, 16c。参阅《增壹阿含经》卷 3，见Ⓚ卷 2, 561b。《十诵律》卷 33，见Ⓚ卷 23, 239c。

估计如来佛的根本教义，不会出他在成佛时思考过的一些问题之外，后来他在第一次说法时又讲到过，这就是四圣谛和十二因缘。十二因缘已经讲过，四圣谛是指苦、集、灭、道。意思就是说，人世无常，一切皆苦，造成苦的原因就是烦恼及业，必须从烦恼及业中解脱出来，达到涅槃境界。达到涅槃的道路就是所谓八正道。

原始佛教最基本的教义可能就是这些，后来逐渐发展、深化、系统化，越说越玄，越说越烦琐，以至达到"佛学号称难治"的程度。

六、释迦牟尼的说法方式

根据晚于释迦牟尼的佛经的记载，他说法很有一些特点，他善于用比喻，而且比喻很多出于农牧。这些记载不一定完全可靠，可能有一部分是出于和尚代代相传的回忆，至少可以反映早期佛教徒的情况，这种例证比比皆是。我现在从汉译佛经中选出几个例子来：

> 犹如耕田薄地之中，下种虽多，收实甚小。[1]
>
> 譬如农夫，宿有二业：一田业高燥肥沃，二田业下湿瘠薄。[2]
>
> 若好田苗，其守田者心不放逸，栏牛不食，设复入田，尽驱令出。[3]
>
> 过去世时，摩揭提国有牧牛人，不愚不痴者，有方便慧。[4]
>
> 若复牧牛人成就十一法者，能拥护其牛，终不失时，有所饶益。[5]

----

[1] ⑦卷 3,114a。

[2] ⑦卷 4,162b。

[3] ⑦卷 2,312b。

[4] ⑦卷 2,342a。

[5] ⑦卷 2,794b。

> 如田家子，善治其地，除去秽恶，以好谷子著良田中，于中获子，无有限量。亦如彼田家子，不修治地，亦不除去秽恶而下谷子，所收盖不足言。①

这些比喻的例子都说明释迦牟尼本人和他早期的信徒是同劳动大众有密切的联系的。他们了解人民的生活，用人民的一些喜闻乐见的、从他们生活中选取来的比喻来阐述比较难懂的佛教教义。佛教发展之所以能这样迅速，影响之所以这样大，与这种说法方式可能有些关系。此外释迦牟尼不承认梵文的神圣性，主张和尚使用自己的方言来宣传教义。

七、释迦牟尼对社会改革的看法

释迦牟尼主张改革，但有很大局限性。他想革新，但又不彻底。比如他反对婆罗门所竭力主张的祭祀，他反对种姓制度。他曾打比喻说：在入海以前，长江大河各有自己的名字，一流入大海，就混同起来，表示佛教僧伽内部没有种姓之别。但不彻底，他好像只想为刹帝利向婆罗门争首席地位。过去六佛没有一个出身吠舍、首陀罗，可以为证。

在他一生中，他都同当时很有力量的商人有密切联系。在一定程度上，他也关心农民，主要是吠舍。他反对杀牲（牛），这有利于农业，而农业又主要是吠舍的职业。婆罗门当农民的在《本生经》中也可以找到。另一方面又结交国王，国王奴隶主反对奴隶逃跑，他就禁止奴隶入教，这可以说是迎合国王。在这里，他提供了一个在他以后的中外佛教徒（别的宗教徒也差不多）都遵循的榜样。《梁高僧传》卷五《道安传》记载高僧道安的话说："不依国主，则法事难立。"②讲的就是这个道理。他同淫女也打交道，在这些方面表现出不少的世故，表现出圆

---

① ㊛卷 2,827c。
② ㊛卷 50,352a。

熟的交际手段。总之，释迦牟尼是一个性格比较复杂，有不少矛盾的人物。但他之所以成功，佛教之所以成为一个世界宗教，一方面说明它满足了一部分人民的宗教需要，同时同他这个教主有一套手段，也是分不开的。

1981年9月

参考书：

（1）马鸣菩萨造、北凉昙无谶译《佛所行赞》。

（2）Éermann Oldenberg, *Buddha*, Stuttgart und Berlin,1923.

（3）Étienne Lamotte, *Histoire du Bouddhisme Inden*, Louvain-la-Neuve, 1976.

（4）A.K.Warder, *Indian Buddhism*, Delhi.Varanasi.Patna, 1980.

印度佛教的发展与衍变

从宗教，特别是佛教发展的情况来看，玄奘留学印度的时期是一个具有关键性的转变时期。从笈多时代起，印度教开始同化正在变化中的佛教，大乘萌芽于公元前3世纪阿育王时代。到了公元二三世纪，所谓空宗的学说才开始建立。又过了约两百年，到了四五世纪，所谓有宗的理论才形成。大乘的出现标志着佛教的发展，但同时也孕育着衰亡的因素。小乘不承认印度教的一些仪式、恶习，而大乘佛教则逐渐承认下来。这是佛教衰落的征兆之一。到了后来，释迦牟尼被承认为印度教十大化身之一，被请进了印度教的神殿，然而佛教也随之而逐渐消失了。

玄奘于7世纪20年代末到了印度，7世纪40年代初才回国。他周游印度各地，对佛教和其他印度教派有细致周密的观察。他在《大唐西域记》卷二对当时印度佛教有一个概括的论述。他说：

部执峰峙，诤论波腾，异学专门，殊途同致。十有八部，各擅锋锐；大小二乘，居止区别。

这里讲的是部派的分歧。下面又讲到：

讲宣一部，乃免僧知事；二部，加上房资具；三部，差侍者祗承；四部，给净人役使；五部，则行乘象舆；六部，又导从周卫。

可见僧伽内部，待遇已大相悬殊。这是社会上封建等级制在僧伽内部的反映。

在以后漫游印度各地时，他又随时随地记述印度佛教和其他教派的情况，从中可以看出当时印度佛教与"异道"（多半是印度教）势力分布的情况，也可以看出佛教内部大小乘势力消长和宗派分布的情况。为了醒目起见，先列表如下[①]：

国名（城名）	佛教			异道	
	伽蓝	僧徒	宗派	天祠	信徒
北印度					
滥波国	十余所	寡少	大乘	数十	甚多
那揭罗曷国	虽多（"诸窣堵波荒芜圮坏"）	寡少		五所	百余人

---

① 当时印度境外的国家不列入，只提伽蓝；没有僧徒人数和所尊教派的不列入，只提外道天祠；没有佛徒人数和宗派，无从对比，也不列入。

（续表）

国名 （城名）	佛教			异道	
	伽蓝	僧徒	宗派	天祠	信徒
健驮罗国①	千余所 （"摧残荒废， 芜漫萧条"）			百数	杂居
	迦腻色迦王伽蓝	减少	小乘		
布色羯罗 伐底城	故迦蓝 （"庭宇荒凉"）	寡少	小乘		
跋虏沙城	其侧伽蓝	五十余	小乘		
	东门外一伽蓝	五十余	大乘	毗摩 天祠	
	山南伽蓝	鲜少	大乘		
乌仗那国	旧有一千四百 （"多已荒芜"）	昔 一万八千， 今渐减少	大乘	十有 余所	杂居
钵露罗国	数百所	数千人	学无专习		
呾叉始罗国	虽多 （"荒芜已甚"）	寡少	大乘		
	舍头窣堵波伽蓝 （"庭宇荒凉"）	减少			
僧诃补罗国	伽蓝	空无僧侣 久绝僧侣			
	石窣堵波东伽蓝	百余人	大乘		
	孤山伽蓝	二百余人	大乘		
乌剌尸国	傍有伽蓝	寡少	大乘		

① 《大唐大慈恩寺三藏法师传》作健陀逻。⑥卷50,233c。

（续表）

国名 （城名）	佛教			异道	
	伽蓝	僧徒	宗派	天祠	信徒
迦湿弥罗国	百余所	五千余人	小乘①	"外道天祠，特留意焉"	
	佛牙伽蓝	三百余人			
	故伽蓝 （"芜漫良甚"）	三十余人	大乘		
	大众部伽蓝	百余人	小乘 大众部②		
半笯蹉国	五所 （"并多荒圮"）				
	城北伽蓝	少有			
曷逻阇 补罗国	十所	寡少		一所	甚多
磔迦国	十所			数百	
	故城僧伽蓝	百余人	小乘		
至那仆底国	十所			八所	
	答秣苏伐 那僧伽蓝	三百余人	说一切 有部		
阇烂达 罗③国	五十余所	二千余人	大小二乘	三所	五百余人 （涂灰）
屈露多国	二十余所	千余人	多学大乘，少习诸部	十五所	杂居
中印度					
设多图卢国	十所 （"庭宇荒凉"）	鲜少			

① 《大唐西域记》没有说明。《续高僧传》卷4《玄奘传》说："僧徒五千，多学小乘。"大卷50,449a。

② 据《大唐大慈恩寺三藏法师传》，当时众部中有大乘学僧、萨婆多学僧和僧祇部学僧。可见这里也有人崇信说一切有部。

③ 《大唐大慈恩寺三藏法师传》作阇烂达那。大卷50,232b。

（续表）

国名 （城名）	佛教			异道	
	伽蓝	僧徒	宗派	天祠	信徒
波理夜咀罗国	八所 （"倾毁已甚"）	寡少	小乘	十余所	千余人
秣兔罗国	二十余所	两千余人	大小二乘	五所	杂居
萨他泥湿伐罗国	三所	七百余人	小乘	百余所	甚多
窣禄勒那国	五所	千余人	多学小乘，少习余部	百所	甚多
秣底补罗国	十余所	八百余人	说一切有部	五十余所	杂居
	德光伽蓝	五十余人			
	大伽蓝	二百余人	小乘①		
婆罗吸摩补罗国	五所	寡少		十余所	杂居
瞿毗霜那国	二所	百余人	小乘	三十余所	杂居
垩醯掣咀罗国	十余所	千余人	小乘正量部	九所	三百余人 （事自在天，涂灰）
毗罗删拿国	二所	三百余人	大乘	五所	杂居
劫比他国	四所	千余人	小乘正量部	十所	杂居
	城东大伽蓝	数百人	正量部		
羯若鞠阇国	百余所	万余人	大小二乘	二百余所	数千余人
纳缚提婆矩罗城	三伽蓝	五百余人	小乘说一切有部		
阿逾陁国	百余所	三千余人②	大小二乘	十所	寡少

---

① 玄奘在这里借无垢友的故事来宣扬大乘。

② 《大唐大慈恩寺三藏法师传》作"数千人"。⑦卷50,223c。

（续表）

国名 （城名）	佛教			异道	
	伽蓝	僧徒	宗派	天祠	信徒
阿耶穆佉国	五所	千余人	小乘 正量部	十余所	杂居
钵逻耶伽国	两所	寡少	小乘	数百	实多
憍赏弥国	十余所 （"倾顿荒芜"）	三百余人	小乘	五十余所	实多
迦奢布罗城	故伽蓝 （"惟余基址"）				
鞞索迦国	二十余所	三千余人	小乘 正量部	五十余所	甚多
室罗伐 悉底国	数百 （"圮坏良多"） 逝多林 （"昔为伽蓝， 今已荒废"）	寡少①	正量部	百所	甚多
劫比罗伐 窣堵国	国故基千百余所				
	宫侧伽蓝	三十余人	小乘 正量部	两所	杂居
蓝摩国	一伽蓝	鲜矣			
拘尸那揭 罗国					
婆罗疿斯国	三十余所	三千 余人②	小乘 正量部	百余所	万余人 （事自 在天）
	鹿野伽蓝	一千五百 余人	小乘 正量部		
战主国	十余所	减千人	小乘	二十	杂居
摩诃娑罗邑	数伽蓝 （"虽多倾毁"）	尚有	大乘		

---

① 《大唐大慈恩寺三藏法师传》作"数千人"。（大）卷 50,234c。

② 《大唐大慈恩寺三藏法师传》作"二千余人"。（大）卷 50,235c。

（续表）

国名 （城名）	佛教			异道	
	伽蓝	僧徒	宗派	天祠	信徒
吠舍厘国	数百 （"多已圮坏， 存者三五"）	稀少		数十	杂居 （露形 之徒）
	宫城西北一伽蓝	寡少	小乘 正量部		
	湿吠多补罗 僧伽蓝		大乘		
弗栗恃国	十余所	减千人	大小二乘	数十	实众
尼波罗国	伽蓝、天祠 （"接堵连隅"）	二千余人	大小二乘		其数不详
摩揭陁国	五十余所	万有余人	大乘	数十	实多
	"伽蓝、天祠及 窣堵坡，余址数 百，存者二三"				
	屈屈吒阿滥 摩僧伽蓝				
	德慧伽蓝	五十余人	大乘		
	摩诃菩提僧伽蓝	减千人	大乘 上座部①		
	那烂陀僧伽蓝	数千②			
	迦布德迦伽蓝	二百余人	说一切 有部		
	孤山东南伽蓝	五十余人	小乘	数天祠	

① 《释迦方志》，卷下，（⊗卷 51,963b）《续高僧传》卷 4（同上书，50,451a），皆作《大乘上座部》。但我认为都难以理解，另有专文讨论这个问题。

② 《大唐大慈恩寺三藏法师传》："僧徒主客常有万人。"（⊗卷50,237b）又说："闻寺西三逾缮那有低罗择迦寺，有出家大德名般若跋陀罗，本缚罗钵底国人，于萨婆多部出家。"⊗卷 50,244a）

（续表）

国名（城名）	佛教			异道	
	伽蓝	僧徒	宗派	天祠	信徒
伊烂拿钵伐多国	十余所	四千余人	小乘正量部	二十余所	杂居
	二伽蓝 ①	各减千僧	小乘说一切有部		
瞻波国	数十所（"多有倾毁"）	二百余人	小乘	二十余所	杂居
羯朱嗢祇罗国	六七所	三百余人		十所	杂居
奔那伐弹那国	二十余所	三千余人	大小二乘	百所	杂居
东印度					
迦摩缕波国	"宗事天神，不信佛法"			数百	数万
三摩呾吒国	三十余所	二千余人	上座部	百所	杂居（露形尼乾）
耽摩栗底国	十余所	千余人		五十余所	杂居
羯罗拿苏伐剌那国	十余所	二千余人 ②	小乘正量部	五十余所	实多
乌荼 ③ 国	百余所 ④	万余人	大乘 ⑤	五十所	杂居
折利呾罗城	五				

---

① 《大唐西域记》，卷10："近有邻王废其国君，以大都城持施众僧，于此城中建二伽蓝。"

② 《大唐大慈恩寺三藏法师传》："三百余人。"（大卷50,240c）

③ 《大唐大慈恩寺三藏法师传》作"茶"。（大卷50,241a）

④ 《大唐西域记》卷十还说："诸窣堵波凡十余所。"

⑤ 《大唐大慈恩寺三藏法师传》："伽蓝百余所，僧徒万余人，学大乘法。"到了后面，讲到戒日王"自征恭御陀，行次乌荼国。其国僧皆小乘学，不信大乘，谓为空花外道，非佛所说"。这显然是有矛盾的。（大卷50,241—244c）

（续表）

国名 （城名）	佛教			异道	
	伽蓝	僧徒	宗派	天祠	信徒
恭御陀国	"崇敬外道， 不信佛法"		百余所		万余人
南印度					
羯陵伽国	十余所	五百余人	大乘 上座部	百余所	甚众 （尼乾）
憍萨罗国	百余所	减万人①	大乘	七十余所	杂居
案輦达罗国	二十余所	三千余人		三十余所	实多
驮那羯磔 迦国	二十余所 （"伽蓝鳞次， 荒芜已甚"）	千余人	大乘②	百余所	实多
珠利耶国	颓毁	粗有		数十所	（露形 外道）
达罗毗荼国	百余所	万余人	上座部	八十余所	（露形 外道）
秣罗矩吒国	存者既少	亦寡		数百	甚众 （露形）
僧伽罗国	数百所	二万余人	大乘 上座部③		
恭建那补 罗国	百余所	万余人	大小二乘	数百	杂居
	王宫城侧有 大伽蓝	三百余人			

---

① 《大唐大慈恩寺三藏法师传》："万人。"（⑥卷 50,241a）
② 《大唐大慈恩寺三藏法师传》：二僧"善解大众部三藏"。（⑥卷 50,241b）
③ 《大唐西域记》，卷 11："佛教至后二百余年，各擅专门，分成二部：一曰摩诃毗诃罗住部，斥大乘，习小教。二曰阿跋耶祇釐住部，学兼二乘，弘演三藏。"《大唐大慈恩寺三藏法师传》："遵行大乘及上座部教。"（⑥卷 50,242c）《释迦方志》下："僧二万余人，上座部也。"（⑥卷 51,967a）。参阅 Watters, *On Yuan Chwang's Travels in India,* II.234-235.

（续表）

国名（城名）	佛教			异道	
	伽蓝	僧徒	宗派	天祠	信徒
摩诃剌侘国	百余所	五千余人	大小二乘	百所	甚多
跋禄羯呫婆国	十余所	三百余人	大乘上座部	十余所	杂居
摩腊婆国	数百所	二万余人	小乘正量部	数百	实众（涂灰）
阿吒厘国	"宗事天神"			十余所	杂居
契吒国	十余所	千余人	大小二乘	数十	众多
伐腊毗国	百余所	六千余人	小乘正量部	百所	实多
西印度					
阿难陀补罗国	十余所	减千人	小乘正量部	数十	杂居
苏剌侘国	五十余所	三千余人	大乘上座部①	百余所	杂居
瞿折罗国	一所	百余人	小乘说一切有部	数十	杂居
邬阇衍那国	数十所（"多已圮坏，存者三五"）	三百余人	大小二乘	数十	杂居
掷枳陀国	数十所（"多信外道，少敬佛法"）	少有		十余所	千余人
摩醯湿伐罗补罗国	"宗教外道，不信佛法"			数十	（涂灰之侣）
信度国	数百所	万余人	小乘正量部	三十余所	杂居

---

① 《大唐大慈恩寺三藏法师传》：缺。（⊛卷 50,243b）《释迦方志》卷下："上座部也。"（⊛卷 51,967c）

（续表）

国名 （城名）	佛教			异道	
	伽蓝	僧徒	宗派	天祠	信徒
茂罗三部 卢国	十余所（"多已 圮坏，少有僧徒， 学无专习"）	少有	无专习	八所	杂居
钵伐多国	十余所	千余人	大小 二乘①	二十	杂居
阿点婆翅 罗国	八十余所	五千余人	小乘 正量部	十所	（涂灰 外道）
狼揭罗国 （役属波剌 斯国）	百余所	六千余人	大小二乘	数百所	（涂灰外 道，其徒 极众）
波剌斯国	二三	数百人	说一切 有部	甚多	（提那跋 外道）
臂多势罗国	五十余所	三千余人	小乘 正量部	二十余所	（涂灰 外道）
阿𰀉茶国	二十余所	二千余人	小乘 正量部	五所	（涂灰 外道）
伐剌拿国	数十 （"荒圮已多"）	三百余人	大乘	五所	（涂灰 外道）

我想根据上面这一个表，探讨以下的几个问题：

a. 佛教与外道力量的对比

b. 佛教内部大小乘力量的对比

c. 佛教部派分布的情况

d. 佛教日渐衰微的趋势

---

① 《大唐大慈恩寺三藏法师传》："城侧有大伽蓝，百余僧皆学大乘。""法师因停二年，就学正量部《根本阿毗达摩》及《摄正法论》《教实论》。"（⊛卷 50,243c-244a）

a. 佛教与外道力量的对比

玄奘是一个非常细心的观察家。他对宗教现象观察得记录得特别细致。他所到之处，不管停留时间多么短暂，他对当时各宗教力量的对比都详加记录。可惜"十余所""千余所""数十"等数字太多，无法加以详细的统计。粗粗一看，也可以看到佛教与外道，有的地方是势均力敌，有的地方一方占优势。看来外道的力量并不小。在外道中，玄奘有几个地方特别提到事自在天（湿婆）的涂灰之侣，还有露形的尼乾，也就是耆那教的天衣派。可见印度教和耆那教等佛教徒眼中的所谓外道在当时是有相当大的力量的。

b. 佛教内部大小乘力量的对比

我先根据上面的表做一个简略的统计，以当时印度境内各"国"或城，或伽蓝为单位，崇信大乘的有：

滥波国

健驮罗国两个伽蓝

乌仗那国

呾叉始罗国

僧诃补罗国

乌剌尸国

迦湿弥罗国一个伽蓝

屈露多国，"多学大乘，少习诸部"

毗罗删拿国

战主国数伽蓝

吠舍厘国—伽蓝

摩揭陀国

乌荼国

憍萨罗国

驮那羯磔迦国 ①

伐剌拿国

崇信小乘 ② 的有：

健驮罗国三个伽蓝

迦湿弥罗国一伽蓝，小乘大众部

磔迦国一伽蓝

至那仆底国一伽蓝，小乘说一切有部

波理夜呾罗国

萨他泥湿伐罗国

窣禄勤那国，"多学小乘，少习余部"

秣底补罗国，小乘说一切有部

瞿毗霜那国

垩醯掣呾罗国，小乘正量部

劫比他国，小乘正量部

羯若鞠阇国三伽蓝，小乘说一切有部

阿耶穆法国，小乘正量部

钵逻耶伽国

憍赏弥国

① 据《大唐大慈恩寺三藏法师传》卷4："法师在其国逢二僧：一名苏部底，二名苏利耶，善解大众部三藏。法师因就停数月，学大众部《根本阿毗达摩》等论。彼亦依法师学大乘诸论。"（⑥卷 50,241 b-c）
② 水谷真成《大唐西域记》，把驮那羯磔迦国（南印度）归入大众部。（见同书第419页）但根据《大唐西域记》："僧徒千余人，并多习学大乘部法。"此国似应归大乘。但水谷真成大乘佛教表中却未列入。（见同书第417页）《大唐大慈恩寺三藏法师传》中有二僧善解大众部三藏的记载。参阅注①。

鞞索迦国，小乘正量部

室罗伐悉底国，小乘正量部

劫比罗伐窣堵国，小乘正量部

婆罗疤斯国，小乘正量部

战主国

吠舍厘国一伽蓝，小乘正量部

摩揭陀国一伽蓝，说一切有部

　　　　　一伽蓝，小乘

伊烂拿钵伐多国，正量部

　　　　　二伽蓝，说一切有部

瞻波国

羯朱嗢祇罗国

三摩呾吒国，上座部

羯罗拿苏伐刺那国，正量部

达罗毗荼国，上座部

摩腊婆国

伐腊毗国，正量部

阿难陀补罗国，正量部

瞿折罗国，说一切有部

信度国，正量部

阿点婆翅罗国，正量部

波刺斯国，说一切有部

臂多势罗国，正量部

阿軬荼国，正量部

崇信大小二乘的有：

阇烂达罗国

秣兔罗国

羯若鞠阇国

阿逾陀国

弗栗恃国

奔那伐弹那国

恭建那补罗国

摩诃剌侘国

契吒国

邬阇衍那国

钵伐多国①

狼揭罗国

没有说明的或"学无专习"的有：

那揭罗曷国

钵露罗国，"学无专习"

半笯蹉国

曷逻阇补罗国

磔迦国

至那仆底国

设多图卢国

婆罗吸摩补罗国

---

① 《大唐大慈恩寺三藏法师传》："僧徒主客常有万人。"（大卷 50,237b）又说："闻寺西三逾缮那有低罗择迦寺，有出家大德名般若跋陀罗，本缚罗钵底国人，于萨婆多部出家。"（大卷 50,244a）

蓝摩国

拘尸那揭罗国

吠舍厘国

耽摩栗底国

案达罗国

珠利耶国

秣罗矩吒国

掷枳陀国

茂罗三部卢国

　　不管玄奘观察多么仔细，在当时的情况下，有些数字说不清楚，是完全可以理解的。因此，我们要想作一个十分精密的统计，是不可能的。粗略地看一看：崇信大乘的"国"或伽蓝共有 16 个；崇信小乘的有 37 个；崇信大小二乘的有 12 个；没有说明或"学无专习"的有 17 个。至于信徒人数则无法统计。从单位数字看来，大、小二乘五天竺都有，而小乘的力量，要比大乘强大得多。有一种情况值得注意：有一些"国"内，大小二乘都有；有一句话涵义不太清楚："大乘、小乘，兼功习学"（阿逾陀国），"大小二乘，兼功习学"（契吒国），这是指的一个人呢，还是一个地方，看来专指一个地方的可能性更大一些，不是一个人既学小乘，又学大乘。

　　c. 佛教部派分布的情况

　　在大乘方面大概是空、有两宗都有，因为有些地方没有明确说明，无法统计。至于小乘，大家都知道，部派是非常多的，《异部宗轮论》共记述了 18 部。但是这个数目并不是固定的，而且部派的名称也异常复杂，时有异名同部的现象。我们在这里不详细去谈。根据《大唐西域记》的记载，提名的基本上共有四部，统计如下：

〔1〕上座部

〔2〕大众部

〔3〕说一切有部①

〔4〕正量部

崇奉上座部的是：

三摩呾吒国（东）

达罗毗荼国（南）

崇奉大众部的是：

迦湿弥罗国（北）

秣底补罗国（中）

驮那羯磔迦国（南）

崇奉说一切有部的是：

至那仆底国（北）

秣底补罗国（中）

羯若鞠阇国（中）

伊烂拿钵伐多国（中）②

摩揭陀国（中）

---

① 义净作根本说一切有部。说一切有部以论藏为本位。

② 即《大唐大慈恩寺三藏法师传》卷3的伊烂拿国。《大唐大慈恩寺三藏法师传》说：在这里流行的是小乘说一切有部。但是在《大唐西域记》中却说，流行的是小乘正量部。接着又说："近有邻王废其国君，以大都城持施众僧，于此城中建二伽蓝，各减千僧，并学小乘说一切有部。"看来这里基本上是宗正量部，只有这两个伽蓝学说一切有部。

迦布德迦伽蓝（中）

瞿折罗国（西）

波剌斯等三国（西）

崇奉正量部的是：

垩醯掣呾罗国（中）

劫比他国（中）

阿耶穆佉国（中）

鞞索迦国（中）

室罗伐悉底国（中）

劫比罗伐窣堵国（中）

婆罗疙斯国（中）

吠舍厘国（中）

羯罗拿苏伐剌那国（东）

摩腊婆国（南）

伐腊毗国（南）

阿难陀补罗国（西）

信度国（西）

阿点婆翅罗国（西）

臂多势罗国（西）

阿軬荼国（西）

伊烂拿钵伐多国（中）

总起来看，上座部流行于南方和东方。大众部流行于北方和中部。说一切有部流行于北方、中部和西方。正量部流行于中部、南方、东方和西方，而以中部和西方为主。

小乘部派既然那样多，为什么当时在印度只有四个部派流行呢？看样子恐怕是部派虽多，有的徒有其名，未必有多少信徒。在玄奘时代，印度流行的除了大乘佛教外，小乘就只有以上四部。《大唐西域记》还记有说出世部，但那是在梵衍那，玄奘不把它算在印度境内。玄奘的记载正确不正确呢？其他方面的记载都证明了，玄奘的观察是正确的。最有力的旁证，就是晚于玄奘几十年到印度的义净在《南海寄归内法传》的叙述。他说：

诸部流派，生起不同，西国相承，大纲唯四。一阿离耶莫诃僧祇尼迦耶。唐云圣大众部分出七部，三藏各有十万颂。唐译可成千卷。二阿离耶悉他陛尼迦耶。唐云圣上座部，分出三部，三藏多少同前。三阿离耶慕萨婆悉拖尼迦耶。唐云根本说一切有部，分出四部，三藏多少同前。四阿离耶三蜜栗底尼迦耶。唐云圣正量部，分出四部，三藏十万颂。然而部执所传，多有同异。且依现事言其圣十八，分为五部，不闻于西国耳。其间离分出没，部别名字，事非一致，如馀所论，此不繁述。故五天之地，及南海诸洲，皆云四种尼迦耶。然其所钦处有多少：摩揭陀，则四部通习，有部最盛；罗荼、信度西印度国名则少兼三部，乃正量尤多；北方皆全有部，时逢大众；南面则咸遵上座，馀部少存；东裔诸国杂行四部。从那烂陀东行五百驿，皆名东裔。乃至尽穷，有大黑山，计当土蕃南畔。传云：是蜀川西南，行可一月余，便达斯岭。次此南畔，逼近海涯，有室利察呾罗国。次东南有朗迦戍国。次东有社和钵底国。次东极至临邑国。并悉极尊三宝，多有持戒之人，乞食杜多是其国法。西方见有，实异常伦。师子洲并皆上座，而大众斥焉。

佛教分成许多部派，由来已久。至迟在佛灭度后约百年，原始佛教就分化成上座和大众两部。最初的原因可能是在律规之争，但是后来也涉及教义。

公元前4世纪时，佛教有三个中心：东方是吠舍厘，流行的是大众部；中部是憍赏弥，流行的是上座部；西方是秣兔罗，流行的是说一切有部。① 到了 7 世纪玄奘时代,情况显然有了变化。说一切有部流行于北部、中部、西部,变化不大。但上座部和大众部却有了很大的变化。原在中部的上座部向东方和南方发展。原在东部的大众部则向北方、中部和南方发展。这个变化对研究印度佛教史是非常有意义的。在流行的四个部派中,从数量上来看,正量部流行的区域更为广阔。连戒日王的妹妹曷罗阇室利信奉的也是正量部,可见它的影响之大。这些问题,以后当专文讨论,这里就不再详说了。

在这里特别值得提出来的是大乘上座部问题。提到大乘上座部的有五个地方:一、摩揭陀国,摩诃菩提僧伽蓝;二、羯陵伽国;三、僧伽罗国;四、跋禄羯呫婆国;五、苏剌侘国。这里就出了问题:一般说,只有小乘才讲上座部、大众部,大乘是没有这种说法的。这里出了大乘上座部,究竟是什么原因呢? 关于这个问题,请参阅拙文"关于大乘上座部的问题",《中国社会科学》,1981 年第 5 期,第 185-198 页。

d. 佛教日渐衰微的趋势

最后我们再把早于玄奘两百多年的法显《佛国记》的记载同《大唐西域记》对比一下:

	《佛国记》	《大唐西域记》
那揭罗曷国	"边有寺,寺中有七百余僧。"	"崇敬佛法,少信异道。伽蓝虽多,僧徒寡少,诸窣堵波荒芜圮坏。"

---

① 般特(C.C.Pande):《佛教起源之研究》(*Studies in the Origins of Buddhism*),阿拉哈巴德,1957 年,第 559 页,注⑧。参阅孔策(Edward Conze):《佛教》(*Buddhism*),牛津大学出版社 1951 年版,第 66-67 页。杜德(N.Dutt):《早期寺院佛教》(*Early Monastic Buddhism*),加尔各答,1945 年,第 2 卷,第 29 页。

（续表）

	《佛国记》	《大唐西域记》
醯罗城	"精舍门前，朝朝恒有卖花香人①。凡欲供养，种种买焉。"	"诸欲见如来顶骨者，税一金钱。"
健驮罗国	"此国人多小乘学。"惠生："而国王好杀，不信佛法。"	
乌仗那国	"佛法甚盛。……凡有五百僧伽蓝，皆小乘学。"	"崇重佛法，敬信大乘。"
达丽罗川		"亦有众僧，皆小乘学。"
秣兔罗国	"经历诸寺甚多，僧众万数。过是诸处已，到一国。国名摩头罗，有遥捕那河。河边左右有二十僧伽蓝，可有三千僧，佛法转盛。凡沙河已西天竺诸国，国王皆笃信佛法。"	"好修冥福，崇德尚学。伽蓝二十余所，僧徒二千余人。"
劫比他国	"此处僧及尼，可有千人，皆同众食，杂大小乘学。"	"（城东伽蓝）僧徒数百人。"
羯若鞠阇国	"有二僧伽蓝，尽小乘学。"	"邪正二道，信者相半。伽蓝百余所，僧徒万余人，大小二乘，兼功习学。"
憍赏弥国	"今故有众僧，多小乘学。"	"伽蓝十余所，倾顿荒芜。僧徒三百人，学小乘教。"
劫比罗伐窣堵国	"城中都无王民，甚丘荒。只有众僧，民户数十家而已。"	"伽蓝故基千有余所，而宫城之侧有一伽蓝，僧徒三十余人，习学小乘正量部教。"
耽摩栗底国	"有二十四僧伽蓝，尽有僧住。"	"伽蓝十余所，僧众千余人。"
伐剌拿国	"亦有三千许僧，皆小乘学。"	"邪正兼崇，不好学艺。伽蓝数十，荒圮已多。僧徒三百余人，并学大乘法教。"

从以上这个简短的对比中，我们可以看出：

一、乌仗那国的情况说明，在法显时代那里还是"皆小乘学"，

---

① 大卷 51,858c。

而到了玄奘时期则变为"敬信大乘"。伐剌拿国的情况说明，原来"皆小乘学"，后来则是"并学大乘法教"。羯若鞠阇国的情况说明，原来"尽小乘学"，后来则是"大小二乘，兼功习学"。大乘在某一些地区逐渐挤掉小乘的痕迹昭然可见。

二、那揭罗曷国：法显说："边有寺，寺中有七百余僧。"玄奘则说："伽蓝虽多，僧徒寡少。"秣兔罗国：法显说："河边左右有二十余僧伽蓝，可有三千僧。"玄奘则说："僧伽二十余所，僧徒二千余人。"劫比他国：法显说："此处僧及尼，可有千人。"玄奘则说："僧徒数百人。"耽摩栗底国：法显说："有二十四僧伽蓝，尽有僧住。"玄奘则说："伽蓝十余所，僧众千余人。"伐剌拿国：法显说："亦有三千许僧。"玄奘则说："僧徒三百余人。"以上几个例子说明，玄奘时代僧徒减少了。换句话说：佛教逐渐衰微了。

佛教开创时期的一场被歪曲被遗忘了的"路线斗争"

——提婆达多问题

　　提婆达多是释迦牟尼的堂兄弟,在佛经中他被描绘为十恶不赦的坏人。实际上他是一个非常有才能、威望很高的人。他有自己的戒律,有自己的教义,有群众。他同释迦牟尼的矛盾决不是个人恩怨,而是"两条路线"的斗争,在佛教史上是重大事件。他的信徒,晋代法显在印度看到过,唐代玄奘和义净也看到过。足征他的影响之深远,历千数百年而不息。这是佛教史上的一个重要问题。可惜过去还没有人认真探讨过,本文是第一次尝试。以后再写印度佛教史,必不应再忽略这个事实。

一、问题的提出

从全世界范围来看，印度佛教史的研究，经过了一百多年的努力，已经取得了辉煌的成绩。但是这并不等于说，其中的一切问题都已经解决了。有很多问题，甚至是重大的问题，还有待于进一步的研究与探讨。这一点几乎是所有的学者都承认的。中外学者们也提出了一些这样的问题，说明他们对研究工作中不足之处是感觉到的，认识到的。但是，唯独有一个我认为是佛教初期的一场重大的斗争问题，却从来没有人提出来过。只有现在常常使用的一个新词："路线斗争"约略能表达出这场斗争的重要性。这就是提婆达多问题。

稍稍熟悉印度佛教史的人都知道，提婆达多（Devadatta，旧译"调达"，意译"天授"）是佛祖释迦牟尼的堂兄弟，后来加入了僧伽，当了和尚。所有的佛典都说，提婆达多是一个天生的坏人、恶人。处心积虑想篡夺僧伽的领导权，多次想谋害佛祖，拉帮结伙，从事"破僧"（破坏僧伽）活动。最后堕入地狱，永世不得翻身。中国古话说："胜者王侯败者贼。"释迦牟尼成了王侯，成佛作祖，至今还高踞许多佛教国家美轮美奂的大雄宝殿中莲花座上，而提婆达多则成了不齿于佛徒的狗屎堆，成了佛教的犹大。千百年来，代代相传，众口铄金，从无异辞。

几乎所有的中外学者的有关印度佛教史的著作中，都提到提婆达多，有详有略，有重有轻，但其内容则基本上是一致的。这些书都重复佛典中的记载，讲一点他同佛祖的亲属关系，讲一点他企图破坏僧伽团结的故事。至于他究竟是一个什么样的人？他究竟为什么要"破僧"？他同佛祖的斗争究竟有什么意义？这一场斗争在佛教史上究竟有什么影响？对于这一些问题，从来没有书认为这真能成为问题，真值得去探索一下。中国到印度去取经的高僧们，在印度巡礼佛教圣迹的过程中，也都提到在什么什么地方当年提婆达多企图伤害佛祖，也都讲到一些两个堂兄弟斗争磨擦的情况，理所当然地都把提婆达多看做叛徒。

我在下面从印度佛教史的著作中举出几个例子，说明一下我上面提到的这种情况。至于中国僧人的游记则不再列举，因为那种充满了僧侣偏见的记载对我们今天的学术探讨毫无用处，最多只不过证明这些都是偏见而已。在中国学者的著作中我只想举出一部来，这就是吕澂先生的《印度佛教史略》①。在本书的本篇上，第一章，第四节中，有一段关于提婆达多的话：

> 佛陀既于社会得势，随而反对者往往有之，其中最著者为禅那教徒，如摩揭陀王阿阇世即初信禅那教者，又阿阇世之亲信者佛陀从弟提婆达多，亦同教徒也，故设诸计略以坏佛教。彼欲害佛者三数次，初放醉象，次使狂人，后投大石，而皆目的不果，遂自称为大师，而诽谤沙门瞿昙非大师。又云五法是道，瞿昙所说八支圣道则非真道。所云五法者：一至寿尽着粪扫衣，二至寿尽常乞食，三至寿尽唯一坐食，四至寿尽常露居，五至寿尽不食一切鱼肉血味盐酥乳等。此皆较佛陀之戒更为峻严，因此一时得众之欢心，而暂使佛众叛教云。

禅那教，今作耆那教。说提婆达多是耆那教徒，恐无根据。这里讲到提婆达多与佛祖的矛盾，其理解不高出同类书籍的水平。说到醉象、狂人、大石，皆拾佛典牙慧，未辨真伪。说提婆达多"暂使佛众叛教"，亦与历史事实有违。吕先生在他的新著《印度佛学源流略讲》②

---

① 吕澂，《印度佛教史略》，商务印书馆，1933年、1935年国难后第一、第二版。商务印书馆1933年、1935年国难后第一、第二版。
② 吕澂，《印度佛学源流略讲》，上海人民出版社，1929年。

中没有再提到提婆达多的问题。

　　欧美印度佛教史的专家们当然并没有忽视提婆达多这个人，几乎没有一部印度佛教史没讲到他的。我在下面按照出版年代的顺序选出几部书来，稍稍加以说明。

　　第一部书是荷兰学者克恩（H.Kern）的《佛教和它在印度的历史》①。书中用大量的篇幅相当详尽地叙述了提婆达多的历史，主要是根据巴利文经典，同时又引用了其他语言的佛典。在第一卷，第149—153页，克恩叙述了提婆达多和一群释迦族的青年，还有理发匠邬波离（Upāli），一起出家，加入僧伽。提婆达多后来得到了一个没有成为阿罗汉的人能够得到的最高智慧。第175页，讲到提婆达多与佛祖的第一次冲突。第226—253页，叙述了提婆达多与阿阇世的关系，讲到他们俩如何谋划弑父杀佛。第230页，佛祖说，提婆达多过去是好的，后来性格变了。第236页，提到了提婆达多的五法。第二卷，第73—87页，克恩详细论述了佛教徒的吃肉问题。总之，克恩用了很多篇幅来介绍提婆达多；但是，他主要是照抄佛典的原文，对于提婆达多与释迦牟尼矛盾的性质，几乎是一字没提。

　　第二部是英国学者查尔斯·埃利奥特的《印度教与佛教史纲》②。这一部书在第9—13页，叙述了佛陀的历史，但是根本没有讲到提婆达多。

　　第三部书是德国学者杜图瓦的《佛陀传》③。这一部书，第164—188页，叙述提婆达多破坏僧伽团结的故事。作者注明是根据巴利佛典

---

① Heinrich Kern, *Der Buddhismus und seine Geschichte in Indien*, übes.von Hermann Jacobi, 2 Bde.Leipzig, Otto Schulze, 1882, 1884.

② Sir Charles Eliot, *Hinduism and Buddhism, an Historical Sketch*, 李荣熙译，商务印书馆1982年版。

③ Dr.Julius Dutoit, *Das Leben des Buddha*, Leipzig 1906, Lotus-Verlag.

Cullavagga Ⅶ, 2—4。因此，他不可能对提婆达多提出什么新的看法。

第四部书是德国学者奥尔登堡的《佛陀，他的生平、学说和僧团》[①]。在这一部书中，第 179—180 页，叙述了提婆达多同释迦牟尼的矛盾，说提婆达多出于野心，企图害佛。他提出了五法，也是为了篡夺僧伽的领导权，最后堕入地狱。第 343 页，又讲到提婆达多用大象害佛的故事。所有这一切都没有超出巴利文佛典的范围。奥尔登堡的这一部书在欧美流行最广，威信最高。但是，在提婆达多问题上，表现出来的水平不过如此。

第五部书是比利时学者拉茂特的《印度佛教史，自创始至塞伽时期》[②]。在这一部书中，第 19—20 页，叙述了释迦牟尼的生平，讲到提婆达多与阿阇世合谋：一弑父，一杀佛；一夺王位，一夺僧伽领导权，不外是醉象、狂人、大石之类。第 69—70 页，又讲到提婆达多想篡夺僧团的领导权。第 374 页，讲到玄奘在印度还看到了谨遵提婆达多遗训的佛教僧侣，拉茂特在这里引证了玄奘《大唐西域记》卷十，羯罗拿苏伐剌那国的记载。第 728—729 页，又讲到提婆达多与释迦牟尼的矛盾，明确指出，这是破坏僧伽团结的活动（Schisme）。特别值得提出来的是第 572 页关于佛教部派出现的论述。拉茂特说，在如来佛还活着的时候，出现过两次僧团破裂的情况，其中之一的首领就是提婆达多。拉茂特的这一部书被认为是近几十年来欧美研究印度佛教史的最高成就，备受赞扬。同以上几部书比较起来，这一部书确有一些与众不同之处，比如它讲到《大唐西域记》中有关于提婆达多信徒的记载，眼光确实超过了以上诸家。但是，仅就此事而言，拉茂特也有其局限性，义净在《南

---

① Hermann Oldenberg, *Bnddha, sein Leben, seine Lehre, seine Gemeinde*, Smttgart und Bedin, 1923.

② Étienne Lamotte, *Histoire du Bouddhisme Indien, des Oringines ǎl'Ére Śaka*, Universiri de Louvain, Insritur Orienralisre, Louvain-la-Neuve, 1976.

海寄归内法传》（已有英文译本）中关于同一件事的记载，他就没有引用。因此，如果想给此书以实事求是的评价的话，赞美之词只能到此为止。拉茂特，同以上诸家一样，一点也没有认识到提婆达多问题在印度佛教史上的重要意义。

第六部书是加拿大学者瓦特尔的《印度佛教》①，这是最晚出的一部书。在这一部书中，第62—63页，叙述在佛陀涅槃前不久，提婆达多向他提出让领导权的问题。遭到拒绝，就企图害佛。他是阿阇世的密友，阿阇世的父亲逊位，让自己的儿子登基。提婆达多怂恿阿阇世杀害佛陀。提婆达多还提出了五法，以与佛陀对抗。瓦特尔指出，这是一次"破僧"的举动，并且提到，提婆达多获得了某一些成功，他那分裂出去的僧团（Schimatic community）存在了几个世纪之久（several centuries）。瓦特尔高明之处就在最后这一点。但是也就仅此而已，他对提婆达多事件的认识比起以上诸家来并不高明多少。

最后，我还想引用两部印度学者的著作，一部是杜德的《在印度的佛教部派》②。在不到一页的篇幅中（第38—39页），杜德叙述了提婆达多事件（The episode of Devadatta）。他说，这几乎是一次破僧活动（saṅghabheda），虽然佛典律中没有这样说。他列举了提婆达多提出来的"五法"，并且指出，在如来佛的直系弟子中也有一些实行苦行的人（dhūtavādin）。杜德还提到玄奘和义净关于提婆达多信徒的记载。看来杜德对提婆达多事件的认识没有能超出一般的水平③。

---

① A.K.Warder, *Indian Buddhism*, Motilal Banarsidas, Delhi, Varanasi, Parna, 1980.

② Nalmaksha Dutt, *Buddhist Sects in India*, Firma Kim private ltd. Calcutta, 1977.

③ 我再简略地介绍几本书：一、雷曼（Edv, Lehmann）《佛教，作为印度宗教部派，作为世界宗教》，1911 年，Tübingen, p.74-75；二、格拉森纳卜（Helmuth von Glasenapp）《佛教》，1936 年，Berlin, （下接 071 页）

　　第二部是慕克吉的《提婆达多的传说》（B.Mukherjee, *Die Überlieferung von Devadatta*, München 1966）。这是一部专门研究提婆达多的书，在以上诸书中是水平最高的。它把提婆达多的事迹分为主要传说、附属传说、个别记载三大项。主要传说包括四件大事：一、作为和尚的提婆达多；二、提婆达多想夺取领导权；三、夺权斗争和他的恶行；四、他那破僧的尝试，然后加以综述并分析其可靠性。附属传说包括提婆达多的家谱、他的青年时期、杀死大象、参加射箭比赛、想毒死佛陀从而堕入地狱。个别记载对象仍然是上述诸大事。最后一部分是资料的鉴别和评价。作者根据提婆达多传说各异本，主要是上座部、法藏部、化地部、说一切有部和根本说一切有部的五部律，分析事件的过程，确定其先后次序。他触及了一些敏感的问题，比如佛陀派阿难或舍利弗到王舍城去宣布提婆达多非法（第52—54页），提婆达多的五法（第41—45页，第104页），提婆达多与阿阇世和晡剌拿的关系（第126页）。作者指出了提婆达多代表正统方向，这是本书的高明之处。但是其高明也就到此为止。作者一点也没有认识到，这在佛教开创时期是一场两条路线的斗争，也没有分析提婆达多思想与晡剌拿的关系。因此，我们只能说，他的认识有极大的局限，没有搔到痒处。

　　欧美和印度学者的著作就引到这里为止。我不想求全，因为没有那个必要。这几部著作是有代表性的，鼎尝一脔，豹窥一斑，欧美、印度的研究水平一目了然。这些著作和我没有引用的众多著作，基本上都没有脱开正统佛典的羁绊。哪一部书也没能真正认识提婆达多事件的重要意义，这一件事真成了千百年来印度佛教史上待发之覆。多少年来，我

（上接070页）Zürich，这是一本通俗的书，流传颇广，根本没有提到提婆达多；三、弗劳瓦尔纳（E.Frauwallner）《最古的毗奈耶和佛教文献的开端》（*The Earliest Vinaya and the Beginnings of Buddhist Literature*），Roma, Is. M.E.O, 1956, p.117–121, 126, 137, 181, 195, 197.

个人就对此事有所怀疑。因此，在搞其他研究工作之余，随手搜集了一些有关提婆达多的资料，现在加以整理，希望能够用新观点来探讨这个问题，还提婆达多事件以本来面目。同时也希望对印度佛教史的研究增加点新东西，在某一些方面改变对印度佛教史发展规律的认识。如果我的观点能够站得住脚的话，将来再写佛教史必须在一定范围内改换一下写法。

二、佛典中对于提婆达多的论述

为了解决提婆达多问题，我想从分析佛典中关于他的记载入手。现存的佛典都是释迦牟尼的弟子们和再传弟子们的一家之言。提婆达多是斗争的失败者，对于他根本不可能有真实的记载。既然不真实，就必然自相矛盾。这情况有点像印度古代的唯物主义者，他们的著作（如果有的话）都已荡若云烟，今天要想了解他们，只能从他们那些胜利了的论敌的诬蔑不实之辞中去细心地爬罗剔抉。对于提婆达多，我们也只能利用现存的佛典，剔抉其矛盾之处，然后努力摄取真相。

佛典中关于提婆达多的论述多如牛毛。想全面地介绍提婆达多，困难不在于材料太少，而在于材料太多。我经过反复考虑，决定以唐义净译的《根本说一切有部毗奈耶破僧事》为基础来加以叙述（以下简称《破僧事》），于必要时采用一些其他佛典的说法。《破僧事》实际上类似一部佛传，我只选取其中与提婆达多关系密切的事件加以介绍。《破僧事》的梵文原文已在巴基斯坦吉尔吉特（Gilgit）发现，但残缺不全，只剩下最后一段[①]，对我们参考价值不大。

---

① Gilgit Manuscripts, vol.III, part IV, Calcuta, 1950. 请参阅 Charles S.Prebish, *Vinaya and Pratimoksa: The Foundation of Buddhist Ethics*, 见 A.K.Narain, *Studies in History of Buddhism*, Delhi, 1980, p.237.

　　《破僧事》①叙述提婆达多破僧的故事用的是典型的印度方式。几乎是从开天辟地讲起，讲人类的出现、人类的逐渐堕落、私欲渐增，出现了争夺土地的现象，因而产生了国王（地主），中间经过了无数年代，出现了释迦种，又经历了不同的国王统治，到了师子颊王。他生了四个儿子：净饭、白饭、斛饭、甘露饭。净饭王生二子，长子即佛祖释迦牟尼，次子是难陀。白饭生二子，斛饭生二子，甘露饭也生二子，长子是阿难（庆喜），次子是提婆达多②。提婆达多是释迦牟尼的堂兄弟。

　　接着讲释迦牟尼的诞生，用的也完全是印度方式，从睹史多天宫讲起，佛典中所有的佛传几乎都是这样。在以下的叙述中，一方面竭力宣扬佛祖的神奇，另一方面又竭力渲染提婆达多的卑劣。提婆达多与佛祖一败一胜，这种情况是在意料中的。

　　佛祖与提婆达多的矛盾从很早的时期就开始了。太子（佛祖）学习乘马射箭，有博士来教，他的阿舅就说："唯提婆达多本自恶性，无有慈心，愿请博士勿教妙杀之法。"薛舍离城的居民向太子献宝象。提婆达多出于嫉妒，打死宝象。太子把大象尸体遥掷城外。太子挽弓射下大雁，提婆达多来抢。后来太子厌倦人世，出家修道。渡过弶伽（恒）河，到了王舍城附近的阇崛山旁野林中，修习苦行，同一群苦行者在一起。他翘一足至二更方休，他五热灸身至二更方休，实行严酷的苦行。但是，他不久就感觉到，这样苦行的结果仍然是天上人间轮回不息，"此是邪道，非清净道"《大正新修大藏经》③。他便毅然舍弃这种苦

① 《大正新修大藏经》（以下简写为⑦，当页的上、中、下栏表示为a、b、c）卷24,99a-206a。
② 一说提婆达多是斛饭之子，还有一说，他是白饭之子，见⑦卷22,101。释迦家族的历史多半是捏造的，家谱没有办法排清楚的。⑦卷24,882b夹注："调达婆儿，阿难妹也。"殊难解释。根据《破僧事》的说法，岂非提婆达多娶自己的姊妹吗！
③ ⑦卷29,119b。

行方法，另寻其他途径。他走到伽耶城南尼连禅河边，在这里实行另外一种苦行，想闭塞诸根，不令放逸，闭气不令喘息，结果身体忍受了极大的痛苦，仍然不得入于正定。只喝小豆大豆及牵牛子汁，结果身体羸弱，毫无所获。最后他认识到，"此非正道，非正智，非正见，非能到于无上等觉"①。他决心舍弃苦行之道，吃了二村女献上的粥，恢复了体力。他来到了尼连禅河东金刚地，坐在菩提树下，终于证无上正智，他成了佛②。

释迦牟尼成了佛以后，经过深思熟虑，决定留在世上，宣扬大法。他首先想到那五个苦行伙伴，于是走到波罗尼斯城仙人堕处施鹿林中，为他们五人说法，"度陈如五苾苾（刍）众，次度耶舍五人，次度贤众六十人民"③。这可以说就是僧伽的滥觞。要讲"破僧"，必须从这里讲起，因为有了僧伽，才能谈到破；没有僧伽，何从破起呢？

总之，从此之后，佛法逐渐传播起来，僧伽逐渐扩大起来。释迦牟尼会见频毗娑罗王，接受了给孤独长者的赠园，进行了一系列的佛教史上著名的活动。后来他决定回家看望父亲净饭王。净饭王大喜过望，用极其隆重的仪式欢迎了自己这成了佛的儿子。王令人击鼓鸣槌，"宣王教令，普使投劫比罗城内家家一子随佛出家"④。斛饭王二子，一名无灭，一名大名，无灭出了家，大名没有。无灭来到贤释种王那里。"住彼一宿。王言：'童子！我若随汝出家，天授（提婆达多）当为释种王，与诸释种极为大患。可共相劝天授同共出家。'"于是就把天授叫

---

① ⑤卷 24,121b。
② 有一段小插曲，很有趣味。当释迦牟尼坐在菩提树下，正准备成佛时，听了魔王的谎言，曾萌生杀害提婆达多的念头。这肯定是后来的和尚捏造出来的，故事本身没有多大意义，意义在于从中可见二人结怨之深。
③ ⑤卷 24,156c。
④ ⑤卷 24,144c。

了来。天授也有自己的打算:"我报言不出家者,贤释种王亦不出家。我设方便,应当诳彼。"他于是就回答说:"王既出家,我亦不住。"这实际上是一句谎话,但是贤王对公众宣布了这个消息,提婆达多搬起石头,砸了自己的脚,迫不得已,只好出家。同时剃头匠邬波离也出了家。世尊规定,他们都要礼邬波离足。提婆达多认为这样有失身份。世尊让他照办,他不肯。"第一先起破佛之意"①,他要设法伤害释迦牟尼了。从此以后,在僧伽内部,在释迦牟尼与提婆达多之间,矛盾与斗争就接二连三地发生了。

频毗娑罗王的儿子未生怨王(阿阇世,Ajātaśatru)归依了世尊。他告诉守卫宫门的执仗人说,若见世尊及僧尼居士来,应当立刻放他们进来,"若见提婆达多及彼徒众,应须掩障,勿使其前。"②既曰"徒众",足见此时提婆达多已经不是单枪匹马。他遭到拒绝,怀疑嗢钵罗色苾刍尼从中捣了鬼,就打了她。这个苾刍尼遂即入无余依涅槃界。提婆达多同未生怨王的关系是他一生重要事件之一,以矛盾开始,后来二人却成了密友。此是后话,这里暂且不谈。

提婆达多一生中另一个重要事件是他同外道六师之一的晡剌拿(Pūrana Kāśyapa,巴利文 Pūrana Kassapa,佛典中异译甚多:富兰那·迦叶,不兰·迦叶等等)的友谊。这一件事似乎为人们所忽略,其中有重大意义;但是我还没有看到任何一部印度佛教史谈到过这个问题。事情的经过是这样的:莲花色尼涅槃之后,提婆达多忧心忡忡,"以手支颊,退在一边,愁思而坐"③。这情景被晡剌拿看到,问提婆达多是什么原因。提婆达多如实告知。下面我引一段《破僧事》原文:

① ㉞卷 24,146a。
② ㉞卷 24,147c。
③ ㉞卷 24,148b。

晡刺拏曰："我常谓诸舍迦种内唯汝一个解了聪明。岂谓汝今亦成愚蠢。岂有后世，令汝见忧？若有后世，汝造斯业者，我亦为斯愁思而住。"彼为开解天授情故，便于对面扑破己瓶，而告曰："纵天世间不能令此更为和会。更无后世，谁往受之？作者受者并成虚说。然而可往劫毕罗伐窣睹城，自称天子，为王而住。我当作汝第一声闻。"于时提婆达多便谤无圣，邪见遂兴，能令一切善根断绝。①

可见二人默契于心的情况。佛祖咒骂提婆达多将堕入地狱。

提婆达多也索性一不作二不休，别立五法。他告诉自己的徒众说：

尔等应知，沙门乔答摩及诸徒众，咸食乳酪，我等从今更不应食。何缘由此？令彼犊儿镇婴饥苦。又沙门乔答摩听食鱼肉，我等从今更不应食。何缘由此？于诸众生为断命事。又沙门乔答摩听食其盐，我等从今更不应食，何缘由此，于其盐内多尘土故，又沙门乔答摩受用衣时截其缕绩，我等从今受用衣时留长缕绩。何缘由此？坏彼织师作功劳故。又沙门乔答摩住阿兰若处，我等从今住村舍内。何缘由此？弃捐施主所施物故。②

这五法都是想同释迦牟尼"对着干"的结果。但其意义远不止此。下面第四章再谈这个问题。在同一部《破僧事》中，下面释迦牟尼又讲到提婆达多破僧的五种禁法：一、不居阿兰若；二、于树下坐；三、常行乞食；四、但蓄三衣；五、着粪扫服。③这同五法有一定联系，可

---

① ㊛卷 24,148c。
② ㊛卷 24,149b。
③ ㊛卷 24,153b。

参考。

　　提婆达多与释迦牟尼结怨越来越深。提婆达多公然凌辱佛妻耶输陀罗，被瞿弥迦掷入池内。他从水窦中逃走，衣服被檄杙所裂，白一条，遂成两片，他说道："善哉斯服，巧称净仪，为我声闻，制其裙服。"①他跑进宫中，又被耶输陀罗抓住双手，十指迸血流出。他怀恨出宫，把毒药填指爪中，想搯佛脚令伤。结果是十指并皆摧破，吃了大苦头。而且无间之火遍燎其身，现身堕入无间无隙捺落迦（地狱）中。舍利弗咀啰（舍利弗或舍利子）到地狱里去看提婆达多，看到他在那里受苦，火烧水浇，火焰铁山磨碎其身。又有铁棒遍皆热焰，打碎其头。又有大象来践踏其身。舍利弗咀啰又到外道六师受苦之处。首先看到高迦离迦②，在他舌头上有1000张犁在耕垦。他又去看提婆达多的朋友晡刺拿迦摄波，有500张犁时时耕舌。《破僧事》上面这一段叙述，时间顺序完全混乱。可见《破僧事》不是出自一人之手。也或许是因为印度思想方式本来就不注意时间顺序。下面释迦牟尼结合提婆达多的罪行，讲了几个本生故事。

　　下面主要讲破僧问题。这是《破僧事》的主题，也是提婆达多的首要罪状。释迦牟尼给"破僧"下了一个定义，他说："何谓破僧？若一苾刍，是亦不能破僧伽也。若二若三乃至于八，亦复不能破和合众。如其至九，或复过斯，有两僧伽，方名破众。"③提婆达多宣布五种禁法，同释迦牟尼唱反调，以达到破坏僧伽的目的。如来佛宣布："若有人破和合众已，此人定生无间之罪，亦成无间之业者。"④下面他又施

① ㊅卷23,149c。
② 高迦离迦（Kokalika），不是六师之一，他只是提婆达多的一个追随者，经常在佛典中出现。
③ ㊅卷24,153b。
④ ㊅卷24,154a。

077

展了印度那种典型的烦琐分析的本领，共总区分了 18 种不同的情况，有的只生无间罪，不成无间业；有的既生无间罪，亦成无间业。

下面的叙述，时间顺序又混乱起来。忽然插入了一段世尊为五苾刍说法的故事。又回头讲释迦牟尼同耶输陀罗结婚和罗怙罗的诞生。跟着来的是罗怙罗出家，耶输陀罗招待佛祖，500 释子及邬波离，阿难陀诞生，佛祖度阿难陀，绕了很大的弯子，最后又讲到提婆达多。佛在王舍城竹林迦兰铎迦园中，有 500 苾刍围绕世尊，皆是阿罗汉，唯提婆达多未得圣果。苾刍有神通，提婆达多请求佛祖教他神通，佛祖不肯。他又请求阿若陈如等以及 500 上座教，他们都不肯。最后他又找十力迦叶，十力迦叶不了解佛祖和 500 上座的用意，冒然把神通教给提婆达多。提婆达多就利用了这神通力去见太子阿阇世，用变化神通迷惑住了太子，得太子种种利养。提婆达多既得利养，遂起贪心，企图篡夺僧伽的领导权，自己心里想："世尊不如与我四众，我自教示而为说法。世尊当可宴寂而坐，修习善法，常住安乐。"[①] 这个念头一起，立即失掉神通，可他自己不知道，率领自己的四个亲信苾刍：一名迦利迦，二名寨荼达骠，三名羯吒谟洛迦底沙，四名三没罗达多，来见世尊，要求世尊让位。遭到拒绝，于世尊处遂起七种逆心。

从此以后，提婆达多带领四个亲密伙伴，破大众，破法轮，目的在于名扬后世。佛派一些苾刍去劝阻他们，但是他们不听，"坚执其事，无心弃舍"，"佛告诸苾刍：提婆达多共伴四人，顺邪违正，从今已去，破我弟子和合僧伽，并破法轮，有大势力"[②]。众多苾刍告诉提婆达多，他得到利益供养，都是上座十力迦摄之德。但是提婆达多完全否认，声称是自己日夜常求精进苦行之力所得。说了这样无恩之语，于是

① Ⓣ卷 24,169a。
② Ⓣ卷 24,172a。

失掉了神通。

提婆达多率领 500 苾刍，于人间游行。阿阇世王爱乐提婆达多，送给他 500 车粮食，令作路粮。提婆达多于人间常行非法不善。佛祖让阿难带一个苾刍，跟着提婆达多，到王舍城，街街曲曲，见了婆罗门及长者居士，说："提婆达多及同伴，若作非法罪恶人，不须谤佛法僧。何以故？此人非行佛法行人。若有人说提婆达多有神通威德，汝报彼：提婆达多先有神通，今悉退失，无一神验。"[①]

医王侍缚迦（Jīvaka）善知佛意，同佛关系密切。他想：如来大金刚体，微少酥膏，何以为足？于是给了如来二斤熟酥膏。如来吃了下去，完全能消化。提婆达多见了以后，也要求医王给自己二斤。但是，吃下去以后，无法消化，早晨吃了粥，腹即大痛，旋转叫唤，昼夜不安。世尊按了他的头顶，于是痛苦解除，从死得苏。但是，提婆达多不知感恩，反出恶言。世尊听到以后，对苾刍们讲了许多本生故事，说明提婆达多从来都是无恩无报的。

下面又讲提婆达多与阿阇世王的关系。提婆达多挑拨离间阿阇世王父子关系，说阿阇世已经长大，但是老王仍不传位给他。阿阇世于是蓄意害父，以掷刺其父频毗娑罗王，打破粥锅，不让如来吃到粥。有一次他又用掷打着父王手指，这都是受了恶友提婆达多的怂恿与挑拨。父王问他，为什么在父前掷剑。他回答说："父有受用，我无受用。"父王于是把瞻波城送给他，让他受用。提婆达多又怂恿他征税重役逼迫百姓。父王除王舍城外把整个摩揭陀国都送给了他，他仍然苦役损害摩揭陀城邑人民。父王送他更多的土地。他便与提婆达多相互勾结，压榨百姓。他最后囚禁了父王，不给饭吃，百般虐待折磨，老王终于饿死。

提婆达多又进一步对阿阇世王说道："我以教汝今得王位，今须

---

① ⑦卷 24,173c。

建立令我作佛。"阿阇世说："佛身有金色，汝身无金色。"于是提婆达多就唤金匠，在他身上作成金色。金匠用热油涂身，上面涂上金箔。他忍受痛苦，大声叫唤。佛脚上有轮相①。提婆达多受大辛苦，烧脚作成轮相。他还处心积虑，想把世尊杀死。南天竺来了一个巧匠，善造抛车。提婆达多就找他造 500 人能牵引的抛车，想用抛车打死住在鹫峰上的世尊。此时世尊从座而起，将入深山岩穴之内。提婆达多同 500 人一起，发机飞石，直击如来。执金刚神在空中用金刚杵打石令碎，碎石伤了佛足。有商人献上牛头栴檀，用来涂脚，血流不止。如来又用童女乳汁来涂脚，血仍不止。在这中间，提婆达多还多方捣乱破坏。后来十力迦叶发大誓愿，如来血便止，疮即除。诸苾刍苾刍尼男女居士皆大欢喜，踊跃无量。唯提婆达多与阿阇世王和那四位恶友心不欢喜，口出恶言。如来讲了几个本生故事，说明他同提婆达多结怨的因缘。有一次，如来同众苾刍入王舍城，有人放出护财大象。大象看到如来和徒众，大为嗔怒，冲向如来。此时提婆达多同阿阇世王在高楼上甚大喜悦，庆幸如来末日临头。结果如来施展法力，降服了大象。

在讲了几个本生故事以后，世尊又强调了两件事。一件是他强调："若依我教者，皆得离大苦难，若依提婆达多者，皆在苦难之中。"②他在下面又讲本生故事，来阐明他这个论点。第二件事是他强调提婆达多愚痴。他说："提婆达多非但今世愚痴，往时亦然。"③接着又讲了几个本生故事，说明在过去世提婆达多也是愚痴的。

《破僧事》最后一部分着重叙述提婆达多破僧的过程。有一次，时世饥俭，乞食难得。世尊静住三月。时提婆达多也在夏三月中安居。我在下面引一段原文：

---

① 这是如来佛三十二相之一。

② 天卷 24,200c。

③ 天卷 24,202b。

满三月已，提婆达多为诸大众广说妙法："苾刍当知，沙门乔答摩常说法时，赞叹在山寂静，离诸烦恼，解脱最疾最速。一者乞食，二者粪扫衣，三者三衣，四者露坐。如是四人去诸尘垢，证得解脱。若有人不乐如是四种修道，不乐解脱者，即合受筹出离众外。"说此语已，于时大众五百苾刍人各受筹，随提婆达多出离众外。行至门首，罗怙罗见语五百苾刍曰："云何舍如来随逐恶党而去？"诸苾刍告罗怙罗曰："我于三月安居饥饿，蒙提婆达多供给取食，并将杂物而供养之。若不祇济，我等死尽。"①

这里讲的是"四种修道"，上面②讲的是"五种禁法"，这里缺一个"不居阿兰若"，其内容都是完全一致的。提婆达多就是利用这种手段，从世尊的僧伽中拖走了 500 苾刍。不管怎样，看来提婆达多还是有极大的吸引力的。虽然后面说到，舍利子和大目连又设法把这 500 个和尚拖了回来；但是我认为这很可能是一种挽回面子的捏造。500 苾刍被拖走了，只剩下孤（前面也译为"高""拘"）迦里迦等四个亲信。提婆达多生大忿怒，把这四个亲信打了一顿。

《破僧事》在快要结束的时候又讲到未生怨王（阿阇世）。有一天夜里，"明月澄天，光景花丽"，他问群下，此时应当做些什么事情。下面意见纷纭，他最后决心去拜望佛祖。大概此时他已回心转意，不再同提婆达多勾结，共谋害佛了。见了佛以后，佛问他还去拜见过什么人。他答，去拜见过外道六师之一的晡剌拿，此人也是提婆达多的好友。他问世尊："颇有如是众生之类于现世中得沙门果不？"③他还告诉世尊晡剌拿对于这个问题的意见："无善恶业，无善恶报，无施

① ㊛卷 24,202c。
② ㊛卷 24,153b。
③ ㊛卷 24,205b。

与祀，无施祀业，无父母，无父母恩，无有此世他世，无有修道得圣果者，无有圣人，无罗汉果者，四大散已，无所依止，若有人言今世后世业因业果真实有者，皆是妄言。智慧所说，愚人所谈，二俱皆空。"①

《破僧事》的内容就介绍到这里。

最后，我觉得有必要解释一下"破僧"（梵文和巴利文都是saṅghabheda）的含义。我在上面多次使用这个词儿，有时候我还加上一个解释：破坏僧伽。但是严格讲起来，"破僧"有其特殊含义。"僧伽"，梵文和巴利文 saṅgha，含义有大小之别。大僧伽是指佛教整个组织，是三宝之一，一般人所理解的就是这个含义。小僧伽是指"僧伽小组"，这样的僧伽可能有许多个。当时的情况是，和尚们住在一定地域范围内，梵文和巴利文称之为 sīmā（sīman），汉译名为"界"。在一个界中居住的和尚被认为是属于同一个 āvāsa（居住地）。在这一个界中的和尚小组就叫做 saṅgha。每一个僧伽至少要有四个和尚，少了不行。所谓"破僧"，破的不是大僧伽，而是这样的小僧伽。举行褒洒陀（梵文 upavasatha，巴利文 uposatha；讹作 upoṣadha，断食洁斋之日）等宗教活动时，住在一个界中的和尚必须全体出席。小僧伽中有了不同的意见，就采取多数决定的办法。和尚们用木头片等来"投票"，佛典名之曰筹。在两种意见中，持反对意见的和尚能独立组成一个小僧伽的，也就是至少要有四个和尚，这才叫做"破僧"。四人以下不同意多数决定，这叫做"意见分歧"（saṅgharāji）。因此，一个僧伽中至少要有九名和尚，才能出现"破僧"的现象。我在上面引用的《破僧事》中有关破僧的那一段话，只能这样去理解。这里讲的破僧，原因不在教义方面，而只在律条方面②。

_____

① 大卷 24,205b–c。

② 参阅 H.Bechert, *Aśokas "Schismenedikt" und der Begriff Saṅghabhed*《阿育王的"破僧诏令"与破僧的含义》，Wienre Zeitschrift für （下接 083 页）

三、论述中的矛盾

我在上面主要根据《破僧事》介绍了提婆达多破僧的情况。其中叙述真可谓详矣尽矣。足见和尚们确实花费了很大的精力和幻想力，一方面美化释迦牟尼，另一方面丑化提婆达多。里面可能有不少的历史事实。但是，其中必然有很多的捏造与诬蔑。提婆达多是一个失败者，在胜利者释迦牟尼的徒子徒孙们笔下，他能得到一个好的形象吗？这是根本不可能的。我们今天想要了解提婆达多的真相，有没有可能呢？有什么办法呢？可能性我认为是有的。办法就是从佛典叙述中的矛盾入手来爬罗剔抉。因为，既然是捏造，就必然有矛盾。抓住矛盾，加以探寻，就是我们今天探求真相的唯一途径。

我认为，从上面的叙述来看，至少有两大矛盾，一个是叙述本身的矛盾；一个是叙述的事实与以后历史的发展之间的矛盾。第一个矛盾又包含着两个问题：一、提婆达多真正是一个人格卑鄙干尽了坏事的家伙吗？二、提婆达多真正是失道寡助众叛亲离缺少徒众的坏人吗？下面我分别论述一下。

先谈第一个大矛盾中的第一个问题。我先举一个突出的例子。我在第二节的叙述中曾谈到，佛祖派阿难跟着提婆达多到王舍城去，昭告那里的婆罗门及长者居士，说提婆达多是个坏人。佛与阿难有几句对话，话虽简单，但很有意义。历史上有无此事，已不可考。历史的真实性是不能排除的。此事见于许多佛典中，为了同《破僧事》那一段进行比较，我在下面引用几处。

《四分律》卷四：

> 今差舍利弗比丘向诸白衣大众说，提婆达（多）所为事者非

佛法僧事。……时舍利弗闻此语已，心疑，即往至世尊所，头面礼足，在一面坐，白佛言："世尊！我当云何在白衣众中说其恶？何以故？我本向诸白衣赞叹其善，言：大姓出家，聪明有大神力，颜貌端正。"佛告舍利弗："汝先赞叹提婆达多聪明有大神力，大姓出家，实尔以不？"答言："大德！实尔。""是故，舍利弗！汝今应往是白衣大众中语言：'提婆达（多）先时如是，今日如是。'"①

这里派的是舍利弗，不是阿难。

《弥沙塞部和醯五分律》卷三：

舍利弗！汝往调达众中，作是唱言："若受调达五法教者，彼为不见佛法僧。"舍利弗言："我昔已曾赞叹调达，今日云何复得毁訾？"佛言："汝昔赞叹，为是实不？"答言："是实。"佛言："今应毁訾，而毁訾亦复是实。"②

这里也是舍利弗。

《十诵律》卷三十六：

尔时佛语阿难："汝将从行比丘，入王舍城巷陌市肆多人住处，唱言：'调达所作事，若身作口作，莫谓是佛事法事僧事，此是调达及弟子所作事。'"阿难受教，即将从行比丘诣王舍城巷陌市肆多人住处，唱言："调达身作口作，莫谓是佛事法事僧事，

---

① ⑦卷 22,593b。
② ⑦卷 22,19a。

此调达及弟子所作事。"①

这里同《破僧事》一样，不是舍利弗，是阿难。最令人注意的是，佛同舍利弗或阿难的那几句对话没有了。

《鼻奈耶》卷五：

> 时世尊见三十二人去不久，顾语阿难："汝往入罗阅城，往大市四街巷头，作是唱言：'若调达所作行身口意所为，莫呼佛法僧教使为，调达自有亲信弟子。'"时阿难白佛："前叹誉调达，今复说其恶，众人有讥者，当云何答？"世尊告阿难曰："有此语者，以此语答：'本虽习善，今复习恶，何足怪耶？'"②

这里又是阿难。

引文就到这里为止。本来还有一些异本可以引用，我不再引了，这已经够用了。看来这个故事很可能有历史根据。至于主人公是阿难，还是舍利弗，这无关重要。在中国新疆出土的梵文原本残卷中碰巧保留了这一个故事的原文③。我把有关的一段引在下面，并将与此相当的巴利文也共同引出，并排排列，以资对比：

----

① 囷卷 23,260c。

② 囷卷 24,870b-c。

③ 瓦尔德施米特（Ernst Waldschmidt），《说一切有部律中提婆达多故事的残余》（*Reste von Devadatta-Episoden aus dem Vinaya der Sarvāstivādins*），ZDMG, Bd, 113aHeft3, 1964, p. 552ff..

梵文	巴利文
Saṃghabhedavastu	sāṃghabhedakkhandhaka
7 tatra bhagavān āyu(6) ṣmantam	atha kho bhagavā
ānandam āmantrayati sma	āyasmantaṃ sāriputtaṃāmantesi
8 (ga) cchānada rājagṛham praviśya	tena hi tvaṃ sāriputta devadattaṃ
rathyāvīthīcatvaraśṛngāṭakeṣu	rajāgahe pakāisehīti
sthitvā devadattaḥ prakāśāya yad	pubbe mayā bhante devadattassa
devadataḥ karma kuryāt kātena	rājagahe vaṇṇo bhāsito
vā vācā vā manasā	mahiddhiko godhiputto
(7) vā na tena buddho vā dharmo	mahānunhāvo godhiputto ti	
vā saṃgho vā draṣṭavyaḥ devadatta	kathāharṃ bhante devadattaṃ
eva tena saparṣatko draṣṭavyaḥ	rājagahe pakāsemīhi	nanu tayā
9 pūrvaṃ mayā bhadanta devadattasya	sāriputta bhūto yeva devadattassa
varṇo bhāṣitaḥ ity api devadattaḥ	rājagahe vaṇṇo bhāsito
bhadraḥ śo (8) bhano	mahiddhiko godhiputto
guṇavān tad idānīṃ māṃ visaṃvādarṃ	mahānubhāvo godhiputtoti	
āropayisyaṃti	evam bhante ti	evam eva kho
10 bhagavān āha yas te evaṃ vadet	tvaṃ sāriputta bhūtaṃ
tasya vaktavyaṃ purvaṃ tat	ñeva deva dattaṃ rājagahe
tathā māsid idānīṃ punar eva	pakāsehīti

　　梵文和巴利文内容几乎完全一致，唯一的区别就是，梵文是阿难，巴利文是舍利弗。梵文《说一切有部律》的汉译名是《十诵律》。如果拿这同一部佛典的梵文原文和汉文译文对比一下，就会发现一个多少令人吃惊的情况：梵文原文中有几句重要的话，在汉译文中被删掉了。这几句话是："大德！从前我曾赞叹过提婆达多的品质，说，提婆达多是善良的、英俊的、有德的，现在人们将会讥笑我前后矛盾"。[①] 薄迦梵说："谁要对你说这样的话，你就对他说：'过去他确实是这样，现在不是了。'"《十诵律》为什么单单把这几句话删掉了呢？瓦尔德施密特教授认为是有意（bewusst）删掉的（引文第 555 页）。为了维护释

————

① Nalinaksha Dutt, *Buddhist Sects in India*, Firma Kim privete ltd. Calcutta, 1977.

迦牟尼派的面子，这是可能的。但是其余的汉译异本都没有删掉，它们不想"为贤者讳"。这一点是值得注意的。瓦尔德施密特教授没有注意到这一点。梵文原文和巴利文原文都照实写出，似乎都没有考虑到面子问题。不管怎样，提婆达多至少一度在佛教僧伽中享有极高的威信，受到过如来大弟子的赞叹。大概后来由于意见不同，想同如来佛分道扬镳。佛爷的徒子徒孙一反常态，对他造谣诬蔑，咬牙切齿，无所不用其极。但是，想一手遮天是根本办不到的，事实毕竟是事实，谁也抹煞不掉。于是在错综复杂的矛盾中，无意中留下了这一点真实的记录。这是十分难能可贵的。

此外，我在上面引用过的如来佛的话："提婆达多先有神通。"也说明了同样的情况。《鼻奈耶》卷二说："（提婆达多）出家剃除须发，着袈裟，捐弃国土，入山行道，诵经禀受，于其间世尊说经法，尽诵上口，彼亦有大神足比丘。"[①]可见提婆达多的真实情况。

现在谈第一个大矛盾中的第二个问题：提婆达多果真是一个失道寡助的坏人吗？他有没有徒众呢？仅从《破僧事》的叙述中已经可以看出他有徒众，而且数目还不小。有名有姓的四个人是他经常的伙伴。之所以一定是四个人，我猜想，这可能同我上面谈到的破僧所需要的和尚的最少数目有联系。此外，还有不少地方提到他有 500 个追随者。我在下面引用几个例证：

《四分律》卷四：

提婆达多心欲为恶而生念言：我欲畜徒众。[②]

---

① ㉔卷 24,859a。
② ㉔卷 22,591c-592a。

《五分律》卷三：

　　舍利弗！汝往调达众中，作是唱言。[①]

同上：

　　尔时助调达比丘语诸比丘言。[②]

《十诵律》卷四十：

　　尔时助提婆达多比丘尼着细襦衣。[③]

《鼻奈耶》卷四：

　　时瞿婆离比丘调达弟子见舍利弗目犍连出。[④]

《破僧事》卷十八：

　　时提婆达多便即持咽珠价值千金而与巧工，令造此车，复与一千人以为驱使。[⑤]

---

① ⑦卷 22,19a。
② ⑦卷 22,21a。
③ ⑦卷 23,292a；又见 294a,296b,313b 等。
④ ⑦卷 24,868b；又见 869a。
⑤ ⑦卷 24,192a。

例子不用再举了。就从这几个简单的例子中也可以看出，提婆达多是有徒众的，不但有和尚，而且也有尼姑。提婆达多决不是失道寡助者。他的徒众数目是相当多的。

现在谈第二个大矛盾，就是叙述的事实与以后历史的发展之间的矛盾。

根据佛典的记载，提婆达多之阴险、之卑鄙，简直甚于虎豹蛇蝎、魑魅魍魉，坏得不能再坏了。在他还活着的时候已经被释迦牟尼的那些忠诚的徒子徒孙们打入十八层地狱，永世不得翻身，哪里还能谈到什么身后的影响呢？然而事实却不是这个样子，历史的发展证明了另一种情况。5世纪初，法显到印度在拘萨罗国舍卫城见到：

> 调达亦有众在，常供养过去三佛，唯不供养释迦文佛。[1]

在这里，释迦牟尼派和提婆达多派的"派性"泾渭分明，跃然纸上。又过了200多年，到了唐代，玄奘于7世纪到了印度，在他的《大唐西域记》中，在室罗伐悉底国（舍卫国）（卷六）和憍萨罗国（卷十）都没有关于提婆达多派的记载。但是，在羯罗拿苏伐剌那国（卷十），他却记载：

> 天祠五十余所，异道实多。别有三伽蓝，不食乳酪，遵提婆达多遗训也。

难道说是提婆达多派迁徙了吗？也或许因为提婆达多派在某一个地区盛衰起伏，命途多舛，此地衰微，他处重振。无论如何，提婆达多派

---

① 《高僧法显传》，大卷51,861a。

藕断丝连，从来没有完全绝迹。几十年以后，在同一世纪，义净又到了印度。他在自己翻译的《根本说一切有部百一羯磨》卷九写了一条比较长的夹注：

> 此言随党者，谓是随顺提婆达多所有伴属。言非随党者，即是佛弟子。此乃由其住处，则令物随处判（制）处中。既非两处，故遣两众均分。现今西方在处皆有天授种族出家之流。所有轨仪，多同佛法。至如五道轮回，生天解脱，所习三藏，亦有大同。无大寺舍，居村坞间。乞食自居，多修净行。胡芦为钵，衣但二巾，色类桑，不乳酪。多在那烂陀寺，杂听诸典。曾问之曰："汝之轨式，多似大师。有僻邪处，复同天授，岂非天授之种胄乎？"彼便答曰："我之所祖，实非天授。"此即恐人嫌弃，拒讳不臣耳。此虽多似佛法，若行聚集，则圣制分途，各自为行，别呈供养，岂况诸余外道。计断计常，妄执自然，虚陈得一。食时杂坐，流俗无分，踵旧之徒，用为通鉴。更相染触，泾渭同波。高尚之宾，须察兹滥。殊行各席，深是其宜。①

这是一个非常有趣的夹注。既然说"在处皆有天授种族出家之流"，可见他们人数之多，传布区域之大。可惜从那以后就没有再听到他们的消息了②。

法显在公元5世纪初，玄奘和义净在公元7世纪，都在印度看到了提婆达多派的僧人。公元7世纪上距提婆达多生存时期已有一千二三百年的历史了。可是被释迦牟尼派打入地狱的提婆达多派的和尚居然还在

---

① ㊅卷24,495c。
② 参阅王邦维《提婆达多派问题》，见所著《义净〈南海寄归内法传〉校注与研究》。

活动。如果没有中国高僧们的记载，这件事简直是不可思议的。在佛教发展史上，这一千二百年是关键的一段时间，佛教由盛趋衰，再过二三百年，终于在印度绝迹。在这 1000 多年的时间内，佛教既走过阳关大道，也走过独木小桥，曲曲折折，坎坎坷坷，终于发展了下来，而提婆达多的信徒们究竟是怎样熬过了这一段漫长的时间的，我们则完全不清楚。从公元前 6 世纪到公元 7 世纪，如果以 30 年为一代的话，那就几乎有了 40 代。在受到正统佛徒压迫与歧视的情况下，提婆达多40 代的传人，必然是含辛茹苦，受尽了人间的折磨。然而他们毕竟坚持下来了。提婆达多这一派必然具有极大的吸引力，这一点还用得着怀疑吗？

我在上面论证了佛典中关于提婆达多叙述的两大矛盾。当然矛盾还不就只是这两个，仅从这些矛盾中，我们已经可以看出，佛典的叙述是不真实的，是捏造的。正如世间一切捏造一样，一手是不能遮天的。从矛盾中我们窥见了提婆达多的真相[①]。

四、我的看法：几点结论

通过以上的论证，我觉得，我们现在完全有能力来回答我在本文开始时提出来的那几个问题了：提婆达多究竟是一个什么样的人？他究竟为什么要"破僧"？他同佛祖的斗争究竟有什么意义？这一场斗争在佛教史上究竟有什么影响？对这几个问题，我怎样来回答呢？我想主要抓一个核心问题。我想论证提婆达多与释迦牟尼的矛盾斗争决不是什么个人恩怨，而是——请允许我借用一个现代术语——两条路线的斗争。我想分下面几个层次来展开论证。

（一）公元前 6 世纪北印度思想界的情况

公元前 6 世纪至前 5 世纪在印度历史上是一个非常重要的时期，有

---

① 关于提婆达多的论述，可参阅 Mukherjee, *Die Überliefemng von Devadatta.*

点像中国的春秋战国时代。当时百家争鸣，思想界空前活跃。其背后隐藏着生产方式的一场剧烈变化。专就意识形态来说，大体上可以分为东西两大体系。借用古代希腊旅行家麦伽赛因斯（Megasthenes）使用过的两个词儿，西方的叫婆罗门体系，东方的叫沙门体系。外来的雅利安人最早到的是印度西部旁遮普（五河）一带。婆罗门思想体系就是在这个基础上形成的。他们从西方向东方扩张，到了古代叫做摩揭陀的一带地方（今天的北方邦一带），同东方原有的居民相混。在这个基础上产生出来了沙门思想体系。两个思想体系各有特点。婆罗门思想体系的特点约略可以归纳为以下各点：崇信吠陀天启，坚持种姓制度，婆罗门至上，提倡祭祀，信仰多神中的一神，哲学思想主张梵我合一。雅利安人最初看世界上一切都是美好的，并没有悲观思想，这种思想是后来渗入的。婆罗门不主张苦行，他们基本上是入世的。兴起比较晚的人生四阶段论，也是在尽上了人生职责之后才林栖遁世。

沙门思想体系完全有另外一套内容。沙门运动是一种遁世的苦行的运动，是现实主义的、多元论的、无神论的，反对种姓制度。苦行的概念不是从西方婆罗门那里传来的，而是受了东方原已存在的苦行部派的影响。否定自我，主张非暴力（ahiṃsā），相信轮回业报，也可以说是沙门体系的特点。

从上面简短的介绍中也可以看出，这两个思想体系，尽管有时难免有一些相互渗透、相互影响，从本质上来看，是根本对立的。

（二）沙门思想体系内部的情况

沙门体系内部派系纷杂，派系之间有其共性，又各有特性。如果以佛教为一个方面的话，它的对立面可以以外道六师为代表，其中包括耆那教。从佛经来看，释迦牟尼派主要攻击对象就是外道六师，攻击的言论到处可见。佛教简直视六师为眼中钉。从心理学上来看，其中奥妙并不难解释。同佛教争夺群众，争夺宗教利益和经济效益的不是婆罗门，而是身边的、卧榻之下的六师之流。

因此，我们也可以说，尽管佛教与外道六师之间有时也难免有一点相互渗透、相互影响，从本质上来看，是根本对立的。

讲完了两个根本对立之后，我在这里介绍一下吕澂先生对当时印度思想界的看法：

> 当时学说有两个系统：一是婆罗门思想，认为宇宙是一个根本"因"转变而来，即所谓因中有果说。用以指导实践，即以修定为主。通过修定法去认识了那个根本因，便可达到解脱境界。二是非婆罗门思想，认为事物是多因积累而成，即所谓因中无果说。这一学说用以指导实践，形成了两派，一派走苦行道路，一派则寻求快乐。释迦对以上两大系统的思想都不相信，另立缘起论，认为诸法是互相依赖，互为条件的，既非一因生多果，也非多因生一果，而是互为因果。①

这个解释言简意赅，值得参考。但认为释迦独立于两大体系之外，恐不妥。

（三）佛教内部的情况

佛教内部也有一个根本对立，就是释迦牟尼与提婆达多的矛盾与斗争。为了说明这个问题，必须做一些细致的分析。

a. 婆达多五法的分析

提婆达多的五法我在上面第二章中已经介绍过了。从那个介绍中也可以看出，五法的内容并不十分明确②。我在这里不想做烦琐的考证，

---

① 吕澂：《印度佛学流源略讲》，上海人民出版社 1979 年版，第 18 页。
② 《十诵律》卷 36 说法又稍有不同："尽形寿受著衲衣，尽形寿受乞食法，尽形寿受一食法，尽形寿受露地坐法，尽形寿受断肉（下接 094 页）

因为我觉得没有那个必要。我只想从中提出两个问题来谈一谈：一个是
苦行，一个是不食肉。这两者都属于律的范围，整个五法也都一样。五
法中没有明确规定苦行，但其内涵精神是苦行的，比如在树下坐，终生
乞食，着粪扫衣等都表明苦行的精神，连不吃肉也是如此。苦行和不食
肉都是印度宗教史上的重大问题。婆罗门思想体系和沙门思想体系的根
本对立也表现在这两个问题上。苦行在当时的印度东方是一种流行的方
式。释迦牟尼出家以后，也曾一度想通过苦行而达到解脱。经过自己的
实践，证明至少对他自己来说此路是不通的。于是毅然改弦更张，放弃
了那种野蛮残酷折磨身体的苦行，走了另外一条路，最终自己承认成了
佛。我在前面已经说到，提婆达多是处心积虑同释迦牟尼"对着干"
的，五法亦然。释迦牟尼放弃了那种苦行，提婆达多就换了一种方式
仍然坚持苦行的精神。你吃盐，我偏不吃；你吃乳酪，我偏不吃；你吃
肉，我偏不吃。吃肉问题是一个异常复杂的问题。大家知道，雅利安人
最初是游牧民族，以吃肉为生。到了比较晚的时候，环境改变了，宗教
概念也随之而改变，逐渐产生了不食肉的想法和做法。在东方沙门思想
垄断的地方，不食肉之风比西方更为浓烈。专就佛教而言，最初佛祖并
不绝对禁和尚吃肉，众多的律可以为证。释迦牟尼本人很可能是在吃猪
肉以后患病涅槃的。佛徒吃素的办法是后来兴起来的。即使到了后来，
甚至在今天，国家民族不同，佛徒的不食肉的规定也不相同。有的允许
吃肉。中国境内也是这样。这些有一部分是由生活环境所决定的。生活

（上接 093 页）法。"（大卷 23,259a）；参阅大卷 23,264c-265a 等。《五
分律》卷 25 说："一不食盐，二不食酥乳，三不食鱼肉，若食善法不生，
四乞食，若受他请，善法不生，五春夏八月日露坐，冬四月日住于草庵，若
受人屋舍，善法不生。"（大卷 22,164a-b）《四分律》卷 4 说："尽形寿
乞食，尽形寿着粪扫衣，尽形寿露坐，尽形寿不食酥盐，尽形寿不食鱼及
肉。"（大卷 22,594b）。参阅巴利文 Cullavagga VII 3,14.

环境不同，就很难"一刀切"。

荷兰学者克恩讨论过吃肉问题[1]，我在这里简略地介绍一下他的看法。他认为，雅利安人最初是吃肉的，后来逐渐形成了一种想法：不吃肉是有功德的（verdienstlich）（这种解释没有搔着痒处——羡林）。佛允许和尚吃鱼肉，但是条件却令人费解（unverständlich），条件中没有包含着生病。婆罗门允许吃鱼肉，苦行者不允许。他在这里引用了一些法论的说法[2]。波罗提木叉（Pratimokṣa）禁止吃肉和蜜，说明这些律条制订时，苦行者们不愿脱离时尚，愿意被人们视作高贵者（Ārya）。吃肉和蜜容易惹起人们的讥讽和闲言闲语。不吃牛奶，说明释迦族子比婆罗门苦行者还要严厉。印度人自己承认，少吃或不吃肉类食物的习惯是在佛涅槃以后才兴起来的。在古代诗歌和法论中，可以找到很多圣人们的故事，说明他们是吃肉的，甚至亲手杀牲。吠陀时期，杀牲祭祀，习以为常，当然更谈不到什么禁食肉类。克恩对吃肉问题的意见大体上就是这样。

吃肉问题是很复杂的，我不再详细讨论。我只想再指出一个很有趣的现象。佛典中频繁谈到"六群比丘"吃美食，受到白衣非教徒的讥讽。佛祖因而制订律条，禁比丘食美食。有的佛典还规定了吃肉的条件。我举一个例子。《摩诃僧祇律》卷三十一、三十二就规定了不能吃人肉、狗肉、马肉、象肉、龙肉等等一系列的肉。最有趣的是规定："若言已为阿阇梨杀者不应食。若言：'尊者！我为祠天，故杀。'食不尽，与，得食。"[3]总之，自杀不能吃，教（别人）杀不能吃，为杀

———————————

① Heinrich Kern, *Der Buddhismus und seine Geschichte in Indien*, übes, von Hermann Jacobi, 2 Bde.Leipzig, Otto Schulze,1882, 1884, II. Bd. s.73ff..

② Heinrich Kern, *Der Buddhismus und seine Geschichte in Indien*, übes, von Hermann Jacobi, 2 Bde, Leipzig, Otto Schulze, 1882, 1884.p.74.

③ ⑦卷 22,486a。

（"为杀者为比丘杀"）不能吃。换句话说，倘非这三杀，和尚就可以心安理得地大吃其肉了。我觉得，其中的心理活动是非常有趣的，非常值得研究的。中国古有"君子远庖厨"的明训。据克恩说，缅甸僧侣吃肉，罪孽不在食者，而在杀者。中国古代有"肉食者"这样一个名词，指的是吃肉的"上等人"，也就是"君子"，这些人只吃不杀，享受了美味，又没有宗教上或者道义上的责任。多么圆通灵活！看来如来佛也得归入这一类之中。在另一方面，提婆达多却果断明确地规定"尽形寿断肉"，不但断肉，连酥乳都不吃。这是他与释迦牟尼根本对立最突出的表现之一。

b. 提婆达多思想的分析

提婆达多的思想与他的五法有密切的联系。《破僧事》卷十说："于是提婆达多谤毁圣说，决生邪见，定断善根。'但有此生，更无后世。'作是知已，于其徒众别立五法。"[①]这里清清楚楚指明了二者的关系。提婆达多的根本思想就是："但有此生，更无后世。"这使我们立刻就想到六师之一的晡剌拿。我在上面已经多次提到提婆达多与晡剌拿是最亲密的好友。他们俩都被释迦牟尼的徒子徒孙们打入十八层地狱。他们的思想有非常类似、甚至完全一致的地方，是很自然的。晡剌拿的学说在佛经中很多地方都可以找到。我在这里举几个例子。《长阿含经》卷十七《沙门果经》说：

> 不兰迦叶（即晡剌拿）报我言："王若自作若教人作，研伐残害煮灸切割，恼乱众生，愁忧啼哭，杀生偷盗，淫逸妄语，逾墙劫夺，放火焚烧，断道为恶，大王！行如此事，非为恶也。大王！若以利剑脔割一切众生，以为肉聚，弥满世间，此非为恶，亦无罪

---

① 大卷 24,149b。

报。于恒水南商割众生，亦无有恶报。于恒水北岸为大施会，施一切众，利人等利，亦无福报。"①

紧接着又讲到末伽梨拘舍梨（Makkhali Gosāla，六师之一）。他主张："无善恶报，无有今世，亦无后世。"②我在前面曾引过晡剌拿的话："岂有后世，令汝见忧？"总起来看，晡剌拿的学说的中心就是否认善恶果报和今世后世。在这一点上提婆达多是同他完全一致的③。国外学者谈论这个问题的很多。我在这里介绍几家。巴沙姆在他的著作④里介绍了巴利文佛典中关于晡剌拿的记载，并着重谈到了他的逝世。巴沙姆指出，晡剌拿的学说和实践同末伽梨拘舍梨相差无几，巴利文佛典的作者常常把二者混淆起来。两人都是定命（determinism）论者。印度学者恰托巴底亚耶在他的名著《顺世外道》⑤中也介绍了晡剌拿的学说。他说，晡剌拿认为，想区分善与恶，神圣与不神圣，是完全无用的。他把晡剌拿归入无行为论（akriyavāda）这个范畴，认为人无意志自由，行为无责任，没有善恶果报。此外，讨论晡剌拿学说的学者们还多得很，用不着过多地介绍了。

晡剌拿等，提婆达多也包括在里面，既然不承认有今世、后世，当然也就否认轮回的学说，而轮回学说在当时沙门思想流行的地区内是普遍被接受的。连婆罗门后来也逐渐接受了这一种他们原来陌生的学说。

---

① ㊛卷 1,108a-b。参阅异译本《寂志果经》，㊛卷 1,271b-272a。

② 否认有后世的学说大概当时的所谓"外道"都有，参与《根本说一切有部毗奈耶杂事》卷 14，㊛卷 24,268a。

③ 同上。

④ A.L.Basham, *History and Doctrines of the Ājīvikas*（《邪命外道之历史与学说》），Mofilal Banarsidas, Dethi, Varanasi, Patna, 1981, p.80-90.

⑤ Debiprasad Chattopadhyaya, *Lokāyata*（《顺世外道》），people's publishing House, Delhi, 1959.p.486, 513-514, 516-518.

这可能是受了东方思想的影响。大家都知道，佛陀是承认轮回的，尽管他采用一种与众不同的方式，他的"十二因缘"不是轮回又是什么呢？在这一点上，也就是说，在学说方面，提婆达多是同他根本对立的。有一个问题必须在这里说清楚。我在上面引用《根本说一切有部百一羯磨》的义净的夹注中说提婆达多派僧人们"所有轨仪，多同佛法。至如五道轮回，生天解脱，所习三藏，亦有大同"。这怎么解释呢？提婆达多的徒子徒孙们怎么竟违背祖训相信起"五道轮回"来了呢？难道说他们竟受到了对手的影响了吗？抑或是为了在强大的敌人压迫下求得苟延残喘而不得不尔呢？我目前还没有更满意的解释。

c. 两条路线的根本对立

我在上面从两个方面：戒律方面和学说方面，论证了提婆达多与释迦牟尼的根本对立。我们现在完全可以得到如下的结论：他们两个人之间的矛盾斗争，决不是什么个人恩怨，也不仅仅是他们之间的问题，而是在佛教开创时期僧伽内部两条路线的斗争。扩而大之，也可以说是沙门思想体系内部两条路线的斗争。沙门思想体系内部的矛盾，比较突出地表现在赞成苦行与否定苦行、赞成轮回说与否定轮回说上。提婆达多和释迦牟尼在这两方面也是泾渭分明，形成了对立面。如果要问，谁进步，谁保守，这就很难说，因为难以确立一个标准。专就学说而论，提婆达多代表的是唯物主义倾向，也许可以说是进步的吧。

提婆达多问题讨论完了。我现在简略地归纳一下我的结论：我们必须改变对整个佛教史的看法。我在本文第一章曾经说到，在佛教史上有一些重大问题还没有解决。提婆达多问题就是其中之一。两千多年以来这个问题从根本上被遗忘、被歪曲，今天是还其本来面目的时候了。

提婆达多学派看来在如来还活着的时候已经相当壮大了。对所谓"壮大"，我要加几句解释。在公元前6世纪、前5世纪，佛教初创立时在北印度的力量并不大，完全不像佛典吹嘘的那样。那是佛教信徒在自己脸上贴金的办法，决不可轻信。有人认为，释迦牟尼涅槃时和尚的数目不过五百，人们经常讲的五百罗汉就暗示其中消息。佛教在当时的社会中影响决不会太大。因此，佛教本身也难以说是"壮大"。我在这里说提婆达多相当壮大，是指在僧伽内部而言。如果他们不够壮大的话，释迦牟尼及佛子佛孙们决不会费这样大的力量，挖空心思，造谣诬蔑，制造神话和鬼话，对提婆达多及其信徒极尽攻击诽谤之能事。这反过来也能证明，这个敌人是有力量的。提婆达多在律的方面提出了五法，与释迦牟尼针锋相对。在教义方面，反对轮回，也是针锋相对。这两个方面大概都具有极大的吸引力。否则就无法解释，为什么在释迦牟尼和提婆达多逝世后一千二三百年在印度竟然到处都还有不食乳酪的提婆达多的信徒。提婆达多派显然在佛教发展史上形成了一股强大的力量，与释迦牟尼的正统力量相对立。如果说释迦牟尼派是佛教发展的主潮的话，那么提婆达多派就是一股潜流。我在这里想补充几句。释迦牟尼在世时以及他涅槃后的一段时期内，提婆达多派被视为洪水猛兽，不共戴天。但是，不知道从什么时候起，看法变了。梁僧祐《释迦谱·释迦从弟调达出家缘记》十①讲道，提婆达多因为加害佛祖，堕入地狱，受大苦难。"便发悔心，称：'南无佛！'。"如来佛于是说，他将来会成为辟支佛，名曰南无。一个罪大恶极的敌人竟能成为辟支佛，岂非天下最大怪事！僧祐说：

> 祐拾检调达之历缘也，巫为戚属恒结仇雠，岂以标明善恶影响秘教乎？是故经言：若言提婆达多造逆罪堕阿鼻者，无有是处。斯乃诸佛境界，非二乘所测也。

---

① ⑤卷 50,58b-59a。

这一段话很值得仔细玩味。我推测，提婆达多派仍然继续存在这个历史事实，释迦牟尼派不能再视而不见了。怎样处理这一件事呢？办法就是在不影响佛祖以及佛子佛孙的面子的情况下，承认提婆达多，承认提婆达多派继续发展这一件历史事实，加以玄秘的解释。根据这个事实，我构思出来了一个佛教发展的系统。我在下面用一个简明的图表表示出来。我先在这里解释一下图表中的几个名词。"破僧"，我在上面已经解释过了。"破"的主要根由是戒律分歧。"破部"，是我翻译杜撰的，原文nikāyabheda。"破"的主要根由是教义分歧。二者有所不同。但提婆达多的破僧，据我看，两方面的根由都有。这一点非常有意义。

图表：见第101页。

两条路线之间的关系，因为一方缺乏资料，我们不清楚。希望将来能得到更多的资料。无论如何，今后再写佛教史，必须改变以前的写法，把被歪曲、被遗忘了的事实重新纠正、记忆起来。

1987年3月16日晨写完

（本题原载《北京大学学报（哲学社会科学版）》，1987年第四期）

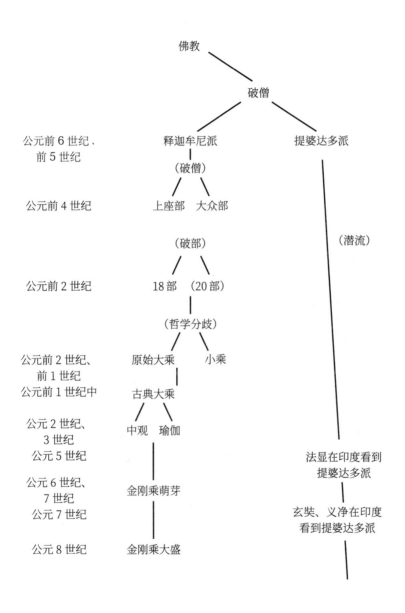

佛教

破僧

公元前 6 世纪、
前 5 世纪　　　　释迦牟尼派　　　　　　　提婆达多派

（破僧）

公元前 4 世纪　　上座部　大众部

（破部）　　　　　　　　　　　　（潜流）

公元前 2 世纪　　18 部　（20 部）

（哲学分歧）

公元前 2 世纪、
前 1 世纪　　　　原始大乘　　小乘
公元前 1 世纪中　古典大乘

公元 2 世纪、
3 世纪　　　　　中观　瑜伽
公元 5 世纪　　　　　　　　　　　　　法显在印度看到
　　　　　　　　　　　　　　　　　　提婆达多派

公元 6 世纪、
7 世纪　　　　　金刚乘萌芽
公元 7 世纪　　　　　　　　　　　　　玄奘、义净在印度
　　　　　　　　　　　　　　　　　　看到提婆达多派

公元 8 世纪　　　金刚乘大盛

浮屠与佛

　　"浮屠"和"佛"都是外来语。对于这两个词在中国文献中出现的先后问题是有过很大的争论的。如果问题只涉及这两个词本身，争论就没有什么必要。可是实际情况并不是这样。它涉及中印两个伟大国家文化交流的问题和《四十二章经》真伪的问题。所以就有进一步加以研究的必要。

　　我们都知道，释迦牟尼成了正等觉以后的名号梵文叫做Buddha。这个字是动词budh（觉）加上语尾ta构成的过去分词。在中文里有种种不同的译名：佛陀、浮陀、浮图、浮头、勃陀、勃驮、部多、部陀、毋陀、没驮、佛驮、步他、浮屠、复豆、毋驮、佛图、佛、步陀、物他、馞陀、没陀等等，都是音译。我们现在拣出其中最古的四个译名来讨论一下，就是：浮屠、浮图、复豆和佛。这四个译名可以分为两组：前三个是一组，每个都由两个字组成；第四个自成一组，只有一个字。

我们现在先讨论第一组。我先把瑞典学者高本汉（Bernhard Karlgren）所构拟的古音写在下面：

浮 *b'i̯ŏg ／ b'i̯ə̯u ／ fou（Bernhard Karlgren: Grammata Serica, reprinted from the Bulletin of the Museum of Far Eastern Antiquities, Stockholm, number 12, 1940, p449, 1233 i）

屠 *d'o ／ duo ／ tú（同上，pp.136—137, 45i'）

图 *d'o ／ d'uo ／ tú（同上，pp.143—144, 64 a）

复 *b'i̯ŏk ／ bi̯uk ／ fù（同上，p.398, 1034 d）

豆 [①] *d'u- ／ d'ə̯u: ／ tòu（同上，p.158, 118 a）

"浮屠"同"浮图"在古代收音都是 -o，后来才转成 -u；"复豆"在古代收音是 -u，与梵文 Buddha 的收音 -a 都不相当。梵文 Buddha，只有在体声，而且后面紧跟着的一个字第一个字母是浊音或元音 a 的时候，才变成 Buddho。但我不相信"浮屠"同"浮图"就是从这个体声的 Buddho 译过来的。另外在俗语（Prākṛta）和巴利语里，Buddha 的体声是 Buddho。[②] 在 Ardhamāgadhī 和 Māgadhī 里，阳类用 –a 收尾字的体声的字尾是 –e，但在 Ardhamāgadhī 的诗歌里面有时候也可以是 -o。我们现在材料不够，当然不敢确说"浮屠"同"浮图"究竟是从哪一种俗语里译过来的；但说它们是从俗语里译过来的，总不会离

---

① 鱼豢《魏略》作"复立"。《世说新语·文学篇》注作"复豆"。《酉阳杂俎》卷二《玉格》作"复立"。参阅汤用彤：《汉魏两晋南北朝佛教史》上，商务印书馆，1938 年版，第 49 页。

② 参阅 R.Pischel, *Grammatik der Prakrit-Sprachen*, Grundriss der Indo–Arischen Philologie und Altertumskunde, I.Band, 8. Heft, Strassburg 1900, § 363 及 Wilhelm Geiger, *Pāli, Literatur und Sprache* 同上 I Band, 7.Heft, Strassburg 1916, § 78.

事实太远。

说到"复豆",这里面有点问题。"复豆"的古音既然照高本汉的构拟应该是 bjuk- dʻɒuː,与这相当的梵文原文似乎应该是 *bukdu 或 *vukdu①。但这样的字我在任何书籍和碑刻里还没见到过。我当然不敢就断定说没有,但有的可能总也不太大。只有收音的 -u 让我们立刻想到印度俗语之一的 Apabhraṃśa,因为在 Apabhraṃśa 里阳类用 -a 收尾字的体声和业声的字尾都是 -u。"复豆"的收音虽然是 -u,但我不相信它会同 Apabhraṃśa 有什么关系。此外在印度西北部方言里,语尾 -u 很多,连梵文业声的 -aṃ 有时候都转成 -u②,"复豆"很可能是从印度西北部方言译过去的。

现在再来看"佛"字。高本汉曾把"佛"字的古音构拟如下:

*bʻi̯wət / bʻi̯uət / fu③

一般的意见都认为"佛"就是"佛陀"的省略。《宗轮论述记》说:"'佛陀'梵音,此云觉者。随旧略语,但称曰'佛'。"佛教字典也都这样写,譬如说织田得能《佛教大辞典》第 1551 页上;望月信亨《佛教大辞典》第 4436 页上。这仿佛已经成了定说,似乎从来没有人怀疑过。这说法当然也似乎有道理,因为名词略写在中文里确是常见的,譬如把司马长卿省成马卿,司马迁省成马迁,诸葛亮省成葛亮。尤其是外国译名更容易有这现象。英格兰省为英国,德意志省为德国,法兰西省为法国,美利坚省为美国,这都是大家知道的。

① 参阅 Pelliot, *Meou-Tseu ou les doutes levés*, T'oung Pao (《通报》) Vol. XIX,1920, p.430.
② 参阅 Hiän-lin Dschi (季羡林), *Die Umwandlung der Endungaṃ in-o und-u im Mittelindischen*, Nachrichten von der Akademie der Wissenschaften in Göttingen, Philolog.-Hist K1.1944, Nr.6 (《印度古代语言论集》).
③ Grammata Serica, p.252, 500 1.

　　但倘若仔细一想，我们就会觉得这里面还有问题，事情还不会就这样简单。我们观察世界任何语言里面外来的假借字（Loanwords, Lehnwörter），都可以看出一个共同的现象：一个字，尤其是音译的，初借过来的时候，大半都多少还保留了原来的音形，同本地土产的字在一块总是格格不入。谁看了也立刻就可以知道这是"外来户"。以后时间久了，才渐渐改变了原来的形式，同本地的字同化起来，终于让人忘记了它本来不是"国货"。这里面人们主观的感觉当然也有作用，因为无论什么东西，看久了惯了，就不会再觉得生疏。但假借字本身的改变却仍然是主要原因。"佛"这一个名词是随了佛教从印度流传到中国来的。初到中国的时候，译经的佛教信徒们一定想完全保留原字的音调，不会就想到按了中国的老规矩把一个有两个音节的字缩成一个音节，用一个中国字表示出来。况且 Buddha 这一个字对佛教信徒是何等尊严神圣，他们未必在初期就有勇气来把它腰斩。

　　所以我们只是揣情度理也可以想到"佛"这一个字不会是略写。现在我们还有事实的证明。我因为想研究另外一个问题，把后汉三国时代所有的译过来的佛经里面的音译名词都搜集在一起，其中有许多名词以前都认为是省略的。但现在据我个人的看法，这种意见是不对的。以前人们都认为这些佛经的原本就是梵文。他们拿梵文来同这些音译名词一对，发现它们不相当，于是就只好说，这是省略。连玄奘在《大唐西域记》里也犯了同样的错误，他说这个是"讹也"，那个是"讹也"，其实都不见得真是"讹也"。现在我们知道，初期中译佛经大半不是直接由梵文译过来的，拿梵文作标准来衡量这里面的音译名词当然不适合了。这问题我想另写一篇文章讨论，这里不再赘述。我现在只把"佛"字选出来讨论一下。

　　"佛"字梵文原文是 Buddha，我们上面已经说过。在焉耆文（吐火罗文 A）里 Buddha 变成 Ptāṅkät。这个字有好几种不同的写法：

Ptāñkät，Ptāñkte，Ptāṃñkte，Ptāñkte，Ptāñikte，Ptāñäkte，Pättāññäkte，Pättāññäkte，Pättāñkte，Pättāṃñkte，Pättāṃñäkte。① 这个字是两个字组成的，第一部分是 ptā-，第二部分是 -ñkät。Ptā 相当梵文的 Buddha，可以说是 Buddha 的变形。因为吐火罗文里面浊音的 b 很少，所以开头的 b 就变成了 p。第二部分的 ñkät 是"神"的意思，古人译为"天"，相当梵文的 deva。这个组合字全译应该是"佛天"。"天"是用来形容"佛"的，说了"佛"还不够，再给它加上一个尊衔。在焉耆文里，只要是梵文 Buddha，就译为 Ptāñkät。在中文《大藏经》里，虽然也有时候称佛为"天中天（或王）"（devātideva）②，譬如《妙法莲华经》卷三，《化城喻品》七：

圣主天中王

迦陵频伽声

哀愍众生者

我等今敬礼③

与这相当的梵文是：

Namo' stu te apratimā maharṣe devātidevā kalavīṅkasusvarā ｜

vināyakā loki sadevakasminvandāmi te lokahitānukampī ‖ ④

① 参阅 Emil Sieg, Wilhelm Siegling und Wilhelm Schulze, *Tocharische Grammatik*, Göttingen 1931,§76, 116, 122a, 123, 152b, 192, 206, 207, 363c。
② 参阅《释氏要览》中，《大正新修大藏经》（以下简写为⊛，当页的上、中、下栏表示为 a、b、c）卷 54,284b-c。
③ ⊛卷 9,23c。
④ *Saddharmapuṇḍarīka*, edited by H.Kern and Bunyiu Nanjio, Bibliotheca Buddhica X, St.-Pétersbourg 1912, p.169, L.12-13.

但"佛"同"天"连在一起用似乎还没见过。在梵文原文的佛经里面，也没有找到 Buddhadeva 这样的名词。但是吐火罗文究竟从哪里取来的呢？我现在还不能回答这问题，我只知道，在回纥文（Uigurisch）的佛经里也有类似的名词，譬如说在回纥文译的《金光明最胜王经》（Suvarṇaprabhāsottamarājasūtra）里，我们常遇到 tngritngrisi burxan 几个字，意思就是"神中之神的佛"，与这相当的中译本里在这地方只有一个"佛"字。[1] 两者之间一定有密切的关系，也许是抄袭假借，也许二者同出一源，至于究竟怎样，目前还不敢说。

我们现在再回到本题。在 ptāñkät 这个组合字里，表面上看起来，第一部分似乎应该就是 ptā-。但实际上却不然。在焉耆文里，只要两个字组合成一个新字的时候，倘若第一个字的最后一个字母不是 a，就往往有一个 a 加进来，加到两个字中间。譬如 aträ 同 tampe 合起来就成了 aträ-tampe，kāsu 同 ortum 合起来就成了 kāswaortum，kälp 同 pälskāṃ 合起来就成了 kälpa-pälskāṃ，pär 同 krase 合起来就成了 pärra-krase，pältsäk 同 päṣe 合起来就成了 pälskapaṣe，prākār 同 pratim 合起来就成了 prākra-pratim，brāhmaṃ 同 purohitune 合起来就成了 brähmna-purohitune，ṣpät 同 koṃ 合起来就成了 säpta-koñi。[2] 中间这个 a 有时候可以变长。譬如 wäs 同 yok 合起来就成了 wsā-yok，wäl 同 ñkät 合起来就成了 wlā-ñkät。[3] 依此类推，我们可以知道 ptā 的原字应该是 pät。据我的意思，这个 pät 还清清楚楚地保留在 ptāñkät 的另一个写法 pättāñkät 里。就现在所发掘出来的残卷来看，pät 这个字似乎没有单独用过。但

---

① 参阅 F.W.K.Müller, Uigurica, *Abhandlungen der Königl.Preuss. Akademie der Wissenschaften*, 1908, p.28-29 等；*UiguricaII*, Berlin 1911, p.16 等。

② 参阅 Emil Sieg, Wilhelm Siegling und Wilhelm Schulze, *Tocharische Grammatik*, § 363, a.

③ 同上，§ 363, c。

是就上面所举出的那些例子来看，我们毫无可疑地可以构拟出这样一个字来的。我还疑心，这里这个元音没有什么作用，它只是代表一个更古的元音 u。

说 ä 代表一个更古的元音 u，不是一个毫无依据的假设，我们有事实证明。在龟兹文（吐火罗文 B），与焉耆文 ptāñkät 相当的字是 pūdñäkte。①我们毫无疑问地可以把这个组合字分拆开来，第一个字是 pūd 或 pud，第二个字是 ñäkte。pūd 或 pud 就正相当焉耆文的 pät。在许多地方吐火罗文 B（龟兹文）都显出比吐火罗文 A（焉耆文）老，所以由 pūd 或 pud 变成 pät，再由 pät 演变成 ptā，这个过程虽然是我们构拟的，但一点也不牵强，我相信，这不会离事实太远。

上面绕的弯子似乎有点太大了，但实际上却一步也没有离开本题。我只是想证明：梵文的 Buddha，到了龟兹文变成了 pūd 或 pud，到了焉耆文变成了 pät，而我们中文里面的"佛"字就是从 pūd、pud（或 pät）译过来的。"佛"并不是像一般人相信的是"佛陀"的省略。再就后汉三国时的文献来看，"佛"这个名词的成立，实在先于"佛陀"。在"佛"这一名词出现以前，我们没找到"佛陀"这个名词。所以我们毋宁说，"佛陀"是"佛"的加长，不能说"佛"是"佛陀"的省略。

但这里有一个很重要的问题："佛"字古音 but 是浊音，吐火罗文的 pūd、pud 或 pät 都是清音。为什么中文佛典的译者会用一个浊音来译一个外来的清音？这个问题倘不能解决，似乎就要影响到我们整个的论断。有的人或者会说："佛"这个名词的来源大概不是吐火罗文，而是另外一种浊音较多的古代西域语言。我以为，这怀疑根本不能成立。在我们截止到现在所发现的古代西域语言里，与梵文 Buddha 相当的

---

① Pudñäkte, pudñikte, 见 Sylvain Lévi, *Fragments des Textes Koutchéens*, Paris 1933: Udānavarga, (5)a 2; *Udānālaṃkara*, (1)a3; b1, 4; (4)a4; b1,3; Karmavibhanga, (3)b1; (8)a2, 3; (9)a4; b1, 4; (10) a1; (11)b3.

字没有一个可以是中文"佛"字的来源的。在康居语里，梵文 Buddha
变成 pwty 或 pwtty。[①] 在于阗语里，早期的经典用 balysa 来译梵文的
Buddha 和 Bhagavat，较晚的经典里，用 bāysa，或 ḅeysa。[②] 至于组合字
（samāsa）像 buddhakṣetra 则往往保留原字。只有回纥文的佛经曾借用
过一个梵文字 bud，似乎与我们的"佛"字有关。在回纥文里，通常是
用 burxan 这个字来译梵文的 Buddha。但在《金光明最胜王经》的译本
里，在本文上面有一行梵文：

Namo bud o o namo drm o o namo sang.[③]

正式的梵文应该是：

Namo buddhāya o o namo dharmāya o o namaḥ saṅghāhya。

在这部译经里常有 taising 和 sivsing 的字样。taising 就是中文的
"大乘"，sivsing 就是中文的"小乘"。所以这部经大概是从中文译过
去的。但 namo bud o o namo drm o o namo sang 这一行却是梵文，而且
像是经过俗语借过去的。为什么梵文的 Buddha 会变成 bud，这我有点
说不上来。无论如何，这个 bud 似乎可能就是中文"佛"字的来源。但
这部回纥文的佛经译成的时代无论怎样不会早于唐代，与"佛"这个名
词成立的时代相差太远，"佛"字绝没有从这个 bud 译过来的可能。我

① 见 Robert Gauthiot, *Le Sūtra du religieux Ongles-Longs,* Paris 1912, p.3.

② 见 Sten Konow, *Saka Studies,* Oslo Etno-grafiske Museum Bulletin 5, Oslo
1932, p.121; A.F. Rudolf Hoernle, *Manuscript Remains of Buddhist Literature
Found in Eastern Turkestan,* Vol.1, Oxford 1916, p239, 242.

③ F.W.K.Müller, *Uigurica,* 1908, p.11.

们只能推测，bud 这样一个字大概很早很早的时候就流行在从印度传到中亚去的俗语里和古西域语言里。它同焉耆文的 pät，龟兹文的 pūd 和 pud，可能有点关系。至于什么样的关系，目前文献不足，只有阙疑了。

除了以上说到的以外，我们还可以找出许多例证，证明最初的中译佛经里面有许多音译和意译的字都是从吐火罗文译过来的。所以，"佛"这一个名词的来源也只有到吐火罗文的 pät、pūt 和 pud 里面去找。

写到这里，只说明了"佛"这名词的来源一定是吐火罗文。但问题并没有解决。为什么吐火罗文里面的清音，到了中文里会变成浊音？我们可以怀疑吐火罗文里辅音 p 的音值。我们知道，吐火罗文的残卷是用 Brāhmī 字母写的。Brāhmī 字母到了中亚在发音上多少有点改变。但只就 p 说，它仍然是纯粹的清音。它的音值不容我们怀疑。要解决这问题，只有从中文"佛"字下手。我们现在应该抛开高本汉构拟的"佛"字的古音，另外再到古书里去找材料，看看"佛"字的古音还有别的可能没有：

《毛诗·周颂·敬之》："佛时仔肩。"《释文》："佛，毛符弗反（b'i̯wət）郑音弼。"

《礼记·曲礼》上："献鸟者佛其首。"《释文》佛作拂，云："本又作佛，扶弗反，戾也。"

《礼记·学记》："其施之也悖，其求之也佛。"《释文》："悖，布内反；佛，本又作拂，扶弗反。"

〔按《广韵》，佛，符弗切（b'i̯wət），拂，敷勿切（p'i̯wət）。〕

上面举的例子都同高本汉所构拟的古音一致。但除了那些例子以外，还有另外一个"佛"：

《仪礼·既夕礼》郑注："执之以接神，为有所拂也"。《释文》："拂，本又作佛仿；上芳味反；下芳丈反。"

《礼记·祭义》郑注："言想见其仿佛来。"《释文》："仿，孚往反；佛，孚味反（p'ịwət）。"

《史记·司马相如传》《子虚赋》："缥乎忽忽，若神仙之仿佛。"（《汉书》《文选》改为髣髴）

《汉书·扬雄传》："犹仿佛其若梦。"注："仿佛即髣髴字也。"

《汉书·李寻传》："察其所言，仿佛一端。"师古曰："仿读曰髣，佛与髴同。"

《后汉书·仲长统传》："呼吸精和，求至人之仿佛。"

《淮南子·原道》："叫呼仿佛，默然自得。"

《文选》潘岳《寡妇赋》："目仿佛乎平素。"李善引《字林》曰："仿，相似也；佛，不审也。"

玄应《一切经音义》："仿佛，声类作髣髴同。芳往敷物二反。"

《玉篇》："佛，孚勿切。"《万象名义》："佛，芳未反。"

从上面引的例子看起来，"佛"字有两读。"佛"古韵为脂部字，脂部的入声韵尾收 t，其与入声发生关系之去声，则收 d。"佛"字读音，一读入声，一读去声：（一）扶弗反（b'ịwət）；（二）芳味反或孚味反（p'ịwəd）。现在吐火罗文的 pūd 或 pud 与芳味反或孚味反正相当。然则，以"佛"译 pūd 正取其去声一读，声与韵无不吻合。

把上面写的归纳起来，我们可以得到下面的结论："浮屠""浮图""复豆"和"佛"不是一个来源。"浮屠""浮图""复豆"的来源是一种印度古代方言。"佛"的来源是吐火罗文。这结论看来很简单；但倘若由此推论下去，对佛教入华的过程，我们可以得到一点新启示。

在中国史上，佛教输入中国可以说是一件很有影响的事情。中国过去的历史书里关于这方面的记载虽然很不少，但牴牾的地方也很多[①]，我们读了，很难得到一个明确的概念。自从 19 世纪末年 20 世纪初年欧洲学者在中亚探险发掘以后，对这方面的研究有了很大的进步，简直可以说是开了一个新纪元。根据他们发掘出来的古代文献器物，他们向许多方面作了新的探讨，范围之大，史无前例。对中国历史和佛教入华的过程，他们也有了很大的贡献。法国学者烈维（Sylvain Lévi）发现最早汉译佛经所用的术语多半不是直接由梵文译过来的，而是间接经过一个媒介。他因而推论到佛教最初不是直接由印度传到中国来的，而是间接由西域传来。[②] 这种记载，中国书里当然也有；但没有说得这样清楚。他这样一说，我们对佛教入华的过程最少得到一个清楚的概念。一直到现在，学者也都承认这说法，没有人说过反对或修正的话。

我们上面说到"佛"这名词不是由梵文译来的，而是间接经过龟兹文的 pūd 或 pud（或焉耆文的 pāt）。这当然更可以助成烈维的说法，但比"佛"更古的"浮屠"却没有经过古西域语言的媒介，而是直接由印度方言译过来的。这应该怎样解释呢？烈维的说法似乎有修正的必要了。

[①] 参阅汤用彤：《汉魏两晋南北朝佛教史（上）》，商务印书馆，1938 年版，第 1—15 页。

[②] 参阅 Sylvain Lévi, Le《Tokharien B》Langue de Koutcha, Journal Asiatique 1913. Sept.–Oct.Pp.311–338. 此文冯承钧译为中文：《所谓乙种吐火罗语即龟兹国语考》，载《女师大学术季刊》，第 1 卷，第 4 期。同期方壮猷《三种古西域语之发见及其考释》，有的地方也取材于此文。

　　根据上面这些事实，我觉得，我们可以作下面的推测：中国同佛教最初发生关系，我们虽然不能确定究竟在什么时候，但一定很早[①]，而且据我的看法，还是直接的；换句话说，就是还没经过西域小国的媒介。我的意思并不是说，佛教从印度飞到中国来的。它可能是先从海道来的，也可能是从陆路来的。即便从陆路经过中亚小国而到中国，这些小国最初还没有什么作用，只是佛教到中国来的过路而已。当时很可能已经有了直接从印度俗语译过来的经典。《四十二章经》大概就是其中之一。"浮屠"这一名词的形成一定就在这时候。这问题我们留到下面再讨论。到了汉末三国时候，西域许多小国的高僧和居士都到中国来传教，像安士高、支谦、支娄迦谶、安玄、支曜、康巨、康孟详等是其中最有名的。到了这时候，西域小国对佛教入华才真正有了影响。这些高僧居士译出的经很多。现在推测起来，他们根据的本子一定不会是梵文原文，而是他们本国的语言。"佛"这一名词的成立一定就在这时期。

　　现在我们再回到在篇首所提到的《四十二章经》真伪的问题。关于《四十二章经》，汤用彤先生已经论得很精到详明，用不着我再来作蛇足了。我在这里只想提出一点来讨论一下，就是汤先生所推测的《四十二章经》有前后两个译本的问题。汤先生说：

----

① 《魏书·释老志》说："及开西域，遣张骞使大夏。还，传其旁有身毒国，一名天竺。始闻浮屠之教。"据汤先生的意思，这最后一句，是魏收臆测之辞；因为《后汉书·西域传》说："至于佛道神化，兴自身毒；而二汉方志，莫有称焉。张骞但著地多暑湿，乘象而战。"据我看，张骞大概没有闻浮屠之教。但在另一方面，我们仔细研究魏收处置史料的方法，我们就可以看出，只要原来史料里用"浮屠"，他就用"浮屠"；原来是"佛"，他也用"佛"；自叙则纯用"佛"。根据这原则，我们再看关于张骞那一段，就觉得里面还有问题。倘若是魏收臆测之辞，他不应该用"浮屠"两字，应该用"佛"。所以我们虽然不能知道他根据的是什么材料，但他一定有所本的。参阅汤用彤：《汉魏两晋南北朝佛教史（上）》，商务印书馆，1938年版，第22页。

现存经本，文辞优美，不似汉译人所能。则疑旧日此经，固有二译。其一汉译，文极朴质，早已亡矣。其一吴支谦译，行文优美，因得流传。①

据我自己的看法，也觉得这个解释很合理。不过其中有一个问题，以前我们没法解决，现在我们最少可以有一个合理的推测了。襄楷上桓帝疏说：

浮屠不三宿桑下，不欲久，生恩爱，精之至也。天神遗以好女，浮屠曰："此但革囊盛血。"遂不盼之。其守一如此。②

《四十二章经》里面也有差不多相同的句子：

日中一食，树下一宿，慎不再矣。使人愚蔽者，爱与欲也。③
天神献玉女于佛，欲以试佛意、观佛道。佛言："革囊众秽，尔来何为？以可诳俗，难动六通。去，我不用尔！"④

我们一比较，就可以看出来，襄楷所引很可能即出于《四十二章经》。汤用彤先生就这样主张⑤。陈援庵先生却怀疑这说法。他说：

树下一宿，革囊盛秽，本佛家之常谈。襄楷所引，未必即出于

---

① 汤用彤：《汉魏两晋南北朝佛教史（上）》，商务印书馆，1938年版，第36页。
② 《后汉书》，卷60下。
③ ⑤卷17,722b。
④ ⑤卷17,723b。
⑤ 汤用彤：《汉魏两晋南北朝佛教史（上）》，商务印书馆，1938年版，第33—34页。

《四十二章经》。

他还引了一个看起来很坚实的证据，就是襄楷上书用"浮屠"两字，而《四十二章经》却用"佛"。这证据，初看起来，当然很有力。汤先生也说：

> 旧日典籍，唯借钞传。"浮屠"等名，或嫌失真，或含贬辞。后世展转相录，渐易旧名为新语。[1]

我们现在既然知道了"浮屠"的来源是印度古代俗语，而"佛"的来源是吐火罗文，对这问题也可以有一个新看法了。我们现在可以大胆地猜想：《四十二章经》有两个译本。第一个译本，就是汉译本，是直接译自印度古代俗语。里面凡是称"佛"，都言"浮屠"。襄楷所引的就是这个译本。但这里有一个问题：中国历史书里，关于佛教入华的记载虽然有不少牴牾的地方，但是《理惑论》里的"于大月支写佛经四十二章"的记载却大概是很可靠的。既然这部《四十二章经》是在大月支写的，而且后来从大月支传到中国来的佛经原文都不是印度梵文或俗语，为什么这书的原文独独会是印度俗语呢？据我的推测，这部书从印度传到大月支，他们还没来得及译成自己的语言，就给中国使者写了来。一百多年以后，从印度来的佛经都已经译成了本国的语言，那些高僧们才把这些译本转译成中文。第二个译本就是支谦的译本，也就是现存的。这译本据猜想应该是译自某一种中亚语言。至于究竟是哪一种，现在还不能说。无论如何，这个译文的原文同第一个译本不同；所

---

[1] 汤用彤：《汉魏两晋南北朝佛教史（上）》，商务印书馆，1938年版，第36页。

以在第一个译本里称"浮屠"，第二个译本里称"佛"，不一定就是改易的。

　　根据上面的论述，对于"佛"与"浮屠"这两个词，我们可以作以下的推测："浮屠"这名称从印度译过来以后，大概就为一般人所采用。当时中国史家记载多半都用"浮屠"。其后西域高僧到中国来译经，才把"佛"这个名词带进来。范蔚宗搜集的史料内所以没有"佛"字，就因为这些史料都是外书。"佛"这名词在那时候还只限于由吐火罗文译过来的经典中。以后才渐渐传播开来，为一般佛徒，或与佛教接近的学者所采用。最后终于因为它本身有优越的条件，战胜了"浮屠"，并取而代之。

1947年10月9日

　　附记：

　　写此文时，承周燕孙先生帮助我解决了"佛"字古音的问题。我在这里谨向周先生致谢。

再谈"浮屠"与"佛"

　　1947年，我写过一篇文章：《浮屠与佛》[1]，主要是论证中国最古佛典翻译中的"佛"字，不是直接从梵文 Buddha，而是间接通过吐火罗文 A（焉耆文）pät 和 B（龟兹文）的 pud、pūd 译过来的。一个字的音译，看来是小事一端，无关宏旨，实则与佛教传入中国的途径和时间有关，决不可等闲视之。文章中有一个问题颇感棘手，这就是，吐火罗文的 pät、pud 和 pūd 都是清音，而"佛"字的古音则是浊音。由于周燕孙（祖谟）先生的帮助，这个问题算是勉强解决了。从那以后，虽然有时仍然有点耿耿于怀，但是没有认真再考

---

[1] 原刊《中央研究院历史语言研究所集刊》，第二十本《本院成立第二十周年专号》，上册，第 93-105 页，1948 年。英译文见印度 Sino-Indian Studies, III 1, 2, Calcutta 1947, p.1 ff，后收入《中印文化关系史论文集》，第 323-336 页。英译文收入《印度古代语言论集》，第 334-347 页：*On the Oldest Chinese Transliteration of the Name of Buddha*。

虑这个问题。

最近几年读书时读到一些与此问题有关的新材料或者对旧材料的新解释，觉得有必要对那篇文章加以补充和扩大，于是写了这一篇文章。这篇文章分为两部分：1."佛"字对音的来源；2.从"浮屠"与"佛"的关系推测佛教传入中国的途径和时间。

一、"佛"字对音的来源

正如我在上面讲到的，1947年那篇文章遗留下来的关键问题是清音与浊音的对应问题。原来我认定了对音的来源是清音。周燕孙先生的解释也是从这个角度上下手的。但是，时隔四十年，现在看到了一些以前不可能看到的新材料，我们大可以不必这样胶柱鼓瑟、刻舟求剑地去解决问题了。"佛"字的对音来源有极大可能就是浊音。

本来在回鹘文中"佛"字就作 but，是浊音，这我在那篇论文中已经讲过。可是我当时认为"佛"字是译自吐火罗文，对回鹘文没有多加考虑。这至少是一个疏忽。许多佛教国家的和尚天天必念的三归命，在回鹘文中是：

归命佛（南无佛）namo but

归命法（南无法）namo drm

归命僧（南无僧）namo saŋ

在这里，梵文 buddha 变成了 but。回鹘文中还有一个与梵文 buddha 相当的字：bur。梵文中的 devātideva（天中天）在回鹘文中变成了 tŋri tŋrisi burxan[①]。burxan 这个词儿由两个词儿组成，–bur，–xan。bur 就是 buddha。这个词儿约相当于吐火罗文 A 的 ptāñkät（kässi）和 pättāñkät（kässi），B 的 pudñäkte 或（kässi）pudñäkte。

---

① A von Gabain, *Buddhistische Türkenmission*, 见 Asiatica, Festschrift Friedrich Weller, 1954, Otto Harrassowitz, Leipzig, p.171.

这个 bur 是怎样来的呢？根据 A.von Gabain 的意见，它是由 but 演变过来的。她认为，在中国北方的某一个方言中，-t 读若 -r，中国人把 tatar 音译为"达怛"（古音以 -t 收尾），也属于这个范畴。[1]

H.W.Bailey 对这个问题也发表了自己的意见。他说：

> 但是"佛"（Buddha）也用另一种形式从中国传入中亚。西藏文 hbur 表示出八世纪顷汉文"佛"字的读音[2]，这个 -r 代表从尾音 -t 发展过来的汉文尾音辅音。粟特文复合词 pwrsnk*bursang"佛陀僧伽"中有这个词儿。这个词儿从粟特文变成了回鹘文 bursang，以同样的形式传入蒙古文。回鹘文（在蒙古文中作为外来语也一样）burxan 的第一部分，可能就是这同一个 bur-"佛"。[3] 于是回鹘文 tängri burxan 意思就是"天可汗佛"，但是这个含义不总是被充分认识的，以致摩尼教回鹘文典籍中 burxan zrušč 意思是"Burxan 琐罗亚斯德"。在另一方面，日文借用了带 -t 的字，Butu（Butsu）。

他对 t > r 的解释同 A.von Gabain 稍有不同。但是，这是从中国传入中亚的，证据似还不够充分。

上面我谈了回鹘文中梵文 Buddha 变为 but 然后又由 but 变为 bur 的情况，其间也涉及一些其他中亚新疆的古代语言。我现在专门来谈 buddha 在一些语言中变化的情况。我先列一个表：

---

[1] A von Gabain, *Buddhistische Türkenmission*, 见 Asiatica, Festschrift Friedrich Weller, 1954, Otto Harrassowitz, Leipzig, p.171.

[2] 参阅 JRAS.（《英国皇家亚洲学会会刊》），1927 年，第 296 页。

[3] 参阅 Mironov，《龟兹研究》，第 74 页。

大夏文	Buddha 变成了 bodo, boddo, boudo
拜火教经典的中古波斯文 （巴列维文）	buddha 变为 bwt
摩尼教安息文	buddha 变为 bwt/but/
摩尼教粟特文	buddha 变为 bwty pwtyy
佛教粟特文	buddha 变为 pwt
达利文	buddha 变为 bot[①]

从上列这个表中，我们一眼就可以看出来，这些文字大别可以分为两类：一类是大夏文，在这里，原来的梵文元音 u 变成了 o 或 ou，此外则基本上保留了原形。一类是其他属于伊朗语族的文字，在这里变化较大。与梵文原字相比，差别很明显：由原字的两个音节变为一个闭音节，原字的尾元音 -a（巴利文是 -o，梵文体格单数也是 -o）丢掉了。惟一有点问题的是，摩尼教粟特文语尾上有 -y 或 -yy，可能代表一个半元音。即使是这样，也并不影响大局，-y 无论如何也不能同梵文 -u 相对应，它可能仍然是一个音节。至于在 1947 年那一篇论文中最让我伤脑筋的清音浊音问题，在这里已不再存在了。这里绝大部分都是浊音，只有摩尼教粟特文和佛教粟特文是清音。但是，根据 H.W.Bailey 的解释，这也不是问题。他说：

在粟特文中，印度伊朗语族的浊辅音 b d g 在字头上变成摩擦音 β δ γ，在含有 b d g 的外来词中，它们都需写成 p t k。因此，pwty 这个拼法就等于 But-。在新波斯文中，but 与这个形式正相当，意思是"偶像"。但是"佛"的含义在新波斯文许多章节中仍很明显。[②]

这样一来，清音浊音问题中残留的那一点点疑惑也扫除净尽了。

---

① C.Djelani Davary, *Baktrisch, ein Wörterbuch auf Grund der Inschriften, Handschriften, Münzen und Siegelsteine*, Heidelberg, 1982.

② *Opera Minora*，第 103 页。

Bailey 还指出来，Bundhišn[①] 中有 but 这个字，它是企图用来代表 Avesta 中的 Būiti 这个字的。新波斯文证明有 *Buti 这样一个字的，这个字与粟特文的 pwty 完全相应。学者们认为，这就是 Buddha "佛"。[②]

根据上面的叙述，1947 年论文中遗留下来的问题全部彻底解决了。再同"佛"与"浮屠"这两个词的关系联系起来考察，我们可以发现，第一类大夏文中与梵文 Buddha 对应的字，有两个音节，是汉文音译"浮屠"二字的来源，辅音和元音都毫无问题。第二类其他伊朗语族的文字中，与 Buddha 对应的字只有一个音节[①]，是汉文音译"佛"字的来源。难道这还不够明确吗？这个极其简单的现象却有极其深刻的意义。下面二中再详细阐述。

我在这里再谈一谈吐火罗文的问题。德国学者 Franz Bernhard 写过一篇文章：《犍陀罗文与佛教在中亚的传播》[④]，主要是论证，佛教向中亚和中国传播时，犍陀罗文起了极其重要的桥梁作用。他举出"弥勒"这一个汉语音译词儿来作例子。他认为，"弥勒"这个词儿是通过犍陀罗文 Metraga 译为汉文的。他在这里顺便提到"佛"字，并且引用了我的那篇 1947 年的论文：《浮屠与佛》。他说：

> 没有提供一个详尽的论证，我想指出，人们可以看到，汉文"佛"字音译了一个古吐火罗文 *but-（可以和西吐火罗文

---

① *Opera Minora*，第 103 页。Vīdēvdāt, 19, 1, 2, 43, 此章约写于公元前二世纪中叶。

② *Opera Minora*，第 106-107 页。

① Bailey 在上引书，第 107 页，注 2 中指出，Avesta Būiti 最后的 -i 可能来源于东伊朗语言。这个 -i 就是我上面讲到的半元音 -y。

④ *Gāndhārī and the Buddhist Mission in Central Asia*, Añjali, Papers on Indology and Buddhism, O.H.de.AWijesekera Felicitation Volume, ed.by J.Tilakasiri, Pemradeniya 1970, p.55-62.

pudñäkte 中的 pud- 与东吐火罗文 ptañkät 相比）——由此可见，"佛陀"是一个次要的（晚出的）形式。

证之以我在上面的论述，Bernhard 的构拟是完全可以站得住脚的。这也从正面证明了，我对"佛"字来源的想法是完全正确的。[①]

二、从"浮屠"与"佛"的关系推测佛教传入中国的途径和时间

关于佛教传入中国的问题，我在 1947 年的论文中曾作过推测：

中国同佛教最初发生关系，我们虽然不能确定究竟在什么时候，但一定很早……，而且据我的看法，还是直接的；换句话说，就是还没有经过西域小国的媒介。……即便从陆路经过中亚小国而到中国，这些小国最初还没有什么作用，只是佛教到中国来的过路而已。当时很可能已经有了直接从印度俗语译过来的经典。《四十二章经》大概就是其中之一。"浮屠"这一名词的形式一定就在这个时候。……到了汉末三国时候，西域许多小国的高僧和居士都到中国来传教，像安士高、支谦、支娄迦谶、安玄、支曜、康巨、康孟祥等是其中最有名的。到了这时候，西域小国对佛教入华才真正有了影响。这些高僧居士译出的经很多。现在推测起来，他们根据的本子一定不会是梵文原文，而是他们本国的语言。"佛"

[①] "佛"字有没有可能来源于伊朗语族的某一种语言？我认为，这个可能是存在的。这有待于深入的探讨。我在这里还想补充几句。在同属于伊朗语族的于阗塞文中，"佛"字是 balysa-，显然与同族的其他文字不同。见 H.W.Bailey, *Dictionary of Khotan Saka*, Cambridge University Press, 1978.

这一名词的成立一定就在这时期。[①]

　　我当年作这些推测的时候，自己心里把握不太大，觉得颇多浪漫主义。我说的话似乎超过了我当时所掌握的资料。时至今日，新材料大量出现，再回头看我这些推测，除了一些地方需要改正外——比如我所说的直接发生关系，现在看来就不妥——大部分意见是站得住脚的，我颇感自慰。但是，时间毕竟已经过去了四十三年。现在根据新材料做一些补充与修正，看来正是时候了。

　　总起来看，我在上面《"佛"字对音的来源》中得出来的结论：大夏文基本上保留梵文 Buddha 的原形，有两个音节，正与汉译"浮屠"相当。伊朗语族其他文字，只留下一个音节，正与汉译"佛"字相当。"浮屠"出现在前，"佛"字在后。这与我的推测是完全相符的。

　　我现在想进一步来探讨这个问题。有这样一些问题需要回答：大夏语与《四十二章经》是什么关系？犍陀罗文与《四十二章经》是什么关系？伊朗语族诸语言与《四十二章经》是什么关系？看来《四十二章经》是一部关键性的书，我在下面就围绕着这一部书分成以下几个问题来讨论：

　　1.《四十二章经》与大月支

　　2.《四十二章经》原本语言

　　3. 支谦等译经的语言问题

　　4. 几点想法

　　（一）《四十二章经》与大月支

　　《四十二章经》的真伪过去是有争论的。梁启超认为是伪，汤用彤

_____
① 《中印文化关系史论文集》，第333-334页。

认为是真，现在学术界接受的一般是后者的意见。汤先生经过了细致的考证得到了这样几点结论：1.《四十二章经》出世甚早，东汉桓帝以前已经译出 ①；2. 前后共有两个译本 ②。

《四十二章经》与汉明帝永平求法传说有关。东汉末牟子作《理惑论》，首先叙述了这件事，以后记录者还很多 ③。据汤先生意见，佛法入华当在永平之前。但是他说："求法故事，虽有疑问，但历史上事实常附有可疑传说，传说固妄，然事实不必即须根本推翻。" ④ 他的意思是说，永平求法还是有可信的成分的，是能够成立的。

《四十二章经》又与大月支有联系。牟子《理惑论》和以后的许多典籍都明确记载着，这一部经是在大月支取得的。《理惑论》说：

　　"于是上悟，遣使者张骞、羽林郎中秦景、博士弟子王遵等十二人，于大月支写佛经四十二章。"至于此经究竟是在何地译出，许多典籍记载中有明显矛盾意见：一主张在大月支译出，一主张在国内翻译。看来在大月支译出说，根据似确凿可靠。⑤

大月支是一个什么样的民族呢？它是游牧民族，行踪飘忽不定。《前汉书》九十六上，《西域传》说：

---

① 《汉魏两晋南北朝佛教史（上）》，商务印书馆 1938 年版，第 32-33 页。
② 同上书，卷，第 36-38 页。汤先生非常慎重，他写道："以上推论，似涉武断。但合汉晋所引本经考之，则有二古本，实无可疑。"
③ 同上书，第 16 页。
④ 同上书，第 24 页。
⑤ 汤用彤先生主此说。参阅汤用彤《汉魏两晋南北朝佛教史（上）》，商务印书馆 1938 年版，第 31 页："牟子所传，虽有疑义，但决非全诬。若据其所言，斯经译于月氏，送至中夏也。"

（大月氏）本居敦煌、祁连间。至冒顿单于攻破月氏，而老
上单于杀月氏，以其头为饮器。月氏乃远去，过大宛，西击大夏而
臣之。

这件事情发生的时间，约在西汉文帝至武帝时。

这样一来，《四十二章经》又与大夏发生了关系。因为，"于大
月支写佛经四十二章"时，大月支已经到了大夏。大夏君主原属希腊
遗民，佛法大概在汉初已在这里流行。汉武帝时，张骞曾奉使到这里来
过。《三国志》裴注引鱼豢《魏略·西戎传》说：

罽宾国、大夏国、高附国、天竺国，皆并属大月氏。临儿国，
《浮屠经》云其国王生浮屠。浮屠，太子也。父曰屑头邪，母曰莫
邪。……此国在天竺城中。天竺又有神人名沙律。昔汉哀帝元寿元
年（B.C.2），博士弟子景卢，受大月氏王使伊存口授《浮屠经》。①

这一段话说明了大月氏与大夏的关系，大月氏与印度的关系，大月
氏与佛教的关系。至于大月氏王使伊存口授浮屠经，是在大月氏呢，还
是在中国？有两种可能，有两种意见。不管怎样，大月氏在公元前已流
行佛教，这比《四十二章经》又要早了。

我在这里附带谈一个问题。《理惑论》说，明帝派人到大月氏写
《四十二章经》，其中竟有张骞。这在时间上是绝对不可能的。但是我
认为，其中透露了一个耐人寻味的信息：这时大月氏是在大夏，因为张
骞奉使大夏的故事，当时街谈巷议中必广泛流传，一想到大夏，就想到

---

① 关于这一段话人名和地名等问题的考证，参阅同上书，第50-51页。

张骞了。

（二）《四十二章经》原本语言

把与《四十二章经》有关的问题都交待清楚以后，现在应该探讨此经的语言问题了。在 1947 年的论文中，我说它是从中亚一种俗语译过来的，这种想法是对头的。但是，我当时不可能说出一种具体的语言。

最近林梅村提出了一个新见解：《四十二章经》是从犍陀罗文《法句经》译过来的。他正在撰写论文，他的详细论点我毫无所知。但是，我觉得，在中国佛教史上，这是一个比较重要的问题，值得探讨。它还牵涉到《四十二章经》原本语言究竟是什么，我就在这里先谈一谈我对于这个问题的一些想法，供林梅村先生以及其他学者参考。一得之愚或者尚有些许可取之处吧。

从表面上看起来，《四十二章经》与《法句经》不完全一样。但是从内容上来看，则二者实有许多相通之处。三国时失名之《法句经序》说：“是后五部沙门，各自抄采经中四句六句之偈，比次其义，条别为品，于十二部经靡不斟酌，无所适名，故曰《法句》。”《法句经》是这样，《四十二章经》也是这样。所谓《四十二章经》，原来并没有“经”字，足征它不是一部完整的“经”。所以，汤用彤先生说：“且《四十二章经》乃撮取群经而成，其中各章，颇有见于巴利文各经，及中国佛典者，但常较为简略耳。”[1] 两经的性质既然完全相同，即使表面上有差异，《四十二章经》译自《法句经》是完全可能的。

但是，是否就是从现存的犍陀罗文《法句经》译的呢？还是一个有待于进一步探讨的问题。

根据林梅村最近的研究结果：

----

① 汤用彤：《汉魏两晋南北朝佛教史（上）》，商务印书馆 1938 年版，第 41 页。

这就从语言学上证明，这部犍陀罗语《法句经》确实出于于阗故地，抄写者无疑是位于阗人，因而把自己的土著语言羼入其中。①

可是，我在上面已经明确无误地说明了《四十二章经》是在大月支，也就是大夏抄译的。现存的犍陀罗文《法句经》既然抄在于阗，因而它就不可能是《四十二章经》的来源。道理是非常明显的。

在大夏的那一本《法句经》或《四十二章经》是什么样子呢？说实话，我自己并不很清楚。我现在只能作一些猜测。大月支到了大夏以后，由于环境关系，接受了佛教。估计会有一些佛经翻译。《法句经》或《四十二章经》等，包含着小乘教义的最基本的内容，简直像一种"佛学入门"，对皈依者用处极大。可能首先在翻译之列，用的语言当然是大夏文。对于这种语言，我们过去毫无所知。近年以来，新材料发现越来越多，于是逐渐发现、认识了不少的词汇。上面②举的那一部字典就是词汇的汇集，bodo，boddo，boudo 等字就见于其中。但是成本的佛经译文还没有发现。我相信，将来地不爱宝，有朝一日，总会发现的。中国使者到了大夏，翻译了《四十二章经》，原本一定就是这一本大夏文的佛经。译文就是本经两个译本的第一个。我推测，现存本经中的那许多"佛言"，一定会是"浮屠言"，"浮屠"正与 bodo，boddo，boudo 相当。用"佛言"的现存的本子一定就是第二个译本。这个本子的原始语言是中亚或新疆的某一种语言，其中梵文 Buddha 变为 but 或者类似的形式，汉译是"佛"字。

---

① 《犍陀罗语〈法句经〉残卷初步研究》，见《出土文献研究》，第二辑，第 257 页。

② G.Djelani Davary, *Baktrisch, ein Wörterbuch auf Grund der Inschriften, Handschrinen, Münzen und Siegelsteine*, Heidelberg 1982.

我在这里想补充几句，谈一谈犍陀罗文《法句经》的来源问题。它的来源并不排除是大夏文本，但是可能性微乎其微。梵文本的《法句经》曾在新疆发现，足征《法句经》在新疆是流行的。这个犍陀罗文的《法句经》同梵文本有某种联系，是完全可能的。犍陀罗文不可能是《四十二章经》第二个译本的母本。因为在后者中用的是"佛"字，而在犍陀罗文本中则是 budhu，这个字也可以译为"浮屠"。

（三）支谦等译经的语言问题

《四十二章经》的语言既已确定，连带提出来的是支谦、安世高等后汉、三国时期的译经大师的译经语言问题。对于这个问题过去几乎完全没有注意到。实则是一个很有意义的问题，不讨论是不行的。

我现在就以《梁高僧传》第一卷为基础来探讨一下这个问题。在这一卷中后汉、三国时期的译经大师几乎包罗无遗。至于摄摩腾和竺法兰等人物，神话色彩颇浓，我在这里不谈。

先将资料条列如下：

《安清（世高）传》：

至止未久，即通习华言。于是宣译众经，改胡为汉。[①]

羡林按："胡"字，元明刻经改为"梵"字，下同。

《支娄迦谶（支谶）传》：

---

① 《大正新修大藏经》（以下简称为⑥。当页的上、中、下栏表示为a、b、c）卷 50,323b。

汉灵帝时游于雒阳。以光和、中平之间传译梵文。

时有天竺沙门竺佛朔，亦以汉灵之时，赍《道行经》，来适雒阳，即转梵为汉。

（安）玄与沙门严佛调共出《法镜经》，玄口译梵文，佛调笔受。

先是沙门昙果于迦维罗卫国得梵本，孟详共竺大力译为汉文。①

《康僧会传》附《支谦传》：

遍学异书，通六国语。……谦以大教虽行，而经多梵文，未尽翻译，已妙善方言，乃收集众本，译为汉语。②

《维祇难传》：

以吴黄武三年，与同伴竺律炎，来至武昌，赍《昙钵经》梵本。③

《竺昙摩罗刹传》：

其先月支人，本姓支氏。……外国异言三十六种，书亦如之，护皆遍学。……遂大赍梵经，还归中夏。④

---

① ㋧卷 50,324b–c。
② ㋧卷 50,325a。参阅隋费长房《历代三宝记》，《大正藏》，卷 49,58c。
③ ㋧卷 50,326b。
④ ㋧卷 50,326c。以下诸人晚于三国。

附《聂承远传》：

　　承远有子道真，亦善梵学。①

《僧伽跋澄传》：

　　（赵正）请译梵文。……外国沙门昙摩难提笔受为梵文。②

《僧伽提婆传》：

　　提婆乃于般若台手执梵文，口宣晋语。……更请提婆重译《中阿含》等。罽宾沙门僧伽罗叉执梵本，提婆翻为晋言。③

《竺佛念传》：

　　于是澄执梵文，念译为晋。④

《昙摩耶舍传》：

　　以伪秦弘始九年，初书梵书文。……耶舍有弟子法度，善梵汉之言。⑤

---

① 庆卷 50,327a。
② 庆卷 50,328b。下面还有两处提到梵文。
③ 庆卷 50,329a。
④ 庆卷 50,329b。
⑤ 庆卷 50,329c。

　　《高僧传》卷一中有关梵文的记载就是这样。"梵"原作"胡"。"梵"指的是梵文,这是清楚的。但"胡"指的是什么呢?弄不清楚。"胡"原意是北狄之通称,扩大一点,就是夷狄之人,多少含有贬义。在《高僧传》中,"胡"字可能有两层意思:一指梵文,一指中亚夷狄之文。统观上引材料,有的可能是指梵文,比如昙果、维祗难等传中所说。但是绝大部分指的都是中亚民族语言。支谦等人译经的原本都不是梵文。上引文中《支谦传》的"梵文",也只能作如是解。下面说他"妙善方言",可能指他通中亚民族语言。这一点从他们译经时使用的汉语音译中可以明确无误地看出来。比如汉译"弥勒"一词,不是来自梵文 Maitreya,而是来自吐火罗文 Metrak。可是康僧会译《六度集经》《旧杂譬喻经》,失译人名在后汉录译《大方便佛报恩经》,支谦译《佛说月明菩萨经》《撰集百缘经》《大明度经》《佛说八吉祥神咒经》,康孟详译《佛说兴起行经》,支娄迦谶译《杂譬喻经》《道行般若经》等等,用的都是"弥勒"。由此可见,支谦等译经所根据的原本,不是梵文,而是中亚和新疆一带的吐火罗文和伊朗语族的语言。

　　(四)几点想法

　　现在把上面讨论的问题归纳一下,提出几点想法。

　　1.1947 年文章中提出的佛教"直接"传入中国论,现在看来,不能成立了。我设想的佛教传入两阶段说仍然维持。我用公式来表达:

　　　　(1)印度→大夏(大月支)→中国

　　buddha → bodo,boddo,boudo →浮屠

　　　　(2)印度→中亚新疆小国→中国

　　buddha → but →佛

　　这两个阶段都不是"直接的"。

2. 我这篇不算太长的论文解决了中国佛教史上两个大问题：佛教是什么时候传入中国的？通过什么渠道？但兹事体大，还要进一步研究。这有待于志同道合者的共同努力。①

1989年11月2日写毕

附记：

在写作过程中，提供资料，帮助借书，我的两位小友荣新江和钱文忠出了力，附此致谢。

---

① J.Fussman, *Language and Culture among the Kushans* 见 International Association for the Study of the Cultures of Central Asia 的 Information Bulletin, Issue 15, Moscow, 1989, 第 57-66 页，其中谈到大夏语，可以参阅。

法 显

一、晋宋时期佛教发展情况

佛教传入中国，到了东晋法显时代，已经约有三百年的历史了。流传的内容主要有两大体系，一个是以支谶、支谦为代表的大乘空宗般若学；一个是以安世高为代表的小乘禅学。小乘和大乘都传进来了。从时间先后来看，传法最盛的时代大体上有三个：支谦、竺法护时，所译多般若方等；道安时，所译多有部经论；鸠摩罗什时，大乘之学极为昌明。佛法已深入中国文化了。

一个外来的宗教，传入一个文化传统迥异的国家，不可避免地要发生冲撞，佛教不能例外。经过相当长时间的试探、伪装、适应，逐渐为中国人所接受，最后达到了融合的阶段。到了东晋，应该说这个阶段已经到达了。

从政治形势来看，此时中华大地已经分为南北两区。西晋亡于建兴四年（316 年），次年晋元帝即位，是东晋的开始。北方的统治者都是少数民族，大都扶植佛教，后赵、前秦、后秦、北凉，崇佛更为突出。在南方，则是所谓"衣冠南渡"，北方的达官贵人、文人学士，为了躲避异族压迫，纷纷南逃。这些人，包括一些国王在内，也都崇信佛教，佛教得到了很大的发展。总之，南北两方都对佛教垂青。佛教可以说是在中国已经牢牢地立定了脚跟。

从佛教内部来看，也有几点值得特别提出的。首先是僧寺日益增多。根据唐法琳《辩正论》的记载，东晋一百零四年，共建寺一千七百六十八所。这个数字是否可靠，不得而知。[1] 其次僧伽已经有了一定的规模，僧尼数目与日俱增。再次，名僧辈出，出了一些很有影响的高僧。最后，从印度和西域来的和尚也多了起来。还有一点必须在这里提一下：许多高僧的活动范围和影响，并不限于北方或者南方，而是跨越地区，跨越政治分界。

佛教虽然已经有了坚牢的基础，但是究其实际却是送进来的成分多，而取进来的成分少。中国僧人或者居士前此往西域求法者，颇亦有人。但是他们多半只到了西域而止。在法显前真正亲临天竺者，实如凤毛麟角。在这样的情况下，到了晋末宋初，就掀起了一个西行求法的运动。中国僧人西行求法者，或意在搜寻经典，或旨在从天竺高僧受学，或欲睹圣迹，作亡身之誓，或想寻求名师来华[2]。

在搜寻经典中，一般说来，也不是漫无边际地乱搜一气，而是有目的，有重点。最突出的重点就是搜求印度本土的佛教戒律。只要了解了当时中国佛教发展的阶段，就会认为，这样做有其必然性。

我在上面已经谈到，僧尼人数日增，僧伽已经形成，这就产生了

---

① 请参阅任继愈主编《中国佛教史》第 2 卷，第 574-580 页。
② 参阅汤用彤《汉魏两晋南北朝佛教史》，第二分，第 12 章。

一个寺院管理问题。人数少了，只需约法三章，就能使僧伽生活正常运行。人数一多，就需要比较详备的条例。我举道安作一个例子。梁慧皎《高僧传》卷五《道安传》说：

> 师徒数百，斋讲不倦……既至，住长安五重寺，僧众数千，大弘法化。[①]

可见道安门下和尚之多。《道安传》接着说：

> 安既德为物宗，学兼三藏，所制僧尼轨范佛法宪章，条为三例：一曰行香定座上讲经上讲之法；二曰常日六时行道饮食唱时法；三曰布萨差使悔过等法。天下寺舍遂则而从之。[②]

可见道安也感到为僧尼立法的必要性。但是他立的法还是非常简略的。同印度那些律比较起来，简直有点小巫见大巫了。

二、法显的生平和活动

只有了解了上述的背景，我们才能真正了解法显赴天竺求法的目的以及这一次求法的重要意义。

我现在先谈法显的生平。

记录法显生平的典籍相当多，举其大者有以下几种：

（一）《法显传》，法显撰述。

（二）梁僧祐撰《出三藏记集》，简称《祐录》。

---

① 见《大正新修大藏经》（以下简称为⑦。当页的上、中、下栏表示为a、b、c）卷50，352c。

② ⑦卷50，353b。

（三）梁慧皎撰《高僧传》卷三《法显传》。

（四）唐道宣撰《大唐内典录》。

（五）唐靖迈撰《古今译经图纪》。

（六）唐智升撰《开元释教录》。

（七）唐圆照撰《贞元新定释教目录》。

（八）隋费长房撰《历代三宝记》。

（九）元念常集《佛祖历代通载》。

我的办法不是根据上列的典籍叙述法显的一生，而是从中选出一个最古的本子，分段照录其原文，然后同其他的本子对勘比较，解决一些需要解决的问题，并作一些必要的注释。我没有选《法显传》，因为它只讲西行求法，没有讲法显的一生。我选的是梁僧祐的《出三藏记集》中关于法显的一段。在确定法显在西域、印度、南海等地的年代时，我参考了《法显传》，因为这一本书有一个很突出的特点：它详细记录了每年的"夏坐"，为其他僧人游记所无。

幼年时期

《祐录》原文：

释法显，本姓龚，平阳武阳人也。法显三兄并龆而亡，其父惧祸及之，三岁便度为沙弥。居家数年，病笃欲死，因送还寺，信宿便差，不复肯归。母欲见之不能得，为立小屋于门外，以拟去来。十岁遭父忧，叔父以其母寡独不立，逼使还俗。显曰："本不以有父而出家也。正欲远尘离俗，故入道耳。"叔父善其言，乃止。顷之母丧，至性过人，葬事既毕，仍即还寺。尝与同学数十人于田中刈稻。时有饥贼欲夺其谷。诸沙弥悉奔走，唯显独留，语贼曰："君欲须谷，随意所取。但君等昔不布施，故此生饥贫。今复夺人，恐来世弥甚。贫道预为君忧，故相语耳。"言讫即还。贼弃谷而去。众僧数百人莫不叹服。二十受大戒，志行明洁，仪轨整肃。

这里有几个问题要加以解释。首先是他的籍贯。《祐录》《高僧传》《古今译经图纪》《开元录》等书都说他是平阳武阳人。《历代三宝记》《大唐内典录》则只说是"平阳沙门"。按当时只有平阳县，而无武阳县，后者的说法是正确的。平阳县城故址在今山西省临汾县西南。①

第二是他的生年。《祐录》没有说，其他书亦然。我们只能根据目前能掌握的资料加以推断。法显生年大概是公元342年，壬寅，晋咸康八年。②

第三关于"三岁便度为沙弥"的问题。小孩子常生病送入空门以求长寿的事情，屡见于中国载籍。法显时代竟已经如此。可见此时佛教已经深入人心了。

第四关于法显和同学刈稻的问题。在印度，佛教并不提倡僧人劳动。直到今天，斯里兰卡、缅甸、泰国等小乘国家的僧侣仍然靠乞食度日。在中国法显时代，寺院经济早已形成，寺院多有田地，除了靠雇工耕种外，小和尚也参加劳动。住持等大和尚是地主阶级，是不参加劳动的。《道安传》中也有劳动的记载。

西行求法的目的

《祐录》原文：

> 常慨经律舛缺，誓志寻求。

《高僧传》完全抄《祐录》原文。这里虽然经律并提，然而重点

① 参阅章巽：《法显传校注》1985年版，第2页。
② 参阅章巽同上书，第1-2页。

在律。《古今译经图纪》也抄录了《祐录》原文,《开元释教录》《贞元新定释教目录》亦然。《历代三宝记》《大唐内典录》有另外一个提法:"求晋所无众经律论"。这提法太空泛,没有说到点子上。法显自己的话当然最有权威性。《法显传》第一句话就是:"法显昔在长安,慨律藏残缺。"这里只提律藏,没有提经论。他在印度巴连弗邑,又写道:"法显本心欲令戒律流通汉地。"可见他是念念不忘戒律的。这完全符合当时的潮流。同法显差不多同时的弗若多罗专精律部,来华后受到欢迎。在《梁高僧传》卷二《弗若多罗传》中就有这样的话:"先是经法虽传,律藏未阐。"[①]法显之所以万里投荒,其目的就是要寻求印度佛教戒律,以济中国佛教之穷。

出发时间

《祐录》原文:

> 以晋隆安三年与同学慧景、道整、慧应、慧嵬等发自长安。

晋隆安三年相当于公元 399 年,后秦弘治元年。《法显传》作"弘始元年岁在己亥"。今传世各本《法显传》皆作"弘始二年",乃弘始元年之误。《高僧传》卷三、《历代三宝记》卷七、《大唐内典录》卷三、《古今译经图纪》卷二、《开元释教录》卷三,皆作"东晋隆安三年",是正确的。此时道安已经死去十余年,罗什到长安二年。

西域行程

《祐录》原文:

---

① 大卷 50,333a;参阅任继愈主编:《中国佛教史》,第 2 卷,第 580–582 页。

西度沙河，上无飞鸟，下无走兽，四顾茫茫，莫测所之，唯视日以准东西，人骨以标行路耳。屡有热风、恶鬼，遇之必死。显任缘委命，直过险难。有顷，至葱岭。岭冬夏积雪，有恶龙吐毒风，雨沙砾。山路艰危，壁立千仞。昔有人凿石通路，傍施梯道。凡度七百余梯，又蹑悬过河数十余处。仍度小雪山，遇寒风暴起，慧景噤战不能前，语显云："吾其死矣，卿可时去，勿得俱殒。"言绝而卒。显抚之号泣曰："本图不果，命也奈何！"复自力孤行，遂过山险。凡所经历，三十余国，至北天竺。

同《法显传》比较起来，这里的记述简略多了。在我上面列举的有关法显生平的九种书中，其他七种都可以归入简略一类，有的同《祐录》差不多，有的比它还要简略，都不及《法显传》之详审。我现在根据《法显传》补充法显在西域的活动。

法显离开长安，度陇，到了乾归国。乾归国指的是西秦乞伏乾归的都城金城，在今甘肃兰州市西。他在这里"夏坐"。所谓"夏坐"指的是印度佛教和尚每年雨季在寺庙里安居三个月。这是法显离开长安后第一次夏坐，时间是 399 年。夏坐完毕，他又前进至耨檀国，是南凉的都城，可能即今青海西宁市。从这里度养楼山至张掖镇。又在这里夏坐，这是 400 年的夏坐。从这里走到敦煌，太守李暠供给度沙河。《祐录》讲的也就是这个沙河，指的是自敦煌西至鄯善国间的大沙漠。过了沙河，来到了鄯善国，即古楼兰国，在今新疆若羌县。住此一月日，复西北行十五日，到焉夷国，即《汉书·西域传》之焉耆国，今新疆焉耆。在这里住二月余日，蒙苻公孙供给，得以前进，又经过一段沙漠，"所经之苦，人理莫比"，在道一月五日，到了于阗，相当于今天新疆和阗县。这里"其国丰乐，人民殷盛，尽皆奉法，以法乐相娱。众僧乃数万人，多大乘学"。法显在这里停三月日，看了行像。既过四月行像，法显等进向子合国，在道二十五日，便到其国，相当于今新疆叶城县。留此十五日，南行四日，入葱岭山，在于麾国安居。于麾国可能在今叶尔羌河中下游一带。这是法显的第三次夏坐（安居），时间是 401 年。安居后，行二十五日，到竭叉国。[①]法显等在这里看到了五年大会。他们看了佛唾壶。此国当葱岭之中。"自葱岭已前，草木果实皆异，唯竹及安石留、甘蔗三物，与汉地同耳。"这里有竹子和甘蔗，值得注意。法显等从此西行向北天竺，在道一月，得度葱岭。

在印度的活动

《祐录》原文：

> 未至王舍城三十余里，有一寺，逼暮仍停。明旦，显欲诣耆阇崛山。寺僧谏曰："路甚艰崄，且多黑师子，亟经噉人，何由可至！"显曰："远涉数万，誓到灵鹫。宁可使积年之诚既至而废耶！虽有崄难，吾不惧也。"众莫能止，乃遣两僧送之。显既至山中，日将曛夕，遂欲停宿。两僧危惧，舍之而还。显独留山中，烧香礼拜，翘感旧迹，如睹圣仪。至夜，有三黑师子来蹲显前，舐唇摇尾。显诵经不辍，一心念佛。师子乃低头下尾，伏显足前。显以手摩之，咒曰："汝若欲相害，待我诵竟；若见试者，可便退去。"师子良久乃去。明晨还反，路穷幽深，榛木荒梗，禽兽交横，正有一迳通行而已。未至里余，忽逢一道人，年可九十，容服粗素，而神气俊远。虽觉其韵高，而不悟是神人。须臾前进，逢一年少道人。显问："向逢一老道人，是谁耶！"答曰："头陀弟子大迦叶也。"显方惋慨良久。既至山前，有一大石横塞室口，遂

[①] 竭叉国究在何处，为研究《法显传》的一大难题。请参阅章巽前引书，第 21—22 页。日本学者足立喜六：《法显传考证》，何健民、张小柳合译，1937 年，第 53 页，认为竭叉国即疏勒国。

不得入。显乃流涕致敬而去。又至迦施国，精舍里有白耳龙，与众僧约，令国内丰熟，皆有信效。沙门为起龙舍，并设福食。每至夏坐讫日，龙辄化作一小蛇，两耳悉白。众咸识是龙，以铜盂盛酪置于其中，从上座至下行之，遍乃化去。年辄一出，显亦亲见此龙。后至中天竺，于摩竭提巴连弗邑阿育王塔南天王寺，得《摩诃僧祇律》，又得《萨婆多律抄》《杂阿毗昙心》《经》《方等泥洹》等经。显留三年，学梵书梵语，躬自书写。

《祐录》篇幅比较大。《高僧传》基本上抄《祐录》，间或加上几句自己的话。对法显在印度的活动记述得都很不够。其他书更是异常简短。在印度的活动是法显一生最重要的事情。《法显传》主要篇幅写的都是印度。我现在先根据《法显传》对《祐录》作一些必要的补充，然后再对一些重要问题加以阐述。

到了北天竺，法显第一个到的国家是陀历，相当于今克什米尔西北部的达丽尔（Darel）。这里的和尚都是小乘。有一个木雕的弥勒像，同佛教传入中亚和中国有联系。唐玄奘《大唐西域记》卷三也记载了这一件事。

度河到了乌苌国，故址在今巴基斯坦北部斯瓦脱河流域。这里的和尚信奉小乘，有佛的足迹。法显在这里夏坐，是公元402年。

夏坐后，南下，到了宿呵多国，相当于今斯瓦脱河两岸地区。这里有如来佛割肉贸鸽处。信徒起塔记念。

从此东下，走了五天，到了犍陀卫国，其故地在今斯瓦脱河注入喀布尔河附近地带。国人多小乘学。有佛以眼施人的遗迹。是古代阿育王子法益统治之处。

自此东行七日，到了竺刹尸罗国，相当于今巴基斯坦北部拉瓦尔品第西北的沙汉台里地区。佛为菩萨时，在这里以头施人，投身饲虎，这两处都起了大塔。

从犍陀卫国南行四日，到了弗楼沙国，故址在今巴基斯坦之白沙瓦。公元一二世纪的贵霜王迦腻色迦曾统治此地。这里有大塔，有佛钵。

西行十六由延，到了那竭国界醯罗城。由延，印度长度名。根据玄奘《大唐西域记》卷二的说法，是"圣王一日军行"。但是并不固定，有四十里、三十里、十六里等说。醯罗城，今贾拉拉巴德城南之醯达村。这里有如来佛顶骨精舍。这个精舍名声广被，《洛阳伽蓝记》《大唐西域记》卷二等都有记载。从此北行一由延，来到那揭国城，故址在今贾拉拉巴德城西。这里有菩萨以五茎花供养定光佛处。城中还有佛齿塔。城东北有佛锡杖精舍。城南有佛留影处。

法显等在这里住了冬天三个月，然后南度小雪山，慧景病死。这件事《祐录》有记载。但是有一件事颇值得注意。《祐录》认为从此进入北天竺；但是《法显传》却认为，到了陀历国，已进入北天竺。

过岭以后，南到罗夷国。有三千和尚，大小乘都有。法显在这里夏坐，这是他西行后第五年，公元 403 年。

南下，行十日，到跋那国，今巴基斯坦北部之邦努（Bannu）。这里有三千小乘僧。

从此东行三日，复渡新头河，到了毗茶，今旁遮普。佛法兴盛，大小乘都有。

从此东南行，经过了很多寺院，进入了中天竺。先到摩头罗国，即今印度北方邦之马土腊。遥捕那河流经此处，即今之朱木拿河。河边左右有二十僧伽蓝，可有三千僧。

从这以南，名为中国。法显在这里写了一段非常有名的记载，我在下面还要谈到。

从此东南行十八由延，到了僧伽拖国，即玄奘《大唐西域记》卷四之劫比他。至于相当于今天什么地方，学者间意见有分歧，总之是在今北方邦西部。此地佛教遗迹颇多，有佛上忉利天为母亲说法处。下来时，地上化出三道宝阶，后来又没于地，余有七级现，阿育王于其上起精舍。佛在天上受天食，身作天香，于此处沐浴，浴室犹在。此外还有一些其他的塔。此处有僧尼千人，杂大小乘学。这里有一个白耳龙。《祐录》也记载了这一件事，称之为迦施国，但是次序有些混乱。寺北五十由延有火境寺。别有佛塔，鬼神常来洒扫，不须人工。有一僧伽蓝，可六七百僧。法显住龙精舍夏坐，这是他西行第六年的夏坐，时为公元 404 年。

夏坐完毕，东南行七由延，到了罽饶夷城，即《大唐西域记》卷五之羯若鞠阇国曲女城，今之北方邦卡瑙季城。有二僧伽蓝，尽小乘学。

从此东南行十由延，到了沙祇大国，即今北方邦中部之阿约底。有佛嚼杨枝长出来的大树。

从此北行八由延，到了拘萨罗国舍卫城，今北方邦北部腊普提河南岸之沙海脱—马海脱。这里佛教遗迹很多：有大爱道故精舍、须达长者井壁、鸯掘魔得道、般泥洹、烧身处。出城南门千二百步，有须达精舍，即所谓祇洹精舍。这里有牛头栴檀佛像。精舍西北四里有榛，名曰得眼。精舍东北六七里，有毗舍佉母精舍。祇洹精舍大院落有二门、一东向，一北向。这里就是须达长者布金满园买地之处。出东门，北行七十步，有外道女伪装怀孕谤佛处，又有调达生入地狱处。道东有外道天寺，名曰影覆，只能世尊精舍影映外道寺，而外道寺则决不能影映精舍。绕祇洹精舍有九十八僧伽蓝，除一处外，都住有和尚。在中国有九十六种外道，各有徒众。《法显传》在这里有几句话："调达亦有众在，供养过去三佛，唯不供养释迦文佛。"佛灭度后一千多年，似乎已经被他打倒在地的对手调达（提婆达多）居然还有徒众，不能不说是佛教史上的一件大事。请参阅笔者的《佛教开创时期的一场被歪曲被遗忘了的"路线斗争"》。

城西五十里，有一邑，名都维，有迦叶如来遗迹。东南行十二由延，到那毗伽邑，有拘楼奉佛遗迹。从此北行，不到一由延，有拘那含牟尼佛遗迹。

从此东行，不到一由延，到了迦维罗卫城，即《大唐西域记》卷六之劫比罗伐窣堵国，在今尼泊尔境内，与印度北方邦毗邻。这里是释迦牟尼诞生之地，古迹特多。佛传中少年所发生的许多事情都在这里留有痕迹。城东五十里有王园论民，佛就在这里降生。论民在今尼泊尔境内腊明地（Rummindei）。法显到的时候，此城已空荒颓败，白象、师子横行。

从佛生处东行五由延，到了蓝莫国，今尼泊尔达马里附近。这里有蓝莫塔，荒芜已久，原来没有僧人，群象以鼻取水洒地，折花供养。后来有道人还作沙弥，至今仍以沙弥为寺主。从此东行三由延，有太子遣还车匿塔。再东行四由延，有灰塔。

复东行十二由延，到拘夷那竭城，即《大唐西域记》卷六之拘尸那揭罗国。此城故址何在，学者意见分歧。很可能即在今尼泊尔南境小腊普提河和干达克河合流处之南[1]。城北双树间，希连河边，是世尊般涅槃处。因而在佛教史上成为著名胜地。

从此东南行十二由延，到了诸梨车欲逐佛般泥洹处。

自此东行五由延，到毗舍离国，即《大唐西域记》卷七之吠舍厘国，都城故址在今比哈尔邦北部木札法普尔地区之比沙尔。这里如来佛遗迹也特别多。有佛住处、阿难半身塔、庵婆罗女为佛起的塔，有庵婆罗园，有放弓仗塔，有毗舍离结集或七百结集的塔。

从此东行四由延，到五河合口，有阿难般涅槃塔。

---

① 参阅章巽前引书，第89-91页。

度河南下一由延，到摩竭提国巴连弗邑，即《大唐西域记》卷八、卷九之摩揭陀国，今比哈尔邦之巴特那。这里有一个大乘婆罗门子，名罗沃私婆迷，为国王所敬奉。据《祐录》卷十五《智猛传》，智猛在法显后不久也来到华氏城，即巴连弗邑，在这里遇到一个"大智婆罗门，名罗阅宗，从他家里得到《泥洹》胡本一部，又寻得《摩诃僧祇律》一部及余经。罗沃私婆迷与罗阅宗是一个人。巴连弗邑是中国最大的城，人民富盛，每年行像，倾城参与。这里原是阿育王都城，他的遗迹很多。

从此东南行九由延，至一小孤石山，山头有石室。从此西南行一由延，到那罗聚落，是舍利弗本生村，有塔。

从此西行一由延，至王舍新城，即《大唐西域记》卷九之曷罗阇姞利呬城，故址在今印度东北部比哈尔邦西南的腊季吉尔。出城南四里，入谷到了荠沙王旧城。这里有不少佛教遗迹。再入谷，搏山东南上十五里，到耆阇崛山，这就是有名的灵鹫峰。下面就接上了《祐录》。

以上是根据《法显传》对《祐录》的补充。补充得这样多，可见《祐录》记载不够全面。《祐录》还有一个特点：一进北天竺，就讲王舍城，紧接着又是耆阇崛山，法显在这里见到了如来大弟子大迦叶。但是在《法显传》中，这件事不是发生在耆阇崛山，而是在鸡足山。这件事下面再谈。现在仍根据《法显传》补上《祐录》所缺部分。

出旧城北行三百余步，到了迦兰陀竹园精舍。这里还有不少佛教遗迹。佛教史上著名的五百结集就是在这里举行的。

从此西行四由延，到了伽耶城，今比哈尔邦之伽雅城。这是佛教史上最著名的圣地，因为这里是释迦牟尼成道之处。佛传上讲到的那一些与如来成道有关的地方，都在伽耶城，比如六年苦行处、村女奉佛乳糜处、静坐的石窟等等。如来坐于其下悟道的贝多树，也就是平常所谓的菩提树，当然也在这里。阿育王作地狱，残酷杀人，后又悔过，敬信三宝，经常来贝多树下礼佛。

　　从此南行三里，到一山，名鸡足，大迦叶今在此山中住。《祐录》在这里用很长的篇幅介绍了法显遇到大迦叶的情景，见上面《祐录》原文，兹不赘。

　　在这里有必要讲一讲与大迦叶有关的这个传说的意义。大迦叶是如来佛大弟子，可能实有其人。他生活在公元前六、五世纪，为什么要住在鸡足山洞窟内能够同一千年后公元五世纪初的法显见面而又再隐入山内还要住下去呢？这只能从印度佛教的发展方面来加以解释。在最初的发展阶段上，佛教自己宣称，有朝一日，它也会消亡的，还没有一个未来佛的想法。后来随着教义的发展，想法逐渐改变，开始有了三世诸佛的说法，有了未来佛的想法。未来佛就是弥勒。弥勒，大小乘都有，小乘只不过是滥觞；到了大乘才发展成为一个完整的体系。弥勒信仰曾广泛流行于印度、中亚；在中国新疆和内地也同样盛行。今天寺庙中那一个大肚子佛就是弥勒。《祐录》绘形绘色描绘法显遇到大迦叶的情景，但是《法显传》却讲得不那么清楚。在这两处都没有讲到弥勒。可是大迦叶之所以住在鸡足山中却与弥勒有关。这种关系始于何时，还不清楚。不过佛教典籍确实明确讲到过。宋志磐《佛祖统纪》卷五，[①] 元念常《佛祖历代通载》卷三，[②] 明觉岸《释氏稽古略》卷一，[③] 等等，都记载了这个传说。这些都是中国僧人的撰述，当然是根据印度佛典的。印度佛典记述这个传说的也不少，我举一个例子。西晋（265—317 年）安法钦译《阿育王传》卷四《摩诃迦叶涅槃因缘》，[④] 写道：

---

① Ⓧ卷 49,170b-c。

② Ⓧ卷 49,496c-497a。

③ Ⓧ卷 49,752b-c。

④ Ⓧ卷 50,114a-116b。

于是尊者迦叶至鸡脚山三岳中，坐草敷上，加跌而坐，作是念言："我今此身著佛所与粪扫衣，自持己钵，乃至弥勒令不朽坏，使弥勒弟子皆见我身而生厌恶。"……弥勒出时，当将徒众九十六亿至此山上见于迦叶。

可见至迟在公元三四世纪，有关大迦叶住鸡足山中等候未来佛弥勒的传说，在印度已经流行了。为什么晚起的未来佛弥勒的传说一定要同释迦牟尼的大弟子大迦叶联系在一起呢？原因可能是，印度佛教从比较早的时候起就有了在灵山会上如来拈花、迦叶微笑的传说。我认为，这个传说隐含着佛教长存的想法，是对最早的佛教也要消亡说的纠正或者发展。这在佛教史上是一段很有意义的公案。《法显传》和《祐录》都记载了这一件事，自有其重要性的。

下面接着谈法显的行踪。

法显又回到巴连弗邑。顺恒水西下十由延，到了旷野精舍。复顺恒水西行十二由延，到了迦尸国波罗城，即《大唐西域记》卷七之婆罗疤斯，今印度北方邦之瓦拉纳西。《祐录》称之为迦施国。这里佛教遗迹也很多。有名的仙人鹿野苑精舍，是佛初转法轮的地方，就在这里。此外还有弥勒受记处，翳罗钵龙精舍，《祐录》中的白耳龙就是这一条龙。

自鹿野苑精舍西北行十三由延，到拘睒弥国，即《大唐西域记》卷五之赏弥，今北方邦南部阿拉哈巴德西南之柯散（Kosam）。

《祐录》中的"后至中天竺"，疑有误，法显所有的上述活动都在中天竺，用不着"后至"了。

从此南行二百由延，有达国，即平常所谓南萨罗国，相当今印度中部马哈纳迪河及哥达瓦里河上游一带地区。这里有伽叶佛僧伽蓝。但是，此国道路艰难，法显没有能亲身去，只是听本地人说到，故记入

《法显传》中。

法显又回到巴连弗邑，亲自抄写戒律。因为北天竺诸国皆师师口传，无本可写，不得不躬亲抄写了。他在这里住了三年，按时间推算应该是法显西行后的第七年、第八年、第九年，即义熙元年、二年、三年，公元 405、406、407 年。

顺恒水东下十八由延，有瞻波大国，今比哈尔邦东部巴格耳普尔略西不远处。

从此东行近五十由延，到多摩梨帝国，是海口，即《大唐西域记》卷十之耽摩栗底国，其首都故址在今印度西孟加拉邦西南之坦姆拉克（Tamluk）。法显在这里住了两年，写经及画像。此当为义熙四年及五年，公元 408、409 年。

法显在印度的活动到此结束。

在师子国

《祐录》原文：

> 于是持经像寄附商客，到师子国。显同旅十余，或留或亡，顾影唯己，常怀悲慨，忽于玉像前见商人以晋地一白团扇供养，不觉凄然下泪。停二年，复得《弥沙塞律》《长阿含》《杂阿含》及《杂藏》本，并汉土所无。

《高僧传》完全抄《祐录》原文。《法显传》比较详细，其他几种书都很简略。我现在根据《法显传》作一些补充。

师子国，《大唐西域记》卷十一称之为僧迦罗国，一意译，一音译，即今之斯里兰卡。据说这里原来没有人，后来商人贪图这里的宝石，于是遂成大国。这里有纪念佛来此化恶龙的大塔。有无畏山僧伽蓝，法显见故国白扇而流泪就在这座寺院里。有前王从印度中国取来的贝多树，有声名远扬的佛牙。在无畏精舍东四十里，有跋提精舍，有二千和尚。城南七里有摩诃毗诃罗精舍，和尚三千人。这里的国王笃信佛法，因此佛教非常兴盛。法显在这里听到天竺道人诵经，内容讲的是佛钵。他想写这一部经，但是道人说，只是口诵，因此没有能写成。法显在这里住了两年，当为义熙六年及七年，公历 410 和 411 年。

浮海东还

《祐录》原文：

　　既而附商人大舶还东，舶有二百许人。值大暴风，舶坏入水，众人惶怖，即取杂物弃之。显恐商人弃其经像，唯一心念观世音及归命汉土众僧。大风昼夜十三日，吹舶至岛下，治舶竟前，时阴雨晦冥，不知何之，唯任风而已。若值伏石及贼，万无一全。行九十日，达耶婆提国。停五月日，复随他商侣东趣广州。举帆月余日，中夜忽遇大风，举舶震惧。众共议曰："坐载此沙门，使我等狼狈，不可以一人故令一众俱亡。"欲推弃之。法显檀越厉声呵商人曰："汝若下此沙门，亦应下我；不尔，便当见杀！汉地帝王奉佛敬僧，我至彼告王，必当罪汝！"商人相视失色，俯而止。既水尽粮竭，唯任风随流。忽至岸，见藜藿菜依然，知是汉地，但未测何方。

法显就是这样又回到了祖国。《祐录》记载已极细致生动，《法显传》也不过如此，用不着再作什么补充了。

回国后的译经活动和卒年

《祐录》原文：

　　即乘小舶入浦寻村，遇猎者二人，显问："此何地耶？"猎人曰："是青州长广郡牢山南岸。"猎人还，以告太守李嶷。嶷素敬信，忽闻沙门远至，躬自迎劳，显持经像随还。顷之，欲南归。时刺史请留过久，显曰："贫道投身于不返之地，志在弘通，所期未果，不得久停。"遂南造京师，就外国禅师佛驮跋陀，于道场寺译出《六卷泥洹》《摩诃僧祇律》《方等泥洹经》《经》《杂阿毗昙心》，未及译者，垂有百万言。显既出《大泥洹经》，流布教化，咸使见闻。有一家，失其姓名，居近杨都朱雀门，世奉正化，自写一部读诵供养。无别经室，与杂书共屋。后风火忽起，延及其家，资物皆尽，唯《泥洹经》俨然具存，煨烬不侵，卷色无异。杨州共传，咸称神妙。后到荆州，卒于新寺，春秋八十有二，众咸恸惜。其所闻见风俗，别有传记。

《高僧传》几乎完全抄《祐录》。《法显传》比《祐录》详细，再根据它作一点补充。

上岸以后，商人又乘船还向扬州。法显受到了李嶷的款待以后，由陆路南下，道过彭城，受青兖刺史刘道怜之请，住了一冬一夏，在这里夏坐，时间是义熙九年，公元413年。关于这个问题，足立喜六[1]认为，法显随商人航海南至扬州。汤用彤[2]不同意足立喜六的意见。

法显本来想到长安去，未果，便转向建康（今南京），在这里翻译佛经。除了上面《祐录》中提到的那些佛经外，还写了一部《法显传》，此书名称繁多[3]。后来死在荆州新寺。年龄《祐录》说是八十二，《高僧传》八十六。

---

[1] 见前引书，第291页。

[2] 见所著《往日杂稿》第26-30页；参阅章巽前引书，第175页。

[3] 参阅章巽前引书第13-24页。

三、结语

上面简略地叙述了法显一生的活动情况。在这个结语里我想谈两个问题：第一个是法显在中国佛教史上的地位；第二个是《法显传》在世界上产生的影响。

法显在中国佛教史上的地位

上面已经谈过，佛教从印度传入中国，到了法显时代，达到了一个关键时刻，一个转折点，从过去的基本上是送进来的阶段向拿进来的阶段转变。晋末宋初的西行求法运动，就是在这样的情况下兴起来的。

根据汤用彤先生的《汉魏两晋南北朝佛教史》，第 378—380 页的统计，西行求法活动自朱士行而后，以晋末宋初为最盛。这时期最知名的求法者有以下一些人：

康法朗和其他四人，见《高僧传》，卷四；

于法兰，见同上书，卷四；

竺佛念，见《高僧传》，卷一。

慧常、道行、慧辩，见道安：《合光赞放光随略解》；

慧睿，见《高僧传》，卷七；

支法领、法净，见《高僧传》，卷六，《慧远传》；

法显、智严、智羽、智远、宝云、慧简、僧绍、僧景、慧景、道整、慧应、慧嵬、慧达，见《法显传》《祐录》卷十五、《法显传》《智严传》《宝云传》；

昙学、威德等八人，见《祐录》卷六；

僧纯、昙充、道曼，见《祐录》卷十一；

智猛与昙纂、竺道嵩等十五人，见《高僧传》卷三；

法勇、僧猛、昙朗等二十五人，见《高僧传》卷三；

沮渠京声；

道泰；

法盛共师友二十九人，见《名僧传抄》；

僧表，见同上书；

法维；

道普。

在所有这一些西行求法者中，法显无疑是最突出的一个。这里所谓"突出"，归纳起来约略表现在以下几个方面：

（一）法显旅行所到之地最多最远

在法显以前，在汉代，中国已经有了一些著名的旅行家，比如张骞和甘英，这是众所周知的。他们到的地方很远，很远；但是法显到的地方，他们却没有到过。这一点《高僧传·法显传》和唐智昇《开元释教录》，卷三都指出："皆汉时张骞、甘父所不至也。"[①] 这对于中国人民对外开阔视野，认识外国，当然会有极大的帮助。其重要意义是显而易见的。

（二）法显真正到了印度

既然西行寻求正法，其最终目的地当然是正法所在的印度。然而，奇怪的是，在法显之前，真正到了印度的中国求法僧人几乎没有。汤用彤先生说："故海陆并遵，广游西土，留学天竺，携经而反者，恐以法显为第一人。"[②] 这件事情本身意义就很重要。法显以后，到了印度的中国求法僧人逐渐多起来了。

（三）法显携归翻译的戒律起了作用

法显到印度去的目的是寻求戒律。他经过了千辛万苦，确实寻到了，其中最重要是《摩诃僧祇律》四十卷。归国后，他同佛陀跋陀罗

---

① 见Ⓣ卷 50,337c 和卷 55,507c。

② 见《汉魏两晋南北朝佛教史》第 380 页。

共同译出。汤用彤先生认为这是法显求法所以重要的原因之一。^① 这对于中国当时的僧伽来说，宛如及时的春雨，对佛教的发展，起了促进作用。也许现在还会有人认为，促进佛教发展是法显的过，而不是功。在当年教条主义垄断，形而上学猖獗的时候，这种论调我们早听腻味了。到了今天，绝大多数有识之士不会再这样想，这是我的信念。

（四）法显对大乘教义发展和顿悟学说的兴起起了作用

经过多年的思考与验证，我认为，世界宗教的发展是有共同规律的。这个规律可以用如下的方式来表述：用越来越少的努力（劳动）得到越来越大的宗教满足。人类中有不少人是有宗教需要的。这并不完全来自阶级压迫，很大一部分是来自人并不能完全掌握自己的命运这个事实。只轻轻地说一句：宗教是人民的鸦片烟，什么问题也不解决。一般人的解决办法是创造和相信这一种或那一种宗教。在宗教的最初发展阶段上，满足宗教需要必须费很大的力量，付出很大的劳动。这样一来，不可避免地就会同生产力的发展发生矛盾，而生产力的发展又是维持社会存在的必不可少的前提。在这里，宗教就施展出自己固有的本能适应性。在不影响满足宗教需要的情况下，竭力适应生产力的发展。

这个规律适用于所有的世界性的宗教。专就印度佛教而论，由小乘向大乘的过渡就是这个规律的具体表现。在中国两晋南北朝时期，顿悟学说的兴起，其背后也是这个规律。小乘讲渐悟，讲个人努力，也并不答应每个人都能成佛，换一个术语来说，就是每个人不都有佛性。想成佛，完全依靠个人努力。如果每个人都努力去成佛，生产力必然受到破坏，社会就不能存在。这是绝对不行的。大乘在中国提倡顿悟成佛，讲虔诚信仰，只需虔心供养，口宣佛号，则放下屠刀，立地成佛，何等轻松惬意！这样既能满足宗教需要，又不影响生产力的发展。佛教凭借了

---

① 见同上引书，第 381 页。

这种适应性，终于得到了发展。

但是提倡顿悟学说是并不容易的。首倡者为竺道生。在他之前，可能已有这种思想的萌芽，集大成者是竺道生。他那"一阐提皆有佛性"是非常著名的论断。"一阐提"是梵文 icchantika 的音译，意思是"十恶不赦的恶人"。连这种人都有佛性，其余的人就不必说了。法显在这里也起了作用。他从印度带回来并且翻译了的《六卷泥洹》中就隐含着"一切众生悉成平等如来法身"的思想。[①] 道生倡顿悟义，不知始自何年。据《高僧传》，卷七《竺道生传》：

> 又《六卷泥洹》先至京师，生剖析经理，洞入幽微，乃说一阐提人皆得成佛。[②]

这里明说，竺道生受到了法显《六卷泥洹》的影响。此说一出，守旧的和尚群起而攻之，他们都认为道生之说为异端邪说。不久，昙无谶译出了《大般涅槃经》，其中果有此说[③]，于是众僧咸服。

以上从四个方面论列了法显在中国佛教史的突出地位。可能还有别的方面，这里不再讨论了。

《法显传》在世界上的影响

法显的功绩主要在于取经和翻译。他携归和翻译的经历代经录都有著录，请参阅《祐录》卷二，以及其他经录，这里不再胪列。但是他写的《法显传》对于世界的影响却远远超过了他的翻译对于中国的影响。《法显传》在历代著录中有很多不同的名称，比如《佛游天竺记》、《释法显行传》《历游天竺记》《佛国记》《历游天竺记传》《释法显

---

① 见《祐录》此书的《出经后记》。
② ⊕卷 50,366c，《祐录》文字稍异，⊕卷 55,111a。
③ ⊕卷 12,393b。

游天竺记》《佛游天竺本记》《释法明游天竺记》《法明游天竺记》
《历游天竺记传》《法显记》等等，请参阅章巽前引书，页5—7。名
称固繁，版本亦多[1]。

《法显传》在国际上的影响，首先表现在它的外文译本之多上。
根据章巽的统计[2]，共有英译本三，译者为 Samuel Beal（1869 年）、
James Legge（1886 年）和 H.A.Giles（1923 年）；日译本二，译者为足
立喜六：《考证法显传》（1935 年）、《法显传——中亚、印度、南
海纪行研究》（1940 年）和长泽和俊（1970 年）。既然有了这样多的
译本，那就必然有相应多的影响。

我在这里专谈一谈《法显传》对印度的影响。众所周知，印度古
代缺少真正的史籍，这一点马克思曾指出来过。因此，研究印度古代历
史，必须乞灵于外国的一些著作，其中尤以中国古代典籍最为重要，而
在这些典籍中，古代僧人的游记更为突出。僧人游记数量极多，而繁简
不同，时代先后不同。《法显传》是最古的和最全的之一，一向被认为
与唐玄奘的《大唐西域记》和义净的《大唐西域求法高僧传》《南海寄
归内法传》鼎足而三。研究印度古代史的学者，包括印度学者在内，都
视之为瑰宝。有一位著名的印度史学家曾写信说："如果没有法显、玄
奘和马欢的著作，重建印度历史是不可能的。"

关于《法显传》对印度历史研究的重要性，我举一个具体的例子。
印度学者高善必是优秀的数学家，同时又是最优秀的史学家。他在印度
古代史方面著述宏富，而且是用历史唯物主义的观点来探讨历史问题，
时有石破天惊之论，在国际上享有盛誉。他的代表作是《印度史研究导
论》[3]。本书第九章讨论的主题是"自上而下的封建主义"。讲到早期

---

① 请参阅章巽同上书，第 13-24 页。

② 见同上书，第 30 页。

③ *An Introduction to the Study of Indian History*, Bombay, 1956.

封建制的发展时，他引用了《法显传》关于中天竺的一段文字：

> 从是以南，名为中国。中国寒暑调和，无霜、雪。人民殷乐，无户籍官法，唯耕王地者乃输地利，欲去便去，欲住便住。王治不用刑罔，有罪者但罚其钱，随事轻重，虽复谋为恶逆，不过截右手而已。王之侍卫、左右皆有供禄。举国人民悉不杀生，不饮酒，不食葱蒜，唯除旃荼罗。旃荼罗名为恶人，与人别居，若入城市则击木以自异，人则识而避之，不相唐突。国中不养猪、鸡，不卖生口，市无屠、酤及估酒者。货易则用贝齿，唯旃荼罗、猎师卖肉耳。自佛般泥洹后，诸国王、长者、居士为众僧起精舍供养，供给田宅、园圃、民户、牛犊，铁券书录，后王王相传，无敢废者，至今不绝。

这一段文字异常重要，它把印度公元 400 年左右在笈多王朝月护二世（超日王）统治下的中国描绘得具体而生动。高善必根据这一段文字做了如下的分析：官吏们还没有得到封建权利和权力。中国以外的土地一定要缴纳租税的，一般是收获粮食的六分之一。大概是这个帝国中心地带受到了特别的优惠，赋税比较少。在农村中一定有酿酒人和负贩。农民可以来去自由，表明没有农奴制。至于供给僧众田宅、园圃、民户、牛犊等东西，怎样解释？还是一个问题。外文翻译者各有各的理解。从标准的土地馈赠来判断，馈赠的只是收租权，而不是土地所有权。[①]

除了高善必以外，所有研究印度古代史特别是笈多王朝时代的历史的学者，不管是印度的，还是其他国家的，没有一个不引用《法显

① 见上引书，第 278-279 页。

传》的。我再举一个例子。印度史学家 Lalmani Joshi 的《印度佛教文化研究》①是一部非常优秀的书。著者在本书中许多地方都引用了《法显传》。比如，在页 13 和页 258 讲到弥勒崇拜和乌苌国的首都时，都引用此书关于陀历国的记载。在页 298—299 讲到佛教在印度衰微时，引用此书关于摩头罗国的记载："有遥捕那河，河边左右有二十僧伽蓝，可有三千僧，佛法转盛。"他又引用玄奘《大唐西域记》，卷四关于秣菟罗国的记载："伽蓝二十余所，僧徒二千余人。"同一个地方，相隔几百年之后，伽蓝的数目没有变，僧人却减少了一千人，衰微的情况清晰可见。这样的例子，著者还举了一些。从上面几个简略的例子里可以看出，《法显传》对研究印度中世纪佛教，有多么重要的意义。

　　我还想再举两个例子。一个是印度当代著名的史学家 R.S.Sharma 的《古代印度的首陀罗》②这是一部颇为著名的书，得到印度国内外学者们的广泛赞誉。在本书第七章讲农民阶级与宗教权利时，著者在四处引用了《法显传》，都是上面高善必引用的那一段。第 286 页，引用"不食葱蒜，唯除旃荼罗"，第 290—291 页，引用"（旃荼罗）若入城市，则击木自异，人则识而避之，不相唐突。"第二个例子是 Bordwell L.Smith 的《笈多文化论集》③。这是一部论文集，著者不是一个人，讨论的题目也不尽相同。其中有几篇文章引用《法显传》。第 7 页，A.L.Basham 在序言中讲到旃荼罗入城市击木自异的情况。第 38 页，A.K.Narain 在《古代印度特别是笈多时期的宗教政策和宽容》这一篇论文中，引用了《法显传》来说明当时佛教兴隆的情况。第 130 页，132—133，136—140，147—148，B.G. Gokhale 在《笈多时期的佛教》

① *Studies in the Buddhistic Culture of India*, Motilal Banarsidass, Delhi, Varanasi, Patna, second revised ed, 1977.
② *Sūdras in Ancient India*, Motilal Banarsidass, 1958.
③ *Essays on Gupta Culture*, Motilal Banarsidass, 1983.

这一篇论文中，引用了《法显传》来说明月护王（376—414年）时期的印度佛教状况，特别是佛教寺院中研究经、律、论的情形。

除了以上四本书以外，引用《法显传》的书籍还多得很，这里无法一一列举了。

我在上面先介绍了晋宋时期中国佛教发展的情况，然后介绍了法显的生平和他对中国和世界的影响。总起来可以这样说，法显活动的两晋南北朝时期是中国佛教发展和中印文化交流的高峰时期之一。他留下的佛典译文，特别是他的《法显传》，到现在仍然保留着自己的活力，起着相当大的影响。他对促进中印两国的文化交流和人民的传统友谊，也有不可磨灭的功绩。《法显传·跋》中有几句话："于是感叹斯人，以为古今罕有。自大教东流，未有忘身求法如显之比。"法显是当之无愧的。中国人民永远不会忘掉他，印度人民也不会忘掉他。

1989年5月16日写毕

佛教的传入中国

——两种文化的撞击和吸收阶段

　　印度佛教兴起于公元前 6—前 5 世纪，佛祖释迦牟尼生存时代约与中国的孔子相同。最初佛教规模比较小，以后逐渐扩大，而且向国外传播。也传到了中国。

　　佛教传入中国，是东方文化史上，甚至世界文化史上的一件大事。其意义无论怎样评价，也是不会过高的。佛教不但影响了中国文化的发展，而且由中国传入朝鲜和日本，也影响了那里的文化发展，以及社会风俗习惯。佛教至今还是东方千百万人所崇信的宗教。如果没有佛教的输入，东方以及东南亚南亚国家今天的文化是什么样子，社会风俗习惯是什么样子，简直无法想象。

　　至于佛教究竟是怎样传入中国的？什么时候传入中国的？现在还无法说得很确切，很清楚。这是一个异常复杂的学术问题，学者关于这个问题的著作连篇累牍，大家在各个方面都同意的结论，也还没有，我在这里存而不论。如有兴趣，可参阅汤用彤先生的《汉魏两晋南北朝佛教史》，以及梁启超、任继愈诸位先生众多的论文和专著。

至于佛教是怎样传进来的？传进来的道路又是什么？这些都是极端复杂的问题，我在这里不能详细讨论，我只能大体讲一个轮廓，着重讲一讲我自己对这个问题多年以来探讨的结果，以求教于高明。

我觉得有必要先讲一个相当有趣的看法，以资谈助。日本学者藤田丰八有一个见解，他先引《史记·秦始皇本纪》里的一句话：

> 禁不得祠明星出西方。

他认为"不得"就是梵文 Buddha（一般音译为"佛陀"）的音译，这句话的意思是秦始皇禁佛陀的庙，或者对佛陀的祭祀。结论是印度佛教在秦始皇（公元前246—前209年）时代已经传入中国。这当然只能算是一个笑话。想不到中国有一位学者在各不相谋的情况下，也提出了同样的主张。尽管是"英雄所见略同"，但同样贻笑士林。因为许多学者都指出来过，像"禁不得什么什么"这样的句子在当时是颇为习见的，决不会是什么另外的解释。

闲言少叙，书归正传。在佛教传入中国这个问题上，最习见的说法是汉明帝（58—76年）永平求法。这个说法最早见于《牟子理惑论》等书。《理惑论》说：

> 昔孝明皇帝梦见神人，身有日光，飞在殿前，欣然悦之。明日，博问群臣：此为何神？有通人傅毅曰："臣闻天竺有得道者，号之曰'佛'，飞行虚谷，身有日光，殆将其神也。"于是上悟，

遣使者张骞、羽林郎中秦景、博士弟子王遵等十二人，于大月支写佛经四十二章，藏在兰台石室第十四间。时于洛阳城西雍门外起佛寺。（下略）

所谓"永平求法"，大体上就是这个样子。《理惑论》里没有提到摄摩腾、竺法兰的名字，也没有"白马寺"这个名字。这几个名字都是较晚在别的书中出现的。研究中国佛教史的学者们大都认为，这个说法，尽管流传甚广，却是靠不住的。佛教传入中国从种种迹象来看，肯定早于汉明帝。

但是，这个说法就一点历史事实都没有吗？根据我自己最近几十年来的研究与考虑，我觉得，其中确有一点十分有价值的内容或者暗示。我是专门研究所谓"混合梵语"或"佛教梵语"的，对古代中亚（中国的新疆是其中一部分）的民族语言，比如吐火罗语 A 和 B，也稍有所涉猎。在探讨佛教梵语本身语言特点之外，时常涉及印度佛教在国内传布的问题。在这方面，在我的比较多的论文中，有两篇与这个问题有关，一篇是 1947 年写的《浮屠与佛》①，一篇是 1989 年写的《再论浮屠与佛》②。文长不具引。我只将我的推论方式和研究结论在这里简要地介绍一下。

在这里，关键是"浮屠"与"佛"这两个词儿。"浮屠"是梵文 Buddha 的音译，对此学者们毫无意见分歧。至于"佛"，则问题颇多。流行的意见是"佛"是 Buddha 另一个音译"佛陀"的缩写。但是，这个意见是有问题的。汤用彤先生指出"汉代称佛为浮屠"，这应该怎样来解释呢？为了方便起见，我把梵文 Buddha 这个字在不同语言中的表

① 见拙著《中印文化关系史论文集》，第 334–347 页。
② 见《历史研究》1990 年第 2 期。

现形式列表如下：

大夏文	bodo, boddo, boudo
吐火罗文	pät, pud, pūd
拜火教经典的中古波斯文（巴利维文）	bwt
摩尼教安息文	bwt / but /
摩尼教粟特文	bwty, pwtyy
佛教粟特文	pwt
回鹘文	but, bur
达利文	bot

上面这个表中的字可以明显地分为两组：大夏文为一组；其余的中亚古代民族语言为一组。第一组大夏文的 bodo，boddo，boudo 与汉文音译的"浮屠"完全对应；而其余的则又同汉文音译的"佛"完全对应。可见"佛"字决不是"佛陀"的缩写，而是另有来源。从梵文 Buddha 这个字的汉文音译来看，佛教从印度向中国传布，共有两条途径：

（1）印度→大夏（大月支）→中国

Buddha → Bodo，Boddo，Boudo →浮屠

（2）印度→中亚新疆小国→中国

Buddha → But 等→佛

《理惑论》中说，中国派人到大月支去写佛经四十二章，当时的大月支这个游牧民族正居住在大夏。《理惑论》这一句话是符合历史事实的，汉代之所以称佛为"浮屠"，也完全可以得到满意的解释。总之，印度佛教不是直接传入中国的，途径有两条，时间有先后。最早的是通过大夏，以后是通过中亚某些古代民族，吐火罗人最有可能。

我这个看法，颇得到一些同行们的赞赏。

总之，佛教就这样传进了中国。佛教既然属于精神文明的范畴，它同物质文明不同，必然受到我在上面导言中提到的异族文化相遇时出现的规律的制约。它初入中国时，必然会有一个撞击的过程或者阶段。不过，我在这里必须指出，中华民族是一个对宗教比较宽容的国家，不管是本土的宗教，还是外来的宗教，都一视同仁，无分轩轾。中国历史上并没有像其他一些国家那样有十分剧烈的宗教战争。欧洲的十字军东征是一个最突出的例子。我这样说丝毫也没有评价的意义，我不是说哪一个宗教好，哪一个宗教坏，我只不过是指出一个历史事实而已。在这样的情况下，印度的佛教传入中国，同本国的宗教或者文化，特别是伦理道德方面，是有撞击的，但是不激烈，不明显；表面上来看，似乎一下子就和平共处了。

一点不撞击也是违反规律的。仔细研究一下佛教初入中国的情况，明显的表面的撞击没有发现，但是从佛教所抱的态度和它所倡导的伦理来看，撞击的痕迹隐约可见。从前汉开始一直到后汉，鬼神方术的信仰在社会上极为流行，这些与佛教教义是根本相违的。也许佛教在这方面碰过一些小钉子，也许是为了避免碰钉子，自己来一个先发制人的手段，先韬晦一下，遂以方术自隐，结果是顺利地通过了最难过的第一关。

在伦理观点方面，我也可以举一个例子。众所周知，孝在中国传统的伦理道德中占有极其崇高的地位。社会风习不必说了，连帝王也几乎全部以孝治天下。不管他们的行为有时与孝绝对相违，口头上却不得不这样表白。佛教要求信徒出家，这就与中国的"不孝有三，无后为大"的道德教条根本对立。怎么办呢？也只好迁就现实，暂时韬晦。在后汉三国时期翻译的佛经中，有不少讲到孝的地方。我现在举几个例子：

　　吴康僧会译《六度集经》第一：子存亲全行，可谓孝乎？（《大正新修大藏经》[①]）

　　失译人名在后汉录《大方便佛报恩经》第一：佛法之中，颇有孝养父母不耶？[②]

　　欲令众生孝养父母故，以是因缘故，放斯光明。[③]

　　欲令众生念识父母，师长重恩故。[④]

　　为孝养父母知恩报恩故，今得速成阿耨多罗三藐三菩提。[⑤]

　　例子不必再多举了。你看，最早的汉译佛经是多么强调这个"孝"字呀！梵文里面不是没有与汉文"孝"字相应的字，比如 Matrjña pitrjña 等；但是这些字都决非常用常见的字，它们在佛经甚至印度其他古代经典中所占的地位，完全无法同"孝"字在中国经典中的地位相比。佛教为了适应中国的伦理道德，不得不作出这样的姿态。关于这个问题，中外学者有很多人都注意到了，日本著名的梵文学者中村元博士就是其中之一。

　　从上面举的两个小例子中也可以看出，佛教传入中国后，为了适应新环境，不得不采取一些比较隐晦的手段，使撞击不至于激化。这事实本身就说明，撞击是存在的。由于佛教徒手法的高明，撞击被掩盖起来了。

　　不管怎样，印度的佛教传到中国来了，印度的佛教在中国立定脚跟

---

① 《大正新修大藏经》（以下简写为Ⓧ，当页的上、中、下栏表示为 a、b、c）卷 1,6a。

② Ⓧ卷 1,124c。

③ Ⓧ卷 1,125a。

④ Ⓧ卷 1,127b。

⑤ Ⓧ卷 1,127c。

了。这在中印文化关系史上是一件大事，不能不大书特书一笔的。

我在上面已经提到，中印两国文化相遇时的撞击过程，比较隐晦，时间也不长，吸收阶段立刻就上来了。但我决不是说，这就是一劳永逸的，这也是完全不可能的。在这以后的千百年中，中国的传统文化与外来的佛教还不断有一些小的磨擦，比如六朝时代沙门不敬王者论的辩论，一些君王排佛的行动，所谓"三武灭佛"等，以及一些也不一定就算是正统儒家的学者的排佛，韩愈是一个众所周知的例子，如此等等，我认为这也是正常的现象，用不着大惊小怪。反正在中国没有残酷的宗教战争，这总是一个历史事实。

再回头来谈后汉三国时佛教初传入时的情况。撞击阶段基本上一过，吸收阶段立刻随之而来。根据中国历史的记载，最早崇信佛法的人，不是平民老百姓，而是宫廷贵族或者大官僚。《后汉书·光武十王列传·楚王英传》，记载着楚王英遣郎中令奉黄缣白纨三十四，"以赎愆罪"，诏报曰：

> 楚王诵黄老之微言，尚浮屠之仁祠，洁斋三月，与神为誓，何嫌何疑，当有悔吝？其还赎，以助伊蒲塞桑门之盛馔！

这是一段十分值得重视的记载。第一，这件事情发生在汉明帝永平八年（65 年）。它说明，至晚在公元 1 世纪中叶，佛教已经得到了比较广泛的传播。因此，正如我在上面说过的那样，"永平求法"说是靠不住的，它必定在永平前已经传入中国。其次，这里面出现了两个音译：伊蒲塞和桑门。"伊蒲塞"，梵文是 upāsaka，一般音译为"优婆塞"，还有"邬波斯迦"等，出现比较晚；意译是"近事"。"桑门"，梵文是 śramaṇa，音译为"室啰末拿""舍啰磨拿"等，出现比较晚。"桑门"和另一个音译"沙门"，显然不会是直接从 śramṇa 译过来的，而是更接近巴利文的 śamaṇa。但估计巴利文也不会是"桑门"的直接来源。这个音译的直接来源只能是中亚一个古代民族的语言。这就可以说明我在上面已经谈到过的印度佛教传入中国的途径是中亚。不管怎样，在公元 1 世纪印度佛教的专名词已经在中国，至少在中国一部分人中间流行了。

约在楚王英崇信佛教之后的一百年左右，汉桓帝又并祭二氏，指的是佛家和老子。桓帝延熹九年（166 年），襄楷上书说：

> 又闻宫中立黄老浮屠之祠。此道清虚，贵尚无为，好生恶杀，省欲去奢。今陛下嗜欲不去，杀罚过理，既乖其道，岂获其祚哉！

前面是一个"王"，后面是一个"帝"，都相信了佛教，可见佛教在最高层人士中有了基础。但是这一王一帝都不是专诚信佛，而是佛老兼信，由此又可见佛教的基础还不那么牢固，远远没有能达到垄断的地位。

再晚一些时候，在汉灵帝中平五年（188 年）至汉献帝初平四年（193 年）之间，一个叫笮融的人大起浮图祠。《三国志·吴志·刘繇传》说：

> 笮融者，丹阳人。初聚众数百，往依徐州牧陶谦。谦使督广陵丹阳运漕。遂放纵擅杀，坐断三郡委输以自入，乃大起浮图祠，以铜为人，黄金涂身，衣以锦采，垂铜槃九重，下为重楼，阁道可容三千余人，悉课读佛经。令界内及旁郡人有好佛者听受道，复其他役，以招致之。由此远近前后至者，五千余人户。每浴佛，多设酒饭，布席于路，经数十里，民人来观及就食，且万人，费以巨亿计。

看样子，这一位笮融像一个游侠似的人物，是一个地头蛇，聚集了一帮子人，乘天下扰攘之时，弄到了一个官。他一方面"放纵擅杀"，另一方面又信了佛，塑佛像，举办浴佛节，招待人们吃饭，布席数十里，食者万人，气魄真够大的。这里值得注意的是，第一，中国造像立寺，这是首次见于记载；第二，佛教已经从宫廷王府走向平民老百姓，基础牢固了，势力增强了。

从楚王英和笮融归依佛教的行动中，我们约略可以看出汉代佛法地理上之分布。楚王英的辖区跨今天的山东、江苏、河南、安徽等省，治所在彭城（今徐州）。后来楚王废徙丹阳，跟随着他南移的有数千人。这些人中，即使不全是佛教徒，至少有一部分是。笮融是丹阳人，他归依佛教必有根源，决非偶然行动。由此可见，淮河南北地区是当时佛教中心之一，而且是最大的中心，似无可疑。但是，佛教是从哪里传到这里来的呢？有人因此就提出了印度佛教最初是由海路传来中国的。我在上面已经谈到佛教从陆路传来中国的过程。但是，我并没有明确排除海路传来的可能。在当时中国同西方也有海路交通。不过，从各方面的情况来判断，海路的可能几乎是没有的①。到了晚一些时候，确有从海路传来的情况；但此是后来的情况，不能与汉代相混。

排除了海路传来的可能，陆路就只能通过北方的"丝绸之路"吗？也不是的。从很早的时代起就有一条陆路从四川通过云南到缅甸再到印度的路。详细论证请参阅拙著《邹和尚与波斯》，见《中国文化与中国哲学》1989年。最近读到阮荣春先生的《早期佛教造像的南传系统》，见南京博物馆《东南文化》1990年第1、2、3期，是一篇极见工力、极有见解的文章。文章中有一段话：

---

① 汤用彤：《汉魏两晋南北朝佛教史（上）》，商务印书馆，1938年，第83-86页。

由此可见，由中国经缅甸达印度，在东汉三国间这条道是相通的。中国僧人可结队成行去印度，印度僧人带经像由此道来华传教也是可能的。事实上在早期来华僧人中，就有许多人经由此道的，这些僧人不仅驻足于四川或长江沿线，也有由此北上东洛的，中国佛教史上最早来华僧摄摩腾与竺法兰，或经由此道。腾、兰俱为中天竺人，且在《四川通志》中曾记载大邑雾中山寺为腾、兰于永平十六年（73年）创建。有趣的是，在四川地方志上载有多处寺庙建于东汉，其分布范围主要在紧邻成都的岷江区及长江线上，这不光与学者们长期以来探讨的"缅甸道"不谋而合，而且近年发现的早期造像也在这些范围之内，表明这些地区佛教造像的出现是有一定的思想基础的。[①]

这是很重要的论断，可以补充我在拙文的论点。但是，谈到摄摩腾与竺法兰，则似有问题。因为这两个人本身的存在就在虚无缥缈中，他们走的道路更难以捉摸了。[②]这并不是要取消中印交通的川滇缅古道。佛教从这里以及从海路传入中国，也是历史事实。只不过在最早的时期只能通过中亚而已。这问题我在上面已经论证过了，兹不赘。

现在谈一谈后汉三国时译经的情况。

后汉时译经著名的人物有安世高、安玄、支娄迦谶、竺佛朔、支曜、康巨、严浮调、康孟详等等。其中最有影响的人物，当然首推安世高。他从汉桓帝建和二年（148年）至灵帝建宁四年（171年），二十余年中，共出佛经三十余部。后人称他专务禅观，特专阿毗昙学，但偏

---

① 阮荣春：《早期佛教造像的南传系统》，南京博物馆《东南文化》，1990年第3期，第163-164页。

② 汤用彤：《汉魏两晋南北朝佛教史（上）》，商务印书馆，1938年，第19页，第26-28页。

于小乘。安玄共严浮调译的经，也属于小乘禅观。顺便说一句，严浮调是最早出家的汉人。同安世高同时到洛阳译经的有支娄迦谶。他活跃在灵帝光和（178—183年）和中平（184—189年）之间。他译出了《般若道行品》《首楞严》《般舟三昧》等经。他弘扬的是大乘禅观，宣传的是大乘空宗思想。竺佛朔出《道行经》，似系竺佛朔口授，支谶传译。这是中国《般若经》的第一译。支曜译有《成见光明三昧经》，与支谶所出《光明三昧》实为同本异译。康巨（亦作臣）在灵帝时出《问地狱事经》，献帝时出《中本起经》等。

三国时在吴、魏二国译经的人有支谦、康僧会、朱士行等。支谦，一名支越，月支人，是一个优婆塞（居士）。汉灵帝（168—184年）时其父来献中国，支谦就生于中国。他似乎是先学汉语，后习胡书，据说备通六国语，是一个深被华化的人。他没有见过支谶，却是支谶弟子支亮的弟子，自孙权黄武（222—228年）在南方译经，至刘禅建兴（223—237年），共出经数十部。他所出的《大明度无极经》，实即支谶《道行般若》之异译。支谦弘扬的也是大乘空宗理论。康僧会，于赤乌十年（247年）初达建业，孙权为之立建初寺。江南佛法早已流行，至此益增影响。康僧会，其先康居人，世居天竺，其父经商，移居交阯。此时越南已有佛法流布。自魏起，老庄风行。此时印度《般若方等》适来中国，大申空无之义，为时人所喜爱。《般若经》之传译，前此已有之。到了朱士行对此并不满足，于是以魏甘露五年（260年）出塞，至于阗国，写得梵文本《放光般若经》。汤用彤先生评之曰："士行之所谓佛法者，乃重在学问，非复东汉斋祀之教矣。"[①] 这是很重要的意见。

①　汤用彤：《汉魏两晋南北朝佛教史（上）》，商务印书馆，1938年，第152页。

综观后汉三国的译经传教工作，可以看出以下几个特点：

第一，译经的人，不是姓安，就是姓支，还有的姓康。"安"代表"安息"。英文是 Parthia "帕提亚国"。"支"是"月支"，"康"是"康居"。都是古代中亚一带的民族。汉人仅有几个人，严浮调、朱士行等。可见印度佛教传入中国，是经过中亚民族的媒介，这一点我在上面已经谈过。

第二，从译出的经可以看到，小乘和大乘都有，而大乘空宗似占上风。《般若经》译本之多，值得注意。

第三，我曾在《大唐西域记校注》的《前言》中谈到中国佛经翻译史上直译和意译之争。[①] 我认为，从大体上来看，翻译初期是直译，自鸠摩罗什起转向意译，而玄奘则泯混二者，成为集大成者，有如黑格尔所主张的"正题——反题——合题"三个阶段。我现在要着重指出，在初期直译阶段，也就是后汉三国时期，直译也并没有统一天下，支谦、康孟详等属于意译范畴，这可能与他们的汉化有关。

第四，汤用彤先生在他的《汉魏两晋南北朝佛教史》上，第 138—139 页，提出了一个观点：支谦、康僧会常掇拾中华名辞与理论，羼入译本，故其学非纯粹西域之佛教。牟子采老庄之言，以明佛理。康僧会亦颇采老庄名词典故，与中夏思想渐相牵合，等等。最后汤先生说："明乎此，则佛教在中国之玄学化，始于此时实无疑也。"我在上面"导言"中讲到文化交流的五个阶段。佛教在中国之玄学化属于哪一个阶段呢？我认为这只能属吸收阶段，双向吸收，距离融合还有很长一段路。

第五，我上面提到安世高的"小乘禅观"和支娄迦谶的"大乘禅观"等。大家都知道，后来菩提达摩传入的禅学逐渐发展成为禅宗，在中国延续时间最长，影响最大。但是，研究中国禅宗史者颇有人忽略了

---

① 冉云华：《中国禅学研究论集》，东初出版社 1980 年版，第 2 页。

从安世高到菩提达摩这四百来年的禅法史，连著名的印顺的《中国禅宗史》，似乎都没有能避免这个现象。我觉得，这一点也值得注意。请参阅冉云华先生的意见。[①]

1991年

（本文节选自季羡林《中印文化交流史》一文）

[①] 拙著《中印文化交流史论文集》，第180-185页。

中国佛教史上的《六祖坛经》

　　1988 年 11 月，我应香港中文大学之邀赴港讲学，在中文大学讲的题目之一是《从大乘佛教起源谈到宗教发展规律》。我从这样一个观点出发：在人类中有一部分人是有宗教需要的，宗教就是为了满足这一部分人的需要才被创造出来的。但是，人类要想生存下去，必须满足自己的生活需要，即从事物质生产活动；为了繁衍后代，不至断子绝孙，又必须从事人的生产活动，这两种生产活动，同满足宗教需要是有矛盾的，宗教的逐步发展就是为了解决二者间的矛盾的。

　　我在那一次的讲演中讲了六个问题：

　　1. 佛教的创立。小乘佛教

　　2. 小乘佛教的基本教义

　　3. 小乘向大乘过渡

　　4. 居士佛教

　　5. 顿悟与渐悟

6.宗教发展规律

我进行论证的线索大体上是这样的：公元前 6、5 世纪是印度古代思想上、政治上大震荡时期，有点像中国的春秋战国时期。人民已经有的宗教，婆罗门教，不能满足东部人民的，特别是新兴商人阶级以及个体劳动者的需要，于是产生了新宗教：佛教与耆那教。它们反对婆罗门，反对种姓制度，都得到商人阶级的大力支持。佛教最初的教义比较简单，无非是四圣谛，八正道，十二因缘。用另外一种说法是三法印或三共相（sāmānya-lakṣaṇa）：苦，无常，无我。佛教讲因缘，讲因果，符合商人资本产生利润的心理。修习方式是个人努力，求得解脱，又投合个体劳动者的心理状态，容易接受。大商人也支持，譬如给孤独长者，他们自己并不想成佛，社会不断进化，人创造的宗教也必须跟着变化。公元前三世纪，孔雀王朝大帝国建立后，宗教需要与生产力发展之间的矛盾日益暴露。小乘的格局太狭隘，不能满足社会需要。于是大乘思想逐渐萌芽。大乘思想是在小乘思想上慢慢成长、发展起来的。二者不是对立的，大小界限有时难以严格划分。我把大乘分为原始大乘（primitive mahāyāna）与古典大乘（classical mahāyāna）两个阶段。在第一阶段上，后来的典型的大乘学说还没有完全兴起，使用的语言是佛教混合梵文（Buddhist hybrid Sanskrit）。在第二阶段上，大乘典型学说空（śūnyatā）发展起来了，使用的语言是梵文，出了一些有名有姓的大师。两个阶段共同的特点是佛的数目不断增多，菩萨观点代替了涅槃观点，拜佛像、佛塔等等。最重要的改变是在修习方式方面。小乘是"自了汉"，想解脱必须出家。出家人既不能生产物质产品，也不能生产人。长此以往，社会将无法继续存在，人类也将灭亡。大乘逐渐改变这个弊端。想解脱——涅槃或者成佛，不必用上那样大的力量。你只需膜拜，或口诵佛号等等，就能达到目的。小乘功德（puṇya）要靠自己去积累，甚至累世积累；大乘功德可以转让（transfer of merit）。这样一来，一方面能满足宗教需要，一方面又与物质生产不矛盾。此时居士也改变了过去的情况。他们自己除了出钱支持僧伽外，自己也想成佛，也来说法，维摩诘是一个最典型的例子，他与小乘时期的给孤独长者形成鲜明的对照。这就是所谓"居士佛教"（Layman Buddhism），是大乘的一大特点。这样不但物质生产的问题解决了，连人的生产的问题也解决了，居士可以在家结婚。

我的论证线索简略地说就是这样。

我从这样的论证中得出了一个宗教发展的规律：用尽可能越来越小的努力或者劳动达到尽可能越来越大的宗教需要的满足。这个规律不但适用于佛教，也适用于其他宗教。

我在上面故意没有谈佛教的顿悟与渐悟，因为我今天要讲的主要内容是《六祖坛经》，而顿悟与渐悟是《六祖坛经》的关键问题，我想把这两个问题结合起来谈。我谈这两个问题的准绳仍然是我在上面提出来的宗教发展规律。

顿悟与渐悟的问题，印度佛教小乘不可能有。大乘有了一点萌芽：但并没有系统化，也没有提顿悟与渐悟的对立。因此，我们可以说，印度没有这样的问题。这个问题是佛教传入中国以后才提出而且发展了的。

顿悟与渐悟的问题同中国的禅宗有密切的联系。中国禅宗的历史实际上非常简单，一点也不复杂。但是中国佛教徒接受了印度和尚那一套烦琐复杂的思维方式和论证方法，把禅宗起源问题搞得头绪纷繁。中国禅宗自谓教外别传。当年灵鹫山会上，如来拈花，迦叶微笑，即是传法。迦叶遂为禅宗初祖。至第二十七祖般若多罗付法予菩提达摩。达摩来华，是为中国禅宗初祖[1]。这些故事捏造居多，没有多少历史价值。

---

[1] 汤用彤：《隋唐佛教史稿》，中华书局1982年版，第186页。

根据任继愈《汉唐佛教思想论集》[1]，佛教的目的在成佛，在南北朝时期，对于成佛有各种不同的说法。"有人以为成佛要累世修行，积累功德，这是小乘佛教一般的主张，像安世高以来的小乘禅法就是这样主张的；有人主张可以逐渐修行，到了一定阶段，即可得到飞跃，然后再继续修行，即可成佛，像支遁林、道安等就是这样主张的；又有一派主张只要顿悟，真正充分体会佛说的道理，即可以成佛，像竺道生等就是这样主张的。"竺道生是否就是顿悟说的创始人呢？看样子还不是。在他之前，此说已有所萌芽。这个问题颇为复杂，我在这里不去讨论，请参阅汤用彤：《汉魏两晋南北朝佛教史》，第十六章：竺道生。

从此以后，顿悟说又继续发展下去。道生生存和活动跨四、五两个世纪。约在三百年以后，到了禅宗六祖慧能（638—713年），中国的禅宗和顿悟学说达到了一个转折点。有人主张，慧能以前，只有禅学，并无禅宗，禅宗和顿门都是由慧能创始的。[2]无论如何，大扇顿风，张皇禅理，在中国佛教史上，慧能是关键人物。他的弟子法海集记《六祖坛经》，开头就说"南宗顿教最上大乘摩诃般若波罗蜜经六祖惠能大师于韶州大梵寺施法坛经"。全书宣扬的无非是"顿悟见性，一念悟时，众生是佛，从自心中顿见真如本性"[3]。

怎样来解释顿悟与渐悟的利弊优劣呢？我仍然想从我自己提出的宗教修行与生产力发展之间的矛盾这个观点来解释。从这个观点上来看，顿悟较之渐悟大大有利，要渐悟，就得有时间，还要耗费精力，这当然会同物质生产发生矛盾，影响生产力的发展。顿悟用的时间少，甚至可以不用时间和精力。只要一旦顿悟，洞见真如本性，即可立地成佛。人

---

① 人民出版社 1981 年版，第 40-41 页。

② 郭朋：《坛经校释》，中华书局 1986 年版，序言，第 1 页。

③ 汤用彤：《隋唐佛教史略》，中华书局 1982 年版，第 189 页。

人皆有佛性，连十恶不赦的恶人一阐提也都有佛性。[①] 甚至其他生物都有佛性。这样一来，满足宗教信仰的需要与发展生产力之间的矛盾就一扫而光了。

我强调发展生产力与宗教信仰之间的矛盾，不是没有根据的。中国历史上几次大规模的排佛活动，都与经济也就是生产力有关。专就唐代而论，韩愈的几篇著名的排佛文章，如《原道》《论佛骨表》等，讲的都是这个道理。文章是大家都熟悉的，不再征引。我在这里引几篇其他人的文章。唐德宗时杨炎奏称："凡富人多丁，率为官为僧。"孙樵《复佛寺奏》："若群髡者，所饱必稻粱，所衣必锦縠，居则邃宇，出则肥马，是则中户不十，不足以活一髡。武皇帝元年，籍天下群髡者凡十七万，夫以十家给一髡，是编民百七十万困于群髡矣。"辛替否《谏兴佛寺奏》："十分天下之财而佛有七八。"连不能说是排佛的柳宗元在《送如海弟子浩初序》中也说："退之所罪者其迹也。曰：髡而缁，无夫妇父子，不为耕农蚕桑而活乎人。若是，虽吾亦不乐也。"类似的论调还多得很，不一一征引。这里说得再清楚不过了，排佛主要原因是出于经济，而非宗教。僧人不耕不织，影响了生产力的发展，因而不排不行。这就是问题关键之所在。

在所有的佛教宗派中，了解这个道理的似乎只有禅宗一家，禅宗是提倡劳动的。他们想改变靠寺院庄园收入维持生活的办法。最著名的例子是唐代禅宗名僧怀海（749—814年）制定的"百丈清规"，其中规定，禅宗僧徒靠劳作度日，"一日不作，一日不食"。在中国各佛教宗派中，禅宗寿命最长。过去的论者多从学理方面加以解释。不能说毫无道理，但是据我的看法，最重要的原因还要到宗教需要与生产力发展之

---

① 请参阅 Ming-Wood Liu, *The Problem of Icchantika in the Mahāyāna Mahā-parinirvāṇa Sūtra*, The Journal of the International Association of Buddhist Studies, vol.7, No.1, 1984.

间的关系中去找，禅宗的做法顺应了宗教发展的规律，所以寿命独长。我认为，这个解释是实事求是的，符合实际情况的。

在世界上所有的国家中，解决宗教需要与生产力发展之间的矛盾最成功的国家是日本。他们把佛的一些清规戒律加以改造，以适应社会生产力的发展，结果既满足了宗教需要，又促进了生产力的发展，成为世界上的科技大国。日本著名学者中村元博士说："在日本，佛教的世俗性或社会性是十分显著的。"[①] 日本佛教之所以能够存在而且发展，原因正在于这种世俗性或社会性。

我的题目是讲"六祖坛经"，表面上看上去我基本上没大讲《六祖坛经》，其实我在整篇文章中所阐述的无一不与《坛经》有关。根据我的阐述，《六祖坛经》在中国佛教史上的地位和重要性不言自明了。

最后我还想提出一个与顿渐有关的问题，供大家思考讨论。陈寅恪先生在《武曌与佛教》这篇论文中[②]，引谢灵运《辨宗论》的一个看法：华人主顿，夷人主渐。谢灵运的解释是："华民易于见理，难于受教，故闭其累学，而开其一极。夷人易于受教，难于见理，故闭其顿了，而开其渐悟。"我觉得，这是一个很有趣的问题，它牵涉到民族心理学与宗教心理学，值得探讨，谨提出来供大家思考。

1989年8月3日

---

① 中村元：《日本佛教的特点》，《中日第二次佛教学术会议论文》，1987年10月。
② 见《金明馆丛稿》二编。

佛经的翻译与翻译组织

　　佛教是公元前传入中国的，具体的时间现在还无法确定。最初不是直接从印度传来的，而是间接经过中央亚细亚和新疆一带的、有些今天名义上已经不存在的民族，如大月支、安息、康居等国传入的。这从最初译经者的姓名以及梵文译音 ① 中可以清楚地看到。流传很广的所谓汉明帝夜梦金人、派人西行求法的故事，是捏造的；摄摩腾和竺法兰的故事也是完全靠不住的 ②。

　　初期的译经者差不多都是从中亚一带来华的高僧，后来也逐渐有了从印度直接来的。到印度去留学的中国和尚最初

　　① 季羡林：《浮屠与佛》《吐火罗语的发现与考释及其在中印文化交流中的作用》，见《中印文化关系论文集》三联书店1982年版，第323页，第97页。
　　② 汤用彤：《汉魏两晋南北朝佛教史（上）》，《永平求法传说之考证》。

是没有的。最早译过来的佛经不是直接根据梵文或巴利文，而是经过中亚和新疆一带今天已经不存在的许多古代语言转译过来的，比如焉耆语（吐火罗语A）和龟兹语（吐火罗语B）等都是。

因为汉文和梵文以及中亚这些古代语言都是很难掌握的，从外国来华的和尚想要翻译佛经，必须同中国和尚或居士合作才能胜任。僧祐《出三藏记集》卷一说："或善胡义而不了汉旨，或明汉文而不晓胡意。"① 说的就是这种情况。《梁高僧传》卷一《维祇难传》说："时吴士共请出经。难既未善国语，乃共其伴律炎，译为汉文。炎亦未善汉言，颇有不尽。志存义本，辞近朴质。"② 同卷《支楼迦谶传》说："（安）玄与沙门严佛调共出《法镜经》。玄口译梵文，佛调笔受。理得音正，尽经微旨。郢匠之美，见述后代。"③《宋高僧传》卷三说："初则梵客华僧，听言揣意。方圆共凿，金石难和。椀配世间，摆名三昧。咫尺千里，觌面难通。"④ 这里说的也都是这种情况。

在这样的情况下，直译就在所难免。比如《梁高僧传》卷一《支楼迦谶传》说："（竺佛朔）弃文存质，深得经意。"⑤ 所谓"质"，就是勉强把意思表达出来，文采却无法兼顾。当然，在后汉三国时代，译经方法也并不完全整齐划一。比如支谦的译文就比较接近于意译。这在当时算是一个例外，而且他的意译还是处在比较原始的阶段，不能算是开创一代新的译风。一直到了晋代的道安，情况还没有变化。《梁高僧传》卷五《道安传》说："初经出已久，而旧译时谬，致使深义，隐没

---

① 《大正大藏经》（以下简写为㊣，当页的上、中、下栏表示为 a、b、c）卷 55,4c。
② ㊣卷 50,326b。
③ ㊣卷 50,324c。
④ ㊣卷 50,723a-b。
⑤ ㊣卷 50,324b。

未通。"① 可见翻译佛经问题之大。道安虽然是一位很有学问而又非常虔诚的和尚，但由于自己不通梵文，也只好提倡直译。他说："诸出为秦言，便约不烦者，皆蒲陶酒之被水者也。"② 为了不让蒲陶（葡萄）酒被水，只有直译一途。在《出三藏记集》卷八《摩诃钵罗若波罗蜜经抄序》中，他提出"五失本""三不易"的学说。他说："前人出经，支谶、世高审得胡本难系者也。又罗、支越斫凿之巧者也。巧则巧矣，惧窍成而混沌终矣。"③ 这是道安对后汉三国译经的批评。在《出三藏记集》卷十《十四卷本鞞婆沙序》中，他又转述赵政的意见说："昔来出经者，多嫌胡言方质，而改适今俗，此政所不取也。何者？传胡为秦，以不闲方言求知辞趣耳。何嫌文质？文质是时，幸勿易之。"④ 他自己说："遂案本而传，不令有损言游字，时改倒句，余尽实录也。"⑤ 所有这些话都清楚表明道安主张直译的理论与根据。

在这个直译的阶段中，有许多佛经文句是从梵文原文逐字逐句译过来的，因而异常难懂。如果不与梵文原文对照，简直不知所云。梵汉两种语言，语法结构是非常不相同的。梵文不但名词、代词、形容词的变格和动词的变位异常复杂，而且词序也同汉语完全不同，如果直译，必然会产生诘屈聱牙的文体。这当然会影响佛教教义的宣传；但是在初期阶段，这情况有时是难以避免的。

这种直译的风气一直到了鸠摩罗什才有了根本的改变。慧皎《梁高僧传》卷五《道安传》说："安终后十六年，什公方至。什恨不相

---

① 大卷 50,352a。
② 《出三藏记集》卷 11，道安《比丘大戒序》。大卷 55,80b。
③ 大卷 55,52c。
④ 大卷 55,73c。
⑤ 大卷 55,73c。

见，悲恨无极。"① 可见罗什对道安之推重。但是他们的译风却是很不相同的。鸠摩罗什"不严于务得本文，而在取原意"。《梁高僧传》卷二《鸠摩罗什传》中说："什既率多谙诵，无不究尽，转能汉言，音译流便。既览旧经，义多纰缪，皆由先度失旨，不与梵本相应。"② 僧祐《出三藏记集》卷一说："逮乎罗什法师，俊神金照；秦僧融肇，慧机水镜；故能表发翰挥，克明经奥，大乘微言，于斯炳焕。""然文过则伤艳，质甚则患野，野艳为弊，同失经体。故知明允之匠，难可世遇矣。"③ 这里说的是，完全直译不行，这有点"野"；只注意文笔华丽也不行，这有点"艳"。只有罗什可以做到得乎其中。《梁高僧传》卷六《僧叡传》说："昔竺法护出《正法华经·受决品》云：'天见人，人见天。'什译经至此，乃言：'此语与西域义同，但在言过质。'叡曰：'将非人天交接，两得相见？'什喜曰：'实然。'"④ 这一个生动的例子，可见罗什的译风。

但是，如果仔细推究起来，就连这一位号称"转能汉言"的鸠摩罗什，也并不能华梵兼通。《出三藏记集》卷十僧叡《大智释论序》说："法师（鸠摩罗什）于秦语大格，唯识（译）一法（往），方言殊好犹隔而未通。苟言不相喻，则情无由比。不比之情，则不可以托悟怀于文表；不喻之言，亦何得委殊涂于一致，理固然矣。"⑤ 这里对翻译的困难说得非常清楚，连一代大师鸠摩罗什也不能例外。外国来华的高僧，不管他们的汉文学到什么程度，因为他们毕竟是外国人，所以必须同中国僧人配合协作，才能把翻译的工作做好。这个道理是非常清楚的。

---

① Ⓣ卷 50,354a。

② Ⓣ卷 50,332b。

③ Ⓣ卷 55,4c-5a。

④ Ⓣ卷 50,364b。

⑤ Ⓣ卷 55,75b。

道安的弟子慧远曾企图折衷直译与意译。《出三藏记集》卷十慧远《大智论抄序》说："于是静寻所由，以求其本，则知圣人依方设训，文质殊体。若以文应质，则疑者众；以质应文，则悦者寡……令质文有体，义无所越。"① 但是影响不大，不能算是开辟了一个新阶段。

在佛经翻译史上，玄奘可以说是开辟了一个新的时代。他不像隋僧彦琮那样幻想废译，人人学梵。彦琮说："则应五天正语充布阎浮；三转妙音并流震旦；人人共解，省翻译之劳，代代咸明，除疑网之失。"② 他也深切了解翻译中的困难与问题。他本人既通华言，又娴梵语，在印度留学十几年，参加过印度宗教哲学的大辩论，对印度各教派，对佛教中的各宗派都有深刻的研究。他怀着一腔宗教的虔诚，总结了在他以前几百年翻译工作的经验，创立了一种前所未有的新的译风。《续高僧传》卷四《玄奘传》说："自前代以来，所译经教，初从梵语倒写本文，次乃回之，顺同此俗。然后笔人乱理文句，中间增损，多坠全言。今所翻传，都由奘旨，意思独断，出语成章；词人随写，即可披玩。"③

这种新的译风还表现在另外一些方面。《大唐大慈恩寺三藏法师传》卷十说："至（显庆）五年春正月一日起首翻《大般若经》。经梵本总有二十万颂。文既广大，学徒每请删略，法师将顺众意，如罗什所翻，除繁去重。作此念已，于夜梦中，即有极怖畏事，以相警诫。或见乘危履崄，或见猛兽搏人，流汗战栗，方得免脱，觉已惊惧。向诸众说，还依广翻。"④

他可能做这样的梦。但我认为，如果真做这样的梦的话，也只是他主观愿望的一种表现：他不赞同鸠摩罗什那种删略梵文原文的做法。他

---

① 大卷 55,76b。

② 《续高僧传》卷 2《彦琮传》。大卷 50,438c。

③ 大卷 50,455a。

④ 大卷 50,275c–276a。

主张忠实地翻译原文全文。

《续高僧传》卷四《玄奘传》又说："前后僧传往天竺者，首自法显、法勇，终于道邃、道生，相继中途，一十七返，取其通言华梵，妙达文筌，扬导国风，开悟邪正，莫高于奘矣。"[①] 又说："世有奘公，独高联类。往还震动，备尽观方，百有余国，君臣谒敬。言议接对，不待译人。披析幽旨，华戎胥悦，故唐朝后译，不屑古人。执本陈勘，频开前失。"[②]

玄奘不但毕生亲自参加翻译实践，而且根据穷年累月积累的经验，创立有关翻译的理论。"唐奘法师论五种不翻：一秘密故，如陀罗尼。二含多义故，如薄伽梵具六义。三此无故，如阎浮树，中夏实无此木。四顺古故，如阿耨菩提，非不可翻，而摩腾以来常存梵音。五生善故，如般若尊重，智慧轻浅。"[③]

近代学者对玄奘也有很高的评价。比如章太炎说："佛典自东汉初有译录，自晋、宋渐彰，犹多皮傅。留支、真谛术语稍密。及唐玄奘、义净诸师，所述始严栗合其本书，盖定文若斯之难也。"[④] 这种对玄奘的赞美，我认为，他是当之无愧的。

要想具体细致地描述玄奘新创的译风，需要很多的篇幅，这里不是最适当的地方。简而言之，我们可以说，他的译风，既非直译，也非意译，而是融会直意自创新风。在中国翻译史上达到了一个新的高峰，开辟了一个新的时代。如果允许我们借用辩证法术语来表达的话，这种发展可以说是完全合乎辩证法的规律：这是否定之否定。如果允许我们再

---

① ⑦卷 50,458c。

② ⑦卷 50,459c。

③ 四部丛刊，《翻译名义集序·周敦义序》。

④ 章炳麟：《初步梵文典序》，《章氏丛书·大炎文录·别录三》，浙江图书馆。

借用黑格尔的说法的话，这种发展可以说是符合他的三段式：正题——反题——合题。由低级阶段向高级阶段发展时，高级阶段保留了低级阶段的某一些肯定的特点，向前发展下去，达到更高的阶段。

因为翻译工作必须有多人协作，这就需要有一个组织。最初的组织人少，也很简单，而且松散，基本上只有两个人：一个懂梵文的为主译，一个通汉文的为笔受。佛经梵文原本最初没有写本，全凭记忆，一直到法显时代基本上还是这样子。所以，有时先要有一个人口诵，另外一个人或者第三个人先依其所诵写成梵字或胡字，然后才加以翻译。《出三藏记集》卷七道安《合放先光赞略解序》说："《光赞》，护公执胡本，聂承远笔受。"① 同卷《普曜经记》说："（法护）手执胡本，口宣晋言。时笔受者沙门康殊帛、法炬。"② 同书卷九《长阿含经序》说："凉州沙门佛念为译，秦国道士道含笔受。"③

后来参加人数渐多，分工渐细，逐渐形成了一个组织，叫做译场。道安可能是最初译场的创建者之一。《梁高僧传》卷五《道安传》说："安既笃好经典，志在宣法。所请外国沙门僧伽提婆、昙摩难提及僧伽跋澄等，译出众经百余万言。常与沙门法和诠定音字，详核文旨。新初众经，于是获正。"④ 这些外国沙门译经，都是在译场中进行的。

在翻译组织方面，南北朝可以说是一个过渡阶段。在这时期，情况已经同后汉有所不同了。译经不再依靠外国僧人。中国和尚到印度去求法的人多了起来。他们归国以后，既通梵语，又善华言。译起经来，自然可以避免前一阶段的那种情况，既不伤文，也不伤质。法显就是一个最著名的例子。《梁高僧传》卷三《法显传》讲到他到印度学习的经

---

① 大卷 55,48a。
② 大卷 55,48b-c。
③ 大卷 55,63c。
④ 大卷 50,354a。

过。他精通梵文是不成问题的。但是他回国以后，仍然同外国和尚协作译经。《法显传》说："遂南造京师，就外国禅师佛驮跋陀于道场寺译出《摩诃僧祇律》《方等泥洹经》《杂阿毗昙心（论）》，垂百余万言。"①这恐怕只说明，法显感到集体翻译比个人单干要好，译场这样的组织是可取的；并不像以前那样，中国和尚一离开外国和尚就寸步难行了。

在翻译组织方面，鸠摩罗什开辟了一个新的时代。他比法显稍早一点。他的译场规模非常庞大。《梁高僧传》卷二《鸠摩罗什传》说："兴少（达）崇三宝，锐志讲集。什既至止，仍请入西明阁及逍遥园，译出众经……于是兴使沙门僧䂮、僧迁、法钦、道流、道恒、道标、僧叡、僧肇等八百余人，咨受什旨。"②僧叡《大品经序》说，译《大品经》时，参加翻译工作的有五百人③。译《法华经》时，"于长安大寺集四方义学沙门二千余人，更出斯经"④。译《思益经》时，"于时咨悟之僧二千余人"⑤。译《维摩诘经》时有义学沙门千二百人参加。⑥《续高僧传》卷三《波颇传》说："昔苻姚两代，翻经学士乃有三千。今大唐译人，不过二十。"⑦

这些记载，虽然可能稍有铺张，但基本上是可靠的。罗什门下之盛，译场规模之大，恐怕是空前的了。

译场当然不限于上述的这一些。从《梁高僧传》等书的记载中可以找到下列这一些译场：东晋时有庐山慧远的般若台，陈代富春之陆元

---

① ㊛卷 50,338b。
② ㊛卷 50,332a-b。
③ ㊛卷 55,53b。
④ ㊛卷 55,57b。
⑤ ㊛卷 55,58a。
⑥ ㊛卷 55,58b。
⑦ ㊛卷 50,440b。

哲宅，陈隋间广州之制旨寺。国立译场有姚秦长安之逍遥园，北凉姑臧之闲豫宫，东晋建业之道场寺，刘宋建业之祇洹寺、荆州之辛寺，萧梁建业之寿光殿、华林园、正观寺、占云馆、扶南馆、元魏洛阳之永宁寺及汝南王宅，北齐邺之天平寺，隋长安之大兴善寺，洛阳之上林园，唐长安之弘福寺、慈恩寺、玉华宫、荐福寺，等等。这都是最著名的译场。①

我们上面已经谈到，翻译工作到了玄奘手中，达到了一个新的阶段。在翻译的组织，所谓译场方面，尽管玄奘自己华梵兼通，但仍然继承了过去的传统，仍然建立了译场。从参加人数上来看，可能比罗什的译场为少，但是分工的细致却超过了它。《续高僧传》卷四说："既承明命，返迹京师，遂召沙门慧明、灵润等以为证义，沙门行友、玄赜等，以为缀缉，沙门智证、辩机等，以为录文，沙门玄模以证梵语，沙门玄应以定字伪。其年五月，创开翻译《大菩萨藏经》二十卷，余为执笔，并删缀词理。"②《大唐大慈恩寺三藏法师传》卷六说：

> 三月己巳，法师自洛阳还至长安，即居弘福寺将事翻译。乃条疏所须证义、缀文、笔受、书手等数，以申留守司空梁国公玄龄。玄龄遣所司具状，发使定州启奏。令旨依所须供给，务使周备。夏夏六月戊戌，证义大德、谙解大小乘经论为时辈所推者一十二人至，即京弘福寺沙门灵润、沙门文备、罗汉寺沙门慧贵、实际寺沙门明琰、宝昌寺沙门法祥、静法寺沙门普贤、法海寺沙门神昉、廓州法讲寺沙门道深、汴州演觉寺沙门玄忠、蒲州普救寺沙门神泰、绵州振向寺沙门敬明、益州多宝寺沙门道因等。又有缀文大德九人

---

① 见梁启超《翻译文学与佛典》。
② ㊅卷 50，455a。

至，即京师普光寺沙门栖玄、弘福寺沙门明濬、会昌寺沙门辩机、终南山丰德寺沙门道宣、简州福聚寺沙门静迈、蒲州普救寺沙门行友、栖岩寺沙门道卓、豳州昭仁寺沙门慧立、洛州天宫寺沙门玄则等。又有字学大德一人至，即京大总持寺沙门玄应。又有证梵语梵文大德一人至，即京大兴善寺沙门玄謩。目（？）余笔受书手所司供料等并至。①

玄奘于大唐贞观二十二年五月十五日于长安弘福寺翻经院翻译《瑜伽师地论》时有下列参加人员：

弘福寺沙门知仁笔受

弘福寺沙门灵隽笔受

大总持寺沙门道观笔受

瑶台寺沙门道卓笔受

清禅寺沙门明觉笔受

大总持寺沙门辨（辩）机证文

简州福众寺沙门靖迈证文

蒲州普救寺沙门行友证文

普光寺沙门道智证文

汴州真谛寺沙门玄忠证文

弘福寺沙门明濬正字

大总持寺沙门玄应正字

弘福寺沙门玄谟证梵语

弘福寺沙门文备（备字原缺）证义

蒲州栖岩寺沙门神泰证义

---

① 大卷 50,253c-254a。

廓州法讲寺沙门道深证义

宝昌寺沙门法祥证义

罗汉寺沙门慧贵证义

宝澄寺沙门明琰证义

大总持寺沙门道洪证义

除了和尚以外，还有官僚参加：

银青光禄大夫行太子左庶子高阳县开国男臣许敬宗监阅。

大唐内常侍轻车都尉菩萨戒弟子观自在敬写西域新翻经论。①

参加人员之多，分工之细致，可以说是已经达到很高的程度。这只是《瑜伽师地论》这一部佛经翻译时译场组织的情况，玄奘翻译其他佛典时情况也差不多，这里不再详细论述了。

在唐太宗活着的时候，玄奘努力翻译。太宗逝世以后，他的努力并未少辍。《大唐大慈恩寺三藏法师传》说："（贞观二十三年五月）庚午帝崩于含风殿。时秘不言，还京发丧，殡太极殿。其日皇太子即皇帝位于梓宫之侧。逾年改元曰永徽。万方号恸，如丧考妣。法师还慈恩寺。自此之后，专务翻译，无弃寸阴。每日自立程课。若昼日有事不充，必兼夜以续之。过乙之后，方乃停笔。摄经已，复礼佛行道，至三更暂眠，五更复起。读诵梵本，朱点次第。拟明旦所翻。"②玄奘用力之勤可以想见。

玄奘利用那样一个详密的、能网罗天下人材的译场组织，再加上自己惊人的努力与精力，从贞观十九年二月元日至龙朔三年十月，十九年间，译出了佛经七十五部，一千三百三十一卷③，每年平均七十卷，而在最后四年间（显庆五年至龙朔三年），每年平均乃至一百七十卷。从

---

① ㊞卷 30,881c-882a。

② ㊞卷 50,260a。

③ 这些数字，见《大唐故三藏玄奘法师行状》。

隋初（581 年）至唐贞元五年（789 年）共二百零八年，译人五十四，译经四百九十二部，二千七百十三卷。玄奘一个人就译了七十四部，一千三百四十一卷。因此，无论从译经的量来看，还是从质来看，玄奘都是空前绝后的。《大唐故三藏玄奘法师行状》说："今日法师，唐梵二方，言词明达，传译便巧。如擎一物掌上示人，了然无殊。所以岁月未多，而功倍前哲。至如罗什称善秦言，译经十有余年，唯得二百余卷。以此校量，难易见矣。"① 我想，我们都会同意这些话吧。玄奘以后，译场的组织继续存在而且发展。我在这里简单地举几个例子。

《宋高僧传》卷三《菩提流志传》谈到菩提流志的译场组织的分工情况时说："此译场中，沙门思忠、天竺大首领伊舍罗等译梵文。天竺沙门波若屈多、沙门达摩证梵义。沙门履方、宗一、慧觉笔受。沙门深亮、胜庄、尘外、无著、怀迪证义。沙门承礼、云观、神暕、道本次文。次有润文官卢粲，学士徐坚，中书舍人苏瑨，给事中崔璩，中书门下三品陆象先，尚书郭元振，中书令张说，侍中魏知古，儒释二家，构成全美。"② 润文这个角色，一般都由大官，大概都是儒家来担任。儒佛合作，这可以说是译坛的佳话吧。同书《戒法传》说："其本道节度使杨袭古与龙兴寺僧请法为译主。翻《十地经》，法躬读梵文并译语，沙门大震笔受，法超润文，善信证义，悟空证梵文。"③ 同书《莲华传》中说："至（贞元）十二年六月，诏于崇福寺翻译。罽宾沙门般若宣梵文，洛京天宫寺广济译语，西明寺圆照笔受，智柔、智通缀文，成都府正觉寺道恒、鉴虚润文，千福寺大通证义。澄观、灵邃详定。神策军护军中尉霍仙鸣、左街功德使窦文场写进。"④

① ㋄卷 50,220b。
② ㋄卷 50,720b。
③ ㋄卷 50,721b。
④ ㋄卷 50,721b-c。

189

　　玄奘以后的伟大的翻译家应该首推义净。《宋高僧传》卷一《义净传》谈到义净的译场。他翻译《金光明最胜王》等等二十部佛经时，"北印度沙门阿俪真那证梵文义，沙门波仑、复礼、慧表、智积等笔受证文。沙门法宝、法藏、德感、胜庄、神英、仁亮、大仪、慈训等证义。成均太学助教许观监护。"①后面又说："暨和帝神龙元年乙巳，于东洛内道场，译《孔雀王经》。又于大福先寺出《胜光天子香王菩萨呪》《一切庄严王经》四部。沙门盘度读梵文，沙门玄伞笔受，沙门大仪证文，沙门胜庄、利贞证义，兵部侍郎崔湜、给事中卢粲润文正字，秘书监驸马都尉杨慎交监护。帝深崇释典。特抽叡思制《大唐龙兴三藏圣教序》。又御洛阳西门宣示群官新翻之经。二年净随驾归雍京。置翻经院于大荐福寺居之。三年诏入内。与同翻经沙门九旬坐夏。帝以昔居房部幽厄无归，祈念药师，遂蒙降祉。荷兹往泽，重阐鸿猷。因命法徒，更重传译于大佛光殿。二卷成文曰《药师琉璃光佛本愿功德经》。帝御法筵手自笔受。睿宗永隆元年庚戌。于大荐福寺出《浴像功德经》《毗奈耶杂事》《二众戒经》《唯识宝生所缘释》等二十部。吐火罗沙门达摩末磨。中印度沙门拔弩证梵义。罽宾沙门达摩难陀证梵文。居士东印度首领伊舍罗证梵本。沙门慧积、居士中印度李释迦度颇多读梵本。沙门文纲、慧诏、利贞、胜庄、爱同、思恒证义。玄伞、智积笔受。居士东印度瞿昙金刚、迦湿弥罗国王子阿顺证译。修文馆大学士李峤、兵部尚书韦嗣立、中书侍郎赵彦昭、吏部侍郎卢藏用，兵部侍郎张说、中书舍人李又二十余人，次文润色。左仆射韦巨源、右仆射苏环监护。秘书大监嗣虢王邕同监护。景云二年辛亥，复于大荐福寺译《称赞如来功德神呪》等经。太常卿薛崇嗣监护。"②监护的和润文正字的都

---

　　① ㈤卷 50,710b-c。

　　② ㈤卷 50,710c-711a。

是官员，有的甚至是大官。连皇帝本人都亲自御法筵笔受，可见李家王朝对翻译是怎样地重视。

从这样的分工中，可以看到，义净的译场对以前的译场组织有所继承，又有所发展。义净以后，唐朝译经的和尚仍然有译场的组织，《宋高僧传》中有极详细的叙述，这里不再引用。

《宋高僧传》卷三之末，赞宁把中国译经的组织做了一个小结：

> 或曰："译场经馆，设官分职，不得闻乎？"曰："此务所司，先宗译主，即贵叶书之三藏明练显密二教者充之。次则笔受者，必言通华梵、学综有空、相问委知，然后下笔。西晋伪秦以来，立此员者，即沙门道含、玄赜、姚嵩、聂承远父子。至于帝王，即姚兴、梁武、天后，中宗，或躬执翰，又谓为缀文也。次则度语者，正云译语也。传度转令生解，亦名传语。如翻《显识论》沙门战陀译语是也。次则证梵本者，求其量果，密能证知，能诠不差，所显无谬矣。如居士伊舍罗证译《毗柰耶》梵本是也。至有立证梵义一员，乃明西义得失，贵令华语下不失梵义也。复立证禅义一员，沙门大通充之。次则润文一位，员数不恒。令通内外学者充之。良以笔受在其油素，文言岂无俚俗，倘不失于佛意，何妨刊而正之。故义净译场，则李峤、韦嗣立、卢藏用等二十余人次文润色也。次则证义。盖证已译之文所诠之义也，如译《婆沙论》，慧嵩、道朗等三百人考正文义，唐复礼累场充任焉。次则梵呗，法筵肇启，梵呗前兴，用作先容，令生物善，唐永泰中方闻此位也。次则校勘，雠对已译之文，隋前彦琮复疏文义，盖重慎之至也。次则监护大使，后周平高公侯寿为总监检校，唐则房梁公为奘师监护。相次许观、杨慎交、杜行等充之。或用僧员，则隋以明穆、昙迁等十人，监掌翻译事，诠定宗旨。其处则秦逍遥园、梁寿光殿、瞻云

馆、魏汝南王宅。又隋炀帝置翻经馆，其中僧有学士之名。唐于广福等寺，或宫园不定。又置正字、字学，玄应曾当是职。后或置或否。朝延罢译事，自唐宪宗元和五年至于周朝，相望可一百五十许岁，此道寂然。[①]

赞宁这个总结是符合实际情况的。至于宋朝和宋朝以后的情况，是在我讨论范围以外的，我们就不再谈了。

---

① Ⓣ卷 50,724b–725a。

佛教教义的发展与宗派的形成

　　佛教传入中国以后，作为一个外来的宗教，首要的任务就是要努力挣扎立定脚根。要想立定脚跟，必须依附于一个在中国已经流行的、有了基础的宗教学说。必要时，甚至不惜做出一些伪装，以求得蒙混过关。在中国人方面，首先信仰这个外来的宗教的并不是普通的老百姓，而是一些上层的统治阶级的人物。他们对一个外来的、完全陌生的宗教也不能立刻了解，他们也总是拿自己固有的宗教观念去比附。这在世界上其他宗教外传时也是常常遇到的现象。

　　当佛教传入中国时，正是谶纬之学盛行的时候。当时一些皇室贵族，包括个别皇帝在内，比如东汉光武帝和明帝，都相信谶纬之学。在一般人心目中，佛教也纯为一种祭祀，它的学说就是鬼神报应。他们认为佛教也是一种道术，是九十六种道术之一，称之为佛道或释道。佛道并提是当时固定的流行的提法。《后汉书·光武十王列传·楚王英传》说：

"楚王诵黄老之微言，尚浮屠之仁祠。"襄楷上书说："闻宫中立黄老浮屠之祠。"[①]许多人，包括汉桓帝在内，并祭佛老二氏。佛教就在这样的伪装之下，在中国社会里生了根。王充《论衡》对于当时的学术、信仰、风习等都痛加贬斥，然而无一语及佛教。可见当时佛教并不怎么流行，在思想界里并不占什么地位。

为了求得生存，初期的译经大师，如安世高、康僧会之流，都乞灵于咒法神通之力，以求得震动人主和人民的视听。一直到晋代的佛图澄（公元310年至洛阳）还借此为弘教手段。不管这些和尚自己是否相信这一套神通咒法，反正他们不能不这样做。《梁高僧传》卷九《佛图澄传》中多次提到佛图澄的神异，说得活龙活现，神乎其神。"（石勒）召澄问曰：'佛道有何灵验？'澄知勒不达深理，正可以道术为征。因而言曰：'至道虽远，亦可以近事为证。'即取应器盛水烧香咒之，须臾生青莲花，光色曜目。勒由此信服。"[②]从这一个小例子中可见一斑。

从三国开始一直到晋代，佛教又附属于玄学。玄学是儒家封建伦理思想的另一种表现形式，它在当时是为门阀士族地主阶级服务的。佛教依附上玄学，不但有能力存在下去，而且还能得到发展。玄学讲什么《周易》《老》《庄》，讲什么道。有人就用这个道同佛教的般若波罗蜜多相比附，牵强附会当然难免。然而佛教教义却因而得到承认与发展。

从佛教本身的教义的输入和发展来看，最初传到中国来的是小乘教说一切有部和禅定。这同佛教在印度本土发展的历史是相适应的。在印度是先有小乘，到了公元前3世纪阿育王时代，才开始有大乘思想的萌芽。又到了公元后1世纪，中观派的理论，所谓空宗（创始者为龙

---

① 《后汉书》，卷60下。

② 《大正大藏经》（以下简写为Ⓣ，当页的上、中、下栏表示为a、b、c）卷50,383c。

树）才开始产生。佛教小乘有些部派多少还有一点唯物主义的因素。大乘佛教则完全继承了奥义书的唯心主义，只不过是使这种唯心主义更细致化、更系统化而已。最早的《四十二章经》是否是印度佛经的译本，还是个问题。汉桓帝建和二年（148年）到中国来译经的安世高译出了三十余部经，主要是说一切有部的毗昙学和禅观的理论。

同安世高同时来洛阳译经的，以支娄迦谶为最有名。他译的经多半属于大乘中观派，所谓空宗的经典，比如《道行般若经》就属于这一宗。同时稍晚一点支谦译的《大明度经》就是同一部经。朱士行西行求法，求的也是大品般若，结果在大乘盛行的于阗得到梵文《放光般若经》。这就说明，在公元2世纪的时候，印度佛教大乘的中观派理论已经传入中国。但是，这种学说并没有立刻引起注意，当然更谈不到广泛流行。时隔一百五十多年，直至魏晋以后南北朝时期，才开始引起注意。原因在哪里呢？这同我们谈到的佛教自附于玄学，是分不开的。当时的佛教理论家并没有完全忠实地按照印度空宗的理论去理解它，而是杂糅了魏晋玄学唯心主义的观点，也讲什么"以无为本"，与老庄相混淆。

晋代的高僧道安（312—385年），虽然曾说过"先旧格义，于理多违"，实际上却并没能脱出"格义"的框框。他的弟子很多都读儒书或老庄之书。《梁高僧传》卷五《昙徽传》说："释昙徽，河内人。年十二投道安出家。安尚其神彩，且令读书。二三年中，学兼经史。十六方许剃发。"① 同上书卷五《道立传》说："少出家事安公为师，善《放光经》。又以庄、老、三玄微应佛理。颇亦属意焉。"② 同上书卷五《昙戒传》说："居贫务学，游心坟典。"③ 同上书卷六《慧远传》

____
① ⑦卷 50,356b。
② ⑦卷 50,356b。
③ ⑦卷 50,356b。

说："故少为诸生，博综六经，尤善庄、老。"① 又说："远乃引庄子义为连类，于是惑者晓然。是后安公特听慧远不废俗书。"② 同上书卷六《慧持传》说："释慧持者，慧远之弟也。冲默有远量。年十四学读书，一日所得，当他一句。善文史，巧才制。"③ 因为利用儒书和老庄牵强附会来宣传佛教更容易为人们所接受，所以他就听弟子"不废俗书"。道安还劝苻坚迎鸠摩罗什，为大乘开基，他又集诸梵僧译《阿毗昙》，为小乘结束。

在这个时期，由于中国还是统一的，所以佛教还没有形成南北两大派。到了南北朝时期，南北分裂，各自独立，佛教也因之而形成两大派：南方重理论，偏于思辨，不重禅法，所谓"宏重义门，至于禅法，盖蔑如也"（《续高僧传》卷十七《慧思传》）④，就是指的这个现象。盛行的佛学是《般若》《三论》《成论》，基本上都是大乘空宗的学说。北方重修持、禅定，倾向于苦行，盛行禅法与净土的信仰，偏重戒律，并杂以阴阳方术，汉代佛法的残余似乎流行于此，汉代儒家经学的传统也似乎比较有力；在这里学风比较朴实，继承了北方宗教传统的衣钵。这是政治上南北对立在宗教上的反映。但是南北也有互相交流的一面，禅法与义学的界限并不是绝对的。隋唐之际，许多大师都主张"定慧双开""禅义兼弘"，可见其中消息。总的来说，这实际上是魏晋玄学的延续，不脱三玄的规范，并配合玄学，为门阀士族的特权辩护。

同佛教在中国形成了南北两大派差不多同时，印度佛教大乘瑜伽行者派所谓有宗也开始形成。这比起大乘的形成来要晚很多。比起中观派

---

① 大卷 50,357c。
② 大卷 50,358a。
③ 大卷 50,361b。
④ 大卷 50,563c—564a。

所谓空宗的形成来，也晚不少。传说这一派的创始者是弥勒（Maitreya-nātha，约350—430年）。这个人的存在是值得怀疑的，有的学者说实有其人，有的学者则说纯属虚构。肯定是历史人物的是无著（约395—470年）和世亲（约400—480年）①。尽管这二人的生卒年月也还不清楚，但生在四五世纪是没有问题的。这里特别值得提出的是，在无著和世亲以后，这一派出了几个著名的逻辑（因明）学者，比如陈那（6世纪）和法称（7世纪）。讲因明，必须讲因果关系，因果关系就包含着一些辩证法的因素。释迦牟尼首倡的十二因缘，属于这一类。大乘初期的创始者是反对或歪曲因缘论的。比如龙树，他不敢公然反对十二因缘，却歪曲说，十二因缘就正证明了一切事物皆非真实。有宗的这些因明学者都有勇气承认 Pramāṇa（旧译作"量"或"形量"，认识工具），承认 Pratyakṣa 和 Anumāna 的正确性，法称公然说："人类所有的成功的活动都必须以正确的知识为前提。正确的知识有两种：一种是知觉，一种是推理。"② 他们的学说对印度直接经验 Anumāna 哲学产生了很大的影响。因为瑜伽派比中观派的建立要晚二三百年，所以传到中国来的时间也相应地晚了。在中国，传译介绍有宗法相唯识之学的，在南方有陈代（557—589年）真谛，他译有《摄大乘论》等经典，有人就说，真谛建立了摄论宗。此外，真谛还译了一些有关因明的论著。在北方有菩提流支、勒那摩提，活动时期较真谛略早，所译有《十地经论》等，有人又说他们创立了地论宗。仔细研究起来，在当时还只能有学派，不可能有宗派，称之为宗，是有点勉强的。

到此为止，印度佛教的大小乘，大乘中的空宗、有宗，随着印度佛

---

① 陈真谛译《婆薮槃豆法师传》。玄奘《大唐西域记》多次提到。

② D.Chattopadhyaya, *What is Living and What is Dead in Indian Philosophy*, 恰托巴底亚耶，《印度哲学中什么是活的？什么是死的？》，新德里，1976年，第57页。

教的发展，都介绍到中国来了。印度这些宗派之间的矛盾也与之俱来。有人说，在中国这种矛盾不激烈。这是不符合实际情况的。宗教与宗教之间的斗争是很激烈的，但是一个宗教内部斗争往往比对外矛盾还要激烈，这是中外宗教史上常见的现象。中国也不能例外。首先遇到的是小乘和大乘的斗争。《梁高僧传》卷四《朱士行传》说："（士行）既至于阗，果得梵书正本凡九十章，遣弟子不如檀、此言法饶，送经梵本还归洛阳。未发之顷，于阗诸小乘学众遂以白王云：'汉地沙门，欲以波罗门书，惑乱正典。王为地主，若不禁之，将断大法。聋盲汉地，王之咎也。'王即不听赍经。士行深怀痛心，乃求烧经为证。王即许焉。于是积薪殿前，以火焚之。士行临火誓曰：'若大法应流汉地，经当不然。如其无护命也如何。'言已投经火中，火即为灭。"[1] 很显然，这一段神话是站在大乘立场上说出来的。僧祐《出三藏记集》卷五《小乘迷学竺法度造异仪记》，记载了竺法度"执学小乘，云无十方佛，唯礼释迦而已。大乘经典，不听读诵"[2]。僧祐是站在大乘立场上的，故称之为"小乘迷学"。

　　大小乘有矛盾，大乘空、有也有矛盾。最著名的、最有代表性的例子就是罗什与觉贤的矛盾。觉贤，梵名佛驮跋多罗，或佛驮跋陀，亦作佛大跋陀罗 [3]、佛度跋陀罗 [4]。他生于天竺，以禅律驰名。他游学罽宾，受业于大禅师佛陀斯那。罽宾一向是小乘萨婆多部（说一切有部）的流行地。《梁高僧传》卷二《佛陀跋陀罗传》说："常与同学僧伽达多共游罽宾。"[5] 他在那里受到萨婆多部的影响是很自然的。《出三藏记

---

① 大卷 50，346b。

② 大卷 55，41a。

③ 大卷 55，89c。

④ 汤用彤：《汉魏两晋南北朝佛教史》，第 306—307 页。

⑤ 大卷 50，334c。

集》中之萨波多部目录说："长安城内齐公寺萨婆多部佛大跋陀罗。"①
可见他原隶说一切有部。秦沙门智严到了罽宾，请他同来中国。同罗什
见了面。罗什宣扬的是大乘空宗，而觉贤服膺的是大乘有宗。罗什的禅
法，也与觉贤不同。《出三藏记集》卷九《华严经记》说："请天竺禅
师佛度跋陀罗手执梵文，译胡为晋。沙门释法业亲从笔受。"②《华严
经》属于大乘有宗。可见觉贤信仰之所在。觉贤是介绍世亲有宗入中国
的最早的和尚之一。《出三藏记集》卷二讲到《大方广佛华严经》等十
部经的翻译时说："晋安帝时，天竺禅师佛驮跋陀（罗）至江东，及宋
初于庐山及京都译出。"③同卷讲到《大般泥洹》等十一部经的翻译时
说："法显以隆安三年游西域，于中天竺师子国得胡本，归京都，住道
场寺。就天竺禅师佛驮跋陀（罗）共译出。"④

　　觉贤既然与罗什有这样的矛盾，必不能融洽共处。《梁高僧传》
本传说："闻鸠摩罗什在长安，即往从之。什大欣悦，共论法相，振
发玄微，多所悟益。"⑤但是接着就说："因谓什曰：'君所释不出人
意，而至高名何耶？'什曰：'吾年老故尔，何必能称美谈。'"⑥参
阅《出三藏记集》卷一四《佛大跋陀传》⑦。这话说得很尴尬。两人论
空，意见相左。结果"遂致流言，大被谤黩，将有不测之祸"⑧。可见
问题之严重了。这不是两人之间个人的问题，最根本的原因是二人的信
仰空、有的矛盾。由于信仰而致杀身者，中外历史不乏先例。觉贤受迫

---

① ⑦卷 55,89c。
② ⑦卷 55,61a。
③ ⑦卷 66,11c。
④ ⑦卷 55,12a。
⑤ ⑦卷 50,335a。
⑥ ⑦卷 50,335a。
⑦ ⑦卷 55,103c。
⑧ ⑦卷 50,335a。

害也就不足为怪了。

尽管大、小有矛盾，空、有有矛盾，但只能说是学派之争，还不能说是宗派之争。到了隋唐，南北统一了。一方面，佛教有了融合统一的可能性，此时不少人主张"定慧双开""禅义兼弘"，就是这种趋势的征兆。但是，佛教在中国毕竟已经过了幼年期，可以说是已经成熟了。对于佛教教理方面的一些问题，看法越来越分歧，成见越来越深。久而久之，就形成了不少的宗派。到了此时，只有到了此时，我们才能谈佛教的宗派。

宗派的滥觞好像是在北方，而盛于南方。最初萌芽的宗派几乎都属于空宗。只有流传时间极短暂的摄论宗、地论宗属于有宗。这是同印度佛教思想的发展相一致的。空宗传入中国的时候，有宗还没有出现，当然更谈不到传入中国了。

谈到宗派的形成，我上面已经谈到，在南北朝时期大体上只能有学派，还不能有宗派，很多中外的佛学研究者说中国有十宗或八宗，而且从南北朝时期已开始。这是不大符合实际情况的。梁启超《中国佛法兴衰沿革说略》中提到的宗有：大乘摄论宗、小乘俱舍宗、十地宗、三论宗、法华宗、涅槃宗、天台宗、法相宗（唯识宗、慈恩宗）、华严宗、净土宗、律宗、密宗、禅宗，有人还添上地论宗、摄论宗。在这些宗派中，各宗都有自己的教规。律宗不能成为宗；净土宗没有自己的专有理论，也不能算宗；成实、俱舍都只能算是学派，不是宗派；三论宗后被天台、禅宗所吸收，不能独立成宗。能够成为宗派的只有天台宗、华严宗、法相宗和禅宗。天台源于北齐、南陈，创于隋，流行于江浙、湖北一带，倾向于统一综合，南方义学和北方禅定都去学习，企图通过禅定来证悟般若。华严宗兴起于陈隋之间，形成于武则天时，根据地在终南山和五台山。法相宗创始者为玄奘、窥基。禅宗源于北魏菩提达摩，盛于唐，先流行于庾岭、广东、湖南、江西，然后遍及全国，流行时间最长，实际上已成为一个呵佛骂祖的宗派，已成为佛教的对立面，简直已经不是佛教了。

自南北朝以来，大量的佛经翻译过来了，印度佛教主要的经典几乎都有了汉译本，有的经典汉译本不止有一个，而是有许多个，中外僧徒翻来覆去地翻译。佛教宗派一个个地形成，佛教本身也在统治者扶持之下，流行起来了。这时在佛教教义方面，矛盾和分歧突出出来了。大乘、小乘有矛盾，大乘中空宗、有宗又有矛盾。为了调和和弥补理论上的分歧，加强内部的团结，各宗派都建立了判教的体系。换句话说，各宗派都根据自己的观点、理论，把佛教各宗的理论加以批判、整理和估价。判教源于何时，现在还说不清，最早的有慧观法师，他曾区分顿、渐、不定三教。判教之说大概起源于北凉昙无谶，盛行于北方，与宗派的形成关系很大。

在这时候，各宗派讨论批判的理论问题很多，其中最突出的就是关于佛性的问题。什么叫佛性问题呢？就是人能不能够成佛的问题。在我们看来，这个问题同西欧中世纪基督教神学家讨论一个针尖上能够站多少天使同样地荒诞不经，滑稽可笑。然而，在佛教徒看来，这却是一个天大的问题。为了麻痹善男信女，扩大自己的地盘，巩固自己手中的经济，必须提出这个问题，而且必须给以回答。

在印度佛教史上，虽然提法不同，这个问题也是有过的。怎样成佛？何时成佛？同在中国佛教史上一样，有许多说法。一般说起来，小乘要求比较高，也就是说，他们卖天国入门券，讨价高，出手比较悭吝。他们主张，必须累世修行，积累功德，然后才能成佛。后汉安世高所译的佛经大概都是这种主张。这样做当然比较艰苦，令人望而却步。这表现了守旧派为了维护人世间的不平等的封建等级制所进行的努力。又有人主张逐渐修行，到了一定阶段，来一个飞跃，然后再修行，即可成佛。道安就是这样主张。这比第一种说法容易一点，然而也还有不少的麻烦。这对于维护封建特权来说，是有好处的；然而对麻痹信徒来说，却有其不利的一方面。天国入门券如果太贵，有些人就望望然而去之了。到了鸠摩罗什的大弟子竺道生身上发生了一个巨大的变化。慧皎《高僧传》卷七《竺道生传》说：

> 于是校阅真俗，研思因果，乃立善不受报，顿悟成佛。又著《二谛论》《佛性当有论》《法身无色论》《佛无净土论》《应有缘论》等，笼罩旧说，妙有渊旨。而守文之徒，多生嫌嫉，与夺之声，纷然竞起。又六卷《泥洹》①先至京师。生剖析经理，洞入幽微，乃说"一阐提人皆得成佛"。于时《大本》未传，孤明先发，独见忤众。于是旧学以为邪说，讥愤滋甚。遂显大众，摈而遣之……后《涅槃大本》至于南京，果称阐提悉有佛性，与前所说，合若符契。"②

北凉昙无谶译《大般涅槃经》四十卷本，卷二十二《光明遍照高贵德王菩萨品》中说：

> 犯四重罪，谤方等经，作五逆罪，及一阐提悉有佛性。③

这说法与竺道生的说法完全相同。这真是石破天惊，佛坛佳话。中印相距万里，而想法竟如是之相似。可见买廉价的天国入门券也是有规律可循的。麻痹信众，维护阶级利益，竺汉相同，这也大概可以算是阶级斗争的规律吧。南朝阶级斗争激烈，贫富悬殊，于是先秦两汉已经提

---

① 东晋义熙十三年（417年）译出——引者注。
② ㊛卷 50,366c-367a。参阅《出三藏记集》卷 17，内容几乎完全一样。
③ ㊛卷 12,493b。

出来的一个问题又被提来了：人生有贵贱，人性是否也有贵贱呢？《涅槃经》解答了这个问题，可以说正是时候，佛教从般若学转到了涅槃学是佛教发展的一个关键阶段。般若和涅槃都属空宗，但在佛性问题上，涅槃可以说是抢先了一步。

其实这种想法在个别小乘经中，在大乘的《法华经》《维摩诘经》已有所流露。《法华经》卷四《授学无学人记品》第九说："悉皆与授记，未来当成佛。"[①]《常不轻菩萨品》第二十说："我不敢轻于汝等，汝等皆当作佛。"[②]《法华经》还讲到龙女成佛的故事。到了《涅槃经》只是说得更具体、更切实而已。但是这种学说在南北朝时，庶族地主还没能在政治上占重要地位，因而还没能得到广泛的承认。到了唐代，唐王朝统治者有意打击门阀士族，他们逐渐失势，庶族地主阶级靠科举往上爬，反映在佛教教义方面，顿悟成佛就大大流行起来，禅宗把这个学说发扬光大。渊源于北齐、南陈，创于隋，盛于唐的天台宗的祖师爷之一的湛然（711—782 年）提出了"无情有性"的学说，把成佛的可能与范围更扩大了，意思是连没有情东西，像草木砖石都有佛性，都能成佛，进入极乐世界，人类能成佛当然更不在话下了。

玄奘创立的法相宗怎样呢？

前面谈到的各个宗派都是属大乘空宗的。创于唐初的法相宗是属于有宗的，玄奘和窥基所想继承的是印度无著和世亲等有宗大师的衣钵。这一派主张现实世界的一切事物都是众多感觉经验的集合体，都是"识"的变现。这有点像欧洲唯心主义经验论者贝克莱（1684—1753 年）的学说。列宁在《唯物主义和经验批判主义》一书中首先批判的也就是这一种学说。为了开辟通向最高境界、真如世界（变相的天国）

---

① ㊤卷 9,30b。
② ㊤卷 9,50c—51a。

的道路，法相宗提出了"三性""三无性"的学说。这一派完完全全接受印度瑜伽行者派的关于八识的学说，说什么第八识阿赖耶识中包含着有漏种子和无漏种子，有漏种子通过善行的熏习可以转化为无漏种子，只有断尽了有漏种子才能成佛，而只有佛才能断尽有漏种子。我们姑且不谈这里面无法解决的矛盾。只是这种成佛的途径就非常艰辛而且毫无把握。同禅宗和其他宗派提出的"放下屠刀，立地成佛""一阐提人皆有佛性""无情有性"等学说比较起来，其难易的程度有如天壤，人们舍此而就彼，不是很自然的吗？还有一点是法相宗同其他各宗不同的地方：法相宗是教条主义，几乎是全盘接受印度有宗的那一套学说，它利用相对主义翻来覆去地论证现实世界虚妄不实，但却认为"识"是存在的，它几乎没有什么创造与修正，没有或者很少配合当时阶级斗争的形势，适应经济基础的需要。而其他各宗都或多或少地中国化了，也就是说，密切配合阶级斗争为统治者服务。这些宗派，特别是禅宗，之所以能长久流行于中国，而法相宗只流行了几十年，创立人一死，宗派也就立刻消逝，其原因也就在这里。我们可以得出一个结论：一个宗派流行时间的长短是与它们中国化的程度成正比的。谁的天国入门券卖得便宜，谁就能赢得群众，就能得到统治者的支持。反之，就不能。这种情况，在印度佛教史上，同样可以发现，其中是有规律可循的。在中国，同在印度一样，还可以发现一个规律，就是：天国入门券，越卖越便宜。法相宗的入门券卖得贵了一点，所以买的人就少。它以后的华严宗和禅宗，就便宜得多。华严宗宣扬，进入佛国不必努力苦修，不必等到遥远的将来，只要在眼前改变一下对现实世界的看法，立刻就可以成佛。禅宗的"放下屠刀，立地成佛"是最有名的，也是最简便便宜的。禅宗流行的时间特别长，地域特别广，难道是偶然的吗？

有人 ① 主张玄奘企图沟通中观与瑜伽两派，他在印度著《会宗论》就是为了达到这个目的。梁启超说："会通瑜伽般若两宗，实奘师毕生大愿。" ② 我看，这个说法恐怕不够确实、全面。玄奘实际上是在空宗（般若）的基础上建立自己的佛学体系的 ③。他并不把般若与瑜伽等量齐观。至于说，玄奘思想中有辩证法因素，那倒是符合实际情况的。这个问题下面再谈 ④。

在印度佛教史上，大乘有宗产生得最晚。它最有资格总结整个的佛教史。它也确实这样做了。在有宗一部重要的经典、玄奘亲自翻译的《解深密经》卷二《无自性相品》第五中，它以三时判别佛教各宗的高下：

> 尔时胜义生菩萨复白佛言："世尊！初于一时，在婆罗痆斯仙人堕处施鹿林中，惟为发趣声闻乘者，以四谛相转正法轮。虽是甚奇甚为希有，一切世间诸天人等先无有能如法转者；而于彼时所转法轮，有上有容是未了义。是诸诤论安足处所。世尊！在昔第二时中，惟为发趣修大乘者，依一切法皆无自性，无生无灭，本来寂静，自性涅槃，以隐密相转正法轮，虽更甚奇甚为希有，而于彼时所转法轮，亦是有上有所容受，犹未了义，是诸诤论安足处所。世尊！于今第三时中，普为发趣一切乘者，依一切法皆无自性，无生无灭，本来寂静，自性涅槃，无自性性，以显了相转正法轮，第一

---

① 田光烈：《玄奘及其哲学思想中之辩证法因素》，云南人民出版社 1958 年版，第 9 页。

② 梁启超：《饮冰室全集》，专集第 15 册，《支那内学院精校本玄奘传书后》。

③ 任继愈：《汉唐佛教思想论集》，人民出版社 1973 年版，第 208 页。

④ 详见下文《关于玄奘》。

甚奇，最为希有。于今，世尊所转法轮，无上无容，是真了义，非
诸诤论安足处所。"①

意思就是说，第一时是小乘说有教，第二时是大乘空宗，这两时都
不行。只有第三时有宗，才是最高的真理，最正确，"第一甚奇，最为
希有"。

这种说法，我觉得很有意思，好像也符合印度佛教的发展实际情
况。我在这里再借用黑格尔的三段式的说法：正题（小乘的有）——反
题（大乘的空）——合题（大乘的有）。如果借辩证法的术语，也就是
否定之否定。佛教传入中国后，其发展阶段，几乎完全与印度本土佛教
的发展相适应，玄奘可以说是代表佛教教义的最高的发展。在他以后，
虽然佛教还颇为流行，但已有强弩之末的趋势，在中国，在印度都是这
样。从这个观点上来看玄奘在佛教史上的地位，在佛教教义中的地位，
是可以说是既得鱼又得筌的。至于法相宗究竟是一个什么样的宗派，可
参阅任继愈《汉唐佛教思想论集》《法相宗哲学思想略论》，这里就不
再谈了。

1980年

---

① 大卷 16,697a-b。

佛教与儒家和道教的关系

在中国思想史上，儒、道、佛三家，一向起着很重要的作用。其中儒家起源于孔子，这是清清楚楚的。佛教源于释迦牟尼，这也是毫不含糊的。独有道教，虽然自称是老子、庄子的信徒，汉初黄、老之道也曾盛极一时，但是汉以后的道教实际上却是张道陵创建的。在这三家中，儒道两家是土生土长的，佛教是从印度传来的。佛道二者都算是正宗的宗教。儒家一般不被认为是一个宗教。南北朝以来，笼统言之，称之曰三家或者三教。陶弘景说："百法纷陵，无越三教之境。"（《茅山长沙馆碑》）。他是把三家都称为"教"的。

我在这里想谈的是自从佛教传入中国以后一直到唐代玄奘时期三家的相互关系。

先谈佛、道关系。

佛教在汉朝传入中国以后，自附于鬼神方术，这就同道教发生了关系。当时许多帝王，比如楚王英和桓帝并祭二氏。

《后汉书》卷四二《光武十王列传·楚王英传》说："晚节更喜黄老，学为浮屠斋戒祭祀。"《资治通鉴》卷五五，桓帝延熹九年（166年），襄楷上书说："闻宫中立黄、老、浮屠之祠，此道清虚，贵尚无为，好生恶杀，省欲去奢。"但是佛道二家也有矛盾。从理论基础来看，佛教有一整套的理论。道教的理论底子就比较薄，最初实在拿不出什么成套的东西来。它同外来的佛教碰头以后，由于理论方面的矛盾（骨子里是经济方面的矛盾）两者难免磕磕碰碰。道教除了一些服食、炼丹等方术以外，在理论方面根本不是佛教的对手。交手打了几个回合，就败下阵来。道教徒于是就施展出以后常常使用的手法：一方面拼命反对佛教；另一方面又偷偷摸摸地抄袭佛教的学说。《太平经》就是这种手法的产品。此外，还施展出一种以后也常常被人使用的手法：你说浮屠好，他其实是中国人，老子入夷狄化胡，命令尹喜托生为释迦牟尼。《老子化胡经》就是这种手法的产品。这一部书传说是西晋道士王浮所伪造，恐怕也是根据旧闻而加以创造的，是代表一种思潮的。连鱼豢《魏略·西戎传》也说："浮屠所载，与中国《老子经》相出入。盖以为老子西出关，过西域，之天竺，教胡浮图属弟子别号二十有九。"可见魏时老子化胡的故事已经传播。今天我们有的那一部道藏里面剽窃佛经的地方，比比皆是，我们在这里不详细论述了。

道教在理论上虽然不是佛教的对手，但它是土生土长的，用它来对抗外来的佛教，最容易奏效。因此，它就常为统治者所利用。我们甚至可以这样说：如果没有佛教的传入与兴隆，道教也许传播不开。汉族有一整套伦理教条：君君，臣臣，父父，子子等。这是统治的基础。这当然是儒家思想，但道教并不违反它。而佛教却偏偏破坏这一套。在佛教同道教和儒家的斗争中，这是对它很不利的一个方面。

按照世界宗教史上的一般规律，宗教都是具有排他性的。在这里，原因并不像一般人所相信的那样是由于宗教信仰和学说的不同。如果这样说，那只是皮毛之论。关键是经济利益。打击别人，争取信徒，也就是争取布施，争取庙产。佛道斗争也不能例外。

我们在这里讲的汉末的佛道斗争，只能算是滥觞。这个斗争还一直继续了下去，甚至可以说是与中国古代历史相始终。南北朝时，北方元魏道教天师寇谦之（365—448 年）集道教方术之大成，又兼修儒教。他通过崔浩怂恿元魏太武帝摧毁佛法，教帝立崇虚寺，供养道士。但是道士本身实无方术可言，以后的皇帝又重佛法。至孝明帝时，佛道争论于殿庭之上，道教几败。

周武帝最初也因循事佛，但又想励精图治，觉得佛道皆非其选，只有尊崇儒术，最后发展到灭佛的地步。所谓"三武灭佛"，魏太武帝是其一，周武帝也是其一。

在南朝，则有葛洪（284—364 年）、陶弘景（456—536 年）等重要道教代表人物。葛洪著有《抱朴子》一书，提出了"玄"这一个概念作为天地万物的根源。他大力提倡服食丹药、求神仙等方术。陶弘景著有《真诰》一书。他也是一个著名的炼丹家，又是一个政客，号曰"山中宰相"。葛、陶都大肆宣扬白日飞升，得道成仙，长生不老。这种幻想恰恰投合了统治者的心意。在表面上与佛教的基本思想形同水火。佛教主张生为空幻，要追求解脱，追求涅槃，想要跳出"轮回"，主张"无生"。因而引起了激烈的论争。梁僧祐《弘明集》和唐道宣《广弘明集》所载诸文与道家抗辩者几占三分之一。可见二者矛盾之尖锐。但是在骨子里，二者差别并不大。它们同世界上一切宗教一样，都是兜售天国的入门券，不过方式不同而已。因此，它们就有了互相学习，互相影响的余地，能够为同一个封建统治者服务。李老君的诞生的奇迹，完全是从释迦诞生的故事抄来的。道教的戒律也完全是模仿的佛教。佛教天台宗二祖南岳慧思（515—577 年）的《誓愿文》又抄袭了道家，反复提到神仙、芝草、内丹，想借外丹力修内丹，祈求长生。陶弘景的三传弟子司马承祯（647—735 年，贞观二十一年至开元二十三年），吸收了北朝的精神，不重视炼丹、服食、法术变化的神仙方术，而偏重道教的理论研究，主张摒见闻，去知识，修心，主静。在这里，他显然是受到了佛教的影响。上面这几个简单的例子，就充分能够说明佛、道两家是如何互相学习、互相影响了。

　　但是佛道的矛盾并没有减少。到了唐初，这个矛盾达到了一个新的阶段。道教是民族形式的宗教，又得到唐初统治者的大力提倡，因此在两教斗争中显然占了上风。在这时期，最突出的事件是所谓"傅奕辟佛"。傅奕生于梁敬宗绍泰元年（555 年），死于唐太宗贞观十三年（639 年）。他是隋与初唐的著名的无神论者、自然科学家。他做太史令，主管天文和历算。也许因为他作过《老子注》，佛教徒就称他为道士。唐彦琮《唐护法沙门法琳别传》说："有前道士太史令傅奕，先是黄巾，党其所习，遂上废佛法事十有一条。"① 其中可能有诬蔑的意思，是"人身攻击"。对我们来说，这无关重要。《旧唐书》卷七十九《傅奕传》说，武德七年，奕上疏，请除去释教，"故使不忠不孝，削发而揖君亲；游手游食，易服以逃租赋"。短短几句话，却说出反佛的根本原因。前两句讲的是维护封建社会秩序，后两句讲的是佛教破坏生产，逃避租赋。这二者都是封建统治者的命根子，是碰不得的。傅奕又说："且生死寿夭，由于自然；刑德威福，关之人主。"这是从理论上驳斥佛教的。唐道宣选集的《广弘明集》中选了傅奕许多奏折。这些奏本说："搢绅门里，翻受秃丁邪戒；儒士学中，倒说妖胡浪语。"② 又说："不事二亲，专行十恶。"③ 他又说："海内勤王者少，乐私者

---

① 《大正大藏经》（以下简写为⑩，当页的上、中、下栏表示为 a、b、c）卷 50,198c。
② ⑩卷 52,160b。
③ ⑩卷 952,160c。

多；乃外事胡佛，内生邪见；剪剃发肤，回换衣服。出臣子之门，入僧尼之户；立谒王庭，坐看膝下，不忠不孝，聚结连房。"①他又说："西域胡者，恶泥而生，便事泥瓦；今犹毛臊，人面而兽心，土枭道人，驴骡四色，贪逆之恶种。"②这简直是破口大骂，"人身攻击"达到了极点。不过论点还是不出上面说的两点：一是维持封建伦理道德，维护封建秩序；一是保护生产力，保护国家财赋。傅奕临终诫其子曰："老、庄玄一之篇，周、孔六经之说，是为名教，汝宜习之。"③可见他是站在道家和儒家的立场上向佛教猛烈开火，大有不共戴天之势。

现在再谈一谈儒道关系。

上面已经谈到，儒道两家都是在中国土生土长的。因此，即使有时也难免有点矛盾，但是总起来看，二者的关系是比较融洽的。中国历来传说，孔子是老子的学生。不管这是否是事实，它至少反映出二者关系的密切。中国古代有几个皇帝兼奉儒道。比如汉武帝是古代的明君。为了巩固封建统治，他尊崇儒术，罢黜百家；但晚年却求神仙，信方士，这就接近了道家。夏曾佑在所著《中国古代史》（第256页）中评论秦始皇与汉武帝说："综两君生平而论之，其行事皆可分为三大端。一曰尊儒术，二曰信方士，三曰好用兵。此三者，就其表而观之，则互相牴牾，理不可解。既尊儒，何以又慕神仙？既慕神仙，何以又嗜杀戮？此后人所以有狂悖之疑也。"不管怎样，这些例子都说明儒道两家是可以并存、可以共处的。在以后漫长的历史上，儒道两家之间的关系，都不像它们同佛教的关系之紧张。长久的历史事实证明了同一个道理。

最后再谈一谈儒佛关系。

佛教初传入时，儒佛没有什么矛盾。后汉牟融作《理惑论》，以通

① 囷卷52,161c-162a。
② 囷卷52,163b。
③ 《旧唐书》，卷79。

两家之义。三国时代，康僧会本身是一个佛徒，却力主调和两家之论。据《梁高僧传》卷一《康僧会传》，康僧会回答孙皓说："易称积善余庆，诗咏求福不回。虽儒典之格言，即佛教之明训。"①

两晋南北朝时，儒者或兼采佛教名理以自怡悦，或漠然置之，好像世间根本没有这种学说。东晋时流行的玄学是儒家封建思想的表现。这时佛、儒两家思想互相结合，互相补充，更看不出什么矛盾。孙绰本是儒家，曾撰《论语注记》。又与名僧支遁游，作《喻道论》，阐明孔释本是一家。他说："周、孔即佛，佛即周、孔，盖内外名之耳。"此时儒门之士，多归心佛法，而缁门佛徒，亦不废儒学。所谓庐山十八高贤中的雷次宗、宗炳等都以儒者而修持净土。慧远以高僧而深研儒学。这是最典型的例子。萧梁时，两教并重。这也是大家熟知的事实。北齐颜之推，儒释并重。隋王通以儒者而推崇释、道，大有融合三教之势。南北朝一直到隋唐，许多义学高僧都出身于儒家士族，这些家族成员中一旦失势，又往往寄情于佛学。其中消息，耐人寻味。这些人在转入释教以前，已有儒学和玄学的修养。儒、佛二者关系之密切也概可想见了。玄奘本人就出身于儒家，这个问题以后再谈②。

在这时候，佛教主要攻击的对象是道教，对于儒家则很少敢于非议。因为儒家是钦定的，非议儒家就等于非议朝廷。但也不是完全如此，只要有机会，佛家总对儒家射上几支冷箭的。比如华严宗判教：1.人天教；2.小乘教；3.大乘法相教；4.大乘破相教；5.一乘显性教。五教之外，还有最低的教：道、儒③。在这里佛家把儒家放在最低的地位上。有点讽刺意味的是，尽管华严宗判教，把儒家判到最低级；但是，宋朝的理学家程、朱之流则拚命抄袭佛家学说，特别是华严宗的学

---

① ㊅卷 50,325c。

② 详见下文《关于玄奘》。

③ 参阅任继愈《汉唐佛教思想论集》《天台宗哲学思想略论》第 67 页。

说。程、朱宣扬的"体用一源，显微无间"，实际上就是华严宗"理事无碍法界，事事无碍法界"思想的翻版。

唐朝儒生反对佛教，态度比较一致，理论比较肤浅。最著名的辟佛者是韩愈，他就是肤浅的典型。从他的名著《原道》来看，他大概并不大通佛理。他只是从保护民族文化，坚持中国的学术传统，就是所谓道统，维护儒家格物、致知、诚意、正心、修身、齐家、治国、平天下那一套修养经来反对佛教。佛家只讲个人修行，不关心国家大事。这一点使儒者韩愈很不满。一个人一出家就不再从事生产，统治阶级的剥削和经济利益就会受到损害。这一点更使韩愈不满。他因此就辟佛。他是以唯心主义来反对唯心主义的。他的辟佛实与哲学体系无关。柳宗元和刘禹锡情况差不多。他们基本上都是唯物主义者，但是都尊崇佛教。柳宗元说："自幼好佛，求其道积三十年。"（《送巽上人序》）可见其爱佛之深。刘禹锡也把儒、佛并提，毫无辟佛之意。他又认为儒家"罕言性命"，适合于治世；佛家讲心性，大悲救诸苦，是有神论，适合于乱世。总之，他们俩以唯物主义者而崇信佛教教义，可见也与理论体系无关。看来，他们不过是想在彼岸世界（涅槃）寻求精神安慰而已。

唐代的儒佛关系，当然不限于上面讲的这些情况，也不限于韩愈、柳宗元和刘禹锡几个人。在佛教传入中国以后，在整个的中国思想史上，儒、佛的关系都占有一定的地位，其间的关系，也是很错综复杂的。因为与我们现在讲的关系不大，我们也就不再细谈了。①

————

① 关于唐代以前的情况，可参阅高观如《唐代以前儒佛两家之关系》，见《微妙声》第 1 期，1926 年 11 月 15 日。

关于玄奘

我们在上面简略地论述了玄奘西行求法的历史背景，其中包括中国情况、印度情况和中印交通的情况。

玄奘离开中国到印度求法的时候，佛教在中国的传播至少有了六七百年的历史，很多重要的佛典已经译成汉文，有的甚至有不止一个译本。翻译组织已经形成了一个比较固定的体系。佛教教义也已有了很大的发展，中国僧侣已经能够自己创造新的宗派，形成了中国化的佛教。禅宗甚至可以说几乎完全是中国的创造。它实际上已经走向佛教的反面。佛教寺院已经有了自己独立的经济。大和尚成了僧侣地主，同世俗地主有矛盾，同时又剥削压迫僧伽中的劳动者。统治者对宗教的态度是崇尚道教，有时三教并用，佛教并不特别受到重视。

在印度方面，封建社会达到了相当高度的发展。佛教已经分解成为小乘和大乘，小乘的许多宗派渐趋合并，大乘空、有两宗都已出现。外道势力非常强大，佛教已呈现出由盛至衰的情况。中印两国的交通空前频繁，文化交流达到空前的高潮。

在玄奘活动的时期，中印两国的情况大体上就是这样。

综观玄奘的一生，无论是在佛经翻译方面，还是在佛教教义的发展方面，他都作出了划时代的贡献，他在这两方面都成了一个转折点。这一点我们在上面已经有所论述。现在我们再谈一谈玄奘个人的一些情况，其中包括：1.玄奘的家世；2.西行求法前在国内的学习准备阶段；3.西行求法的动机；4.在印度的活动；5.回国后的情况；6.在佛教哲学方面理论与实践的矛盾；七、翻译印度因明可能产生的影响。

一、玄奘的家世

魏晋南北朝一直到隋唐许多义学高僧都出身于名门大族的儒家家庭[1]。他们家学渊源，文化水平高，对玄学容易接受。他们中有些人世家地位逐渐降低，命运乖舛，因此就转入佛教以求安慰。玄学与佛学有某些类似之处，二者互相影响，互相抄袭。儒家出身受过玄学熏陶的和尚很容易接受佛教教义。《梁高僧传》和《续高僧传》有不少这样的例子，这里不一一列举。

玄奘的情况很相似。《大唐大慈恩寺三藏法师传》卷一说：

> 汉太丘长仲弓之后。曾祖钦，后魏上党太守。祖康，以学优仕齐，任国子博士，食邑周南，子孙因家，又为缑氏人也。父慧，英杰有雅操，早通经术。形长八尺，美眉明目，褒衣博带，好儒者之容，时人方之郭有道。[2]

---

[1] 参阅侯外庐主编《中国思想通史》第 4 卷（上），第 143 页等。
[2] 《大正大藏经》（以下简写为⑧，当页的上、中、下栏表示为 a、b、c）卷 50,221b。

《续高僧传》卷四《玄奘传》也说：

> 祖康，北齐国子博士。父慧，早通经术。[①]

可见玄奘出身于一个儒学世家；他不但学过《孝经》，而且是个孝子，他"备通经典，而爱古尚贤。非雅正之籍不观；非圣哲之风不习"，完全是儒学家风。同后代由于贫穷而出家当和尚的情况是完全不同的。

二、西行求法前在国内的学习准备阶段

玄奘费了很大劲，才出了家。出家后，历游各地，遍访名师问学。根据《大唐大慈恩寺三藏法师传》和《续高僧传》所载，他访问过的老和尚一共有十三位：景、严、空、慧景、道基、宝暹、道震（振）、慧休、道深、道岳、法常、僧辩、玄会。他跟这些老师学习过的佛典有：《涅槃经》《摄大乘论》《阿毗昙论》《迦延》（《迦旃延阿毗昙》）、《婆沙》《杂心》《成实论》《俱舍论》。可见玄奘的佛学是上承真谛绪统，研究了早已流行的毗昙、涅槃、成论之学，也研究了新兴的法相唯识学（《摄大乘论》为主），这和他以后佛学研究方向和赴印求法的目的都有联系。

三、西行求法的动机

这问题我们上面已经有所涉及，这里再深入地谈一谈。自南北朝时起，中国和尚就争论所谓佛性的问题：凡人能不能成佛？什么时候成佛？经过什么阶段、通过什么手续才能成佛？对我们说来，这种荒诞不经的问题，毫无意义。但是对大多数佛徒说来，在欺骗老百姓方面，这

---

① 大卷 50,446c。

却是绝顶重要的问题。

关于这个问题，印度小乘、大乘，都各有答复。大乘空、有，也各有答复。玄奘在国内已经接触到印度新兴的大乘有宗。他大概对这一宗派发生了兴趣。《大唐大慈恩寺三藏法师传》说：

> 法师既遍谒众师，备飡其说，详考其理，各擅宗途；验之圣典，亦隐显有异；莫知适从，乃誓游西方，以问所惑，并取《十七地论》，以释众疑，即今之《瑜伽师地论》也。[1]

《瑜伽师地论》是大乘有宗最重要的经典。他到印度去的主要目的是寻求学习大乘《瑜伽论》。《大唐大慈恩寺三藏法师传》说他到了屈支国，遇到一个大德僧名叫木叉毱多。玄奘问他："此有《瑜伽论》不？"毱多说这是邪见书，玄奘说：

> 《婆沙》《俱舍》，本国已有。恨其理疏言浅，非究竟说。所以故来欲学大乘《瑜伽论》耳。又《瑜伽》者，是后身菩萨弥勒所说，今谓邪书，岂不惧无底在（枉）坑乎？[2]

到了印度以后，曾对戒日王说：

> 玄奘远寻佛法，为闻《瑜伽师地论》。[3]

---

① ⑥卷 50,222c。《大唐故三藏玄奘法师行状》完全一样。
② ⑥卷 50,226c。支那内学院本作："岂不惧无底枉坑乎？"
③ ⑥卷 50,247a。

他又对戒贤法师说：

从支那国来，欲依师学《瑜伽论》。①

　　《续高僧传》卷四《玄奘传》②说法相同。可见玄奘到印度去求学的目的是非常清楚的。

　　玄奘想解决佛性问题，为什么找到瑜伽宗，也就是有宗呢？为什么不找龙树、帝婆的空宗呢？从佛教发展的历史来看，小乘佛教声言必须经过累世修行，积累功德，然后才能成佛。这就需要个人的艰苦努力。结果有些人望而却步。天国入门券卖得这样贵，不利于麻痹人民。在封建初期小国林立时还能勉强对付，但到了封建大帝国建成，它就失掉了服务的资格，必须及时改变。大乘空宗应运而起，它不要求累世修行，只须归依三宝、礼拜如来，就能达到目的。这是对一般老百姓的说法。对义学高僧则讲一套"空"的道理。玄奘所服膺的是大乘有宗，与空宗表面上稍有不同。所谓"有"，并不是承认物质世界的存在，并不是不讲空。否则就有承认物质世界的可能或嫌疑。但是空宗空得太厉害，什么都空了，物质世界固然空掉了，但是连真如、佛性、涅槃，甚至比涅槃更高的东西也都空掉。这不但对麻痹老百姓不利，而且对宗教家本身，好像也断绝了奔头。有宗在承认我法两空的同时，在否认物质世界的同时，小心翼翼地保护着"真如佛性"的"有"。这是有其隐蔽的目的的。就拿成佛的问题来说吧。玄奘和他创立的法相宗，既反对小乘那样把天国的入门券卖得太贵，也反对大乘空宗那样连天国都要空掉。他追随印度瑜伽行者派的学说，坚持五种姓的主张，就是说，人们对佛理

———————

① ㊛卷 50,236c。

② ㊛卷 50,452a。

的接受与实践是各不相同的。他反对道生主张的、有《涅槃经》作根据的一切众生皆有佛性的说法。《瑜伽师地论》《楞伽经》《摄论》都是讲种姓的，玄奘和法相宗也坚持此点。在窥基的著作中，特别是在《法华经》的注解中，他们的观点当然完全相同①。

这种说法与当时流行在中国的各宗的说法都不相同，因此招致了许多非议。玄奘虽然在成佛的道路上多少设置下了一些障碍，但是他在印度寻求解决佛性问题的结果却是：在当世即可成佛。从他自己的经历中也可以看出这一点。在他临终的时候，《大唐大慈恩寺三藏法师传》说：

> 至十六日，如从梦觉，口云："吾眼前有白莲华大于槃，鲜净可爱。"十七日，又梦见百千人形容伟大，俱著锦衣，将诸绮绣及妙花珍宝装法师所卧房宇。以次装严遍翻经院内外，爰至院后山岭林木，悉竖幡幢。众彩间错，并奏音乐。门外又见无数宝舆，舆中香食美果，色类百千。并非人中之物，各各擎来供养于法师。法师辞曰："如此珍味，证神通者方堪得食。玄奘未阶此位，何敢辄受。"虽此推辞而进食不止。侍人謦欬，遂尔开目，因向寺主慧德具说前事。法师又云："玄奘一生以来所修福慧，准斯相貌欲似功不唐捐。信如（知）佛教因果并不虚也。"②

这显然就是成佛的意思。玄奘大概自己相信，他这一死就涅槃成佛了。

---

① 吕澂：《中国佛学源流略讲》，第 190 页。
② ⊕卷 50,276c–277a。

四、在印度的活动

玄奘经过了千辛万苦，九死一生，终于到了印度。同在国内一样，他也是到处访谒名师，对佛典和婆罗门经典，都一一探索。在佛教内部，他是一个坚定的大乘信徒，这在《大唐西域记》和《大唐大慈恩寺三藏法师传》中可以清楚地看到。他制造了许多抬高大乘的神话，秣底补罗国的那一个反对大乘的论师的下场就是一个很好的例子。此外，《大唐大慈恩寺三藏法师传》里面还多次提到大小乘之争。他总是袒护大乘。但是他并不反对学习小乘，他还积极地去学习印度其他的一些科学知识，比如逻辑学（因明）、语法（声明）等等。

我们在下面以《大唐大慈恩寺三藏法师传》为根据，按时间顺序，把他在印度学习的情况条列如下：

迦湿弥罗国

彼公（指僧称——引者）是时年向七十，气力已衰，庆逢神器，乃励力敷扬。自午以前，讲《俱舍论》。自午以后，讲《顺正理论》。初夜后讲《因明》《声明论》。由是境内学人，无不悉集。法师随其所说，领悟无遗。研幽击节，尽其神秘。①

磔（砾）迦国

仍就停一月，学《经百论》《广百论》。②

---

① ㊣卷 50,231 b。
② ㊣卷 50,232a。

至那仆底国

　　因住十四月，学《对法论》《显宗论》《理门论》等。[①]

阇烂达那国

　　因就停四月，学《众事分毗婆沙》。[②]

禄勒那国

　　遂住一冬半春，就听《经部毗婆沙》讫。[③]

秣底补罗国

　　法师又半春一夏，就学萨婆多部《怛埵三弟铄论》（唐言《辩真论》，二万五千颂，德光所造也），《随发智论》等。

羯若鞠阇国

　　法师入其国，到跋达逻毗诃虽寺住三月，依毗离耶犀那三藏读佛使《毗婆沙》、日胄《毗婆沙》讫。[④]

---

① ㊅卷 50,232a。
② ㊅卷 50,232b。
③ ㊅卷 50,232c。
④ ㊅卷 50,233b。

摩揭陀国那烂陀寺

这座古寺是几百年前笈多王朝创立的,是当时印度文化的中心,也是玄奘的目的地。他于公元 630 年来到这里,在这里住的时间最久,主要是从戒贤大师受学。在他来到以前,慈氏菩萨托梦给戒贤:"故来劝汝:当依我语显扬《正法》《瑜伽论》等,遍及未闻。"法师在寺听《瑜伽》三遍,《顺正理》一遍,《显扬》《对法》各一遍,《因明》《声明》《集量》等论各二遍,《中》《百》二论各三遍。其《俱舍》《婆沙》《六足》《阿毗昙》等以曾于迦湿弥罗诸国听讫,至此寻读决疑而已。兼学婆罗门书。印度梵书,名为《记论》。①

伊烂拿国

又停一年,就读《毗婆沙》《顺正理》等。②

南憍萨罗国

其国有婆罗门,善解因明,法师就停月余,日读《集量论》。③

驮那羯磔加国

法师在其国逢二僧,一名苏部底,二名苏利耶,善解大众部三藏。

① ㊛卷 50,238c-239a。
② ㊛卷 50,240a。
③ ㊛卷 50,241b。

法师因就停数月学大众部《根本阿毗达摩》等论。彼亦依法师学大乘诸论。①

钵伐多国

　　法师因停二年，就学正量部《根本阿毗达摩》及《摄正法论》《教实论》等。②

五、回国后的情况

　　玄奘离开印度，仍然循陆路回国。贞观十八年（644 年）他一回到于阗，就急不可待地上表唐太宗，告诉他自己回国的消息。太宗立刻答复："可即速来，与朕相见。"两个人可以说是未见倾心，从此就奠定了他们之间的密切关系。为什么会发生这样的情况呢？太宗是一个有雄才大略之主，西域的突厥始终是他的一块心病，必欲除之而后快。玄奘是深通世故、处心积虑显扬佛法的和尚，他始终相信："不依国主，则法事不立。"两个人一拍即合，这就是基础。

　　贞观十九年（645 年）春正月，玄奘回到长安，受到盛大的欢迎。他带回来了大乘经 224 部，大乘论 192 部，上座部经律论 15（4）部，大众部经律论 15 部，三弥底部经律论 15 部，弥沙塞部经律论 22 部，迦叶臂耶部经律论 17 部，法密部经律论 42 部，说一切有部经律论 67 部，因明论 36 部，声明论 13（2）部，凡 520 夹，657 部。此外还有许多佛像，都安置在弘福寺内③。

---

① ㊛卷 50,241b-c。
② ㊛卷 50,244a。
③ ㊛卷 50,252c。

同年二月，玄奘谒见唐太宗。寒暄以后，太宗首先问的是西域的物产、风俗。玄奘对答如流。太宗大悦，立刻劝他著书，"帝又察法师堪公辅之寄，因劝归俗，助秉俗务"①。玄奘不肯。可见玄奘初次见面给太宗印象之深。也可见太宗关心的并不是什么佛教，而是政治，说太宗崇信佛法，是没有根据的。他答玄奘手书说："至于内典，尤所未闲。"② 说得再明白不过了。

从此以后，玄奘主要精力就用在写书、译经上。他上奏太宗："玄奘从西域所得梵本六百余部，一言未译。"太宗肯定了他的想法。他虽然华梵兼通，但是大概从亲身经验中和中国过去的经验中，他感到集体译比单干要好得多。他首先组织了译场③，网罗天下和尚中的英俊，助他译经。他的政治嗅觉又是很灵敏的，他完全了解太宗的打算，到了贞观二十年（646 年），仅用了一年的时间，就把《大唐西域记》写完上进。他在表中写道：

> 所闻所履百有二十八国。窃以章彦之所践藉，空陈广袤；夸父之所凌厉，无述土风。班超侯而未远，张骞望而非博。今所记述，有异前闻，虽未极大千之疆，颇穷葱外之境，皆存实录，匪敢雕华。谨具编裁，称为《大唐西域记》，凡一十二卷，缮写如别。④

《大唐西域记》写完以后，他就专心译经。他的工作热情，高到

---

① ㊛卷 50,253b。
② ㊛卷 50,257a。
③ 关于玄奘的译场，请参阅《大唐大慈恩寺三藏法师传》卷 6，㊛卷 50,253c-254a；《开元释教录》，㊛卷 55,559a-b。
④ 《大唐大慈恩寺三藏法师传》卷 6。㊛卷 50,254b-c。

惊人的程度。"专精夙夜，不堕寸阴。"[①]但是他没有，也不可能忘记
"政治活动"。他还是经常追随在太宗左右。他译了经，一定要请太宗
作序。一次不允，再次请求，决不怕碰钉子，一直到达到目的为止。他
也懂得在适当的时机，用适当的言词来"颂圣"。他说什么："四海黎
庶，依陛下而生。"[②]他在印度时，戒日王问什么《秦王破阵乐》，这
可能是事实；但我怀疑也是他编造的。太宗没有忘记原来的打算："每
思逼劝归俗，致之左右，共谋朝政。""意欲法师脱须菩提之染服，挂
维摩诘之素衣；升铉路以陈谟，坐槐庭而论道。"[③]玄奘回答说："仰
惟陛下上智之君，一人纪纲，万事自得其绪。"[④]现在看起来，这回答
真是非常得体，既拒绝了太宗的要求，又不得罪这位大皇帝，而且还狠
狠地拍了一下马屁。以后还有几次，太宗要玄奘还俗做官，玄奘始终很
巧妙地避开。他还会寻找一切机会向皇帝上表祝贺，比如赤雀飞上御帐
之类。在皇帝方面，当然也不会忘记随时颁赐，御笔写序，弘扬大法。
终太宗之世，君臣虽然各有各的打算，但总算是相知极深，恩遇始终
优渥。玄奘译经的干劲也丝毫没有衰竭。同时，玄奘同印度那烂陀的联
系，并未中断，书信往来，还是有的。

　　太宗崩逝以后，玄奘同高宗的关系也处得很好。玄奘对这位新皇帝
是如法炮制，连皇帝妃子怀孕、生儿子这种最俗的事情，这位高僧也不
会忘记上表祝贺。新皇帝也像他父亲一样，待玄奘很好。自从高宗即位
以后，玄奘就回到慈恩寺。从此以后，专务翻译。每天夜以继日，勤奋
不辍。除了翻译之外，还要讲经：

---

① ⓣ卷 50,254a。

② ⓣ卷 50,255a。

③ ⓣ卷 50,255a。

④ ⓣ卷 50,255a-b。

　　每日斋讫，黄昏二时讲新经论，及诸州听学僧等恒来决疑请
义。既知上座之任僧事，复来咨禀。复有内使遣营功德，前后造一
切经十部，夹纻宝装宝像二百余躯，亦令取法师进止。日夕已去，
寺内弟子百余人，咸请教诫，盈廊溢庑，皆酬答处分无遗漏者。虽
众务辐凑，而神气绰然，无所拥滞。犹与诸德说西方圣贤立义、诸
部异端，及少年在此周游讲肆之事。高论剧谈，竟无疲惓。其精敏
强力过人若斯，复数有诸王卿相来过礼忏，逢迎诱导，并皆发心，
莫不舍其骄华，肃敬称叹。①

　　到了后来，他大概感到自己年龄渐老。他在上高宗表中说："而岁
月如流，六十之后，飒焉已至。念兹遄速，则生涯可知。"②他想离开
京城往少林寺翻译，皇帝不许。

　　到了逝世前夕，玄奘对翻译工作更加兢兢业业，争分夺秒。在翻译
《大般若经》时，"到此翻译之日，文有疑错，即校三本以定之，殷勤
省覆，方乃著文，审慎之心，古来无比"③。他也劝别人："人人努力
加勤恳，勿辞劳苦。"④到了麟德元年（664 年）春正月，僧众劝他翻
译《大宝积经》，众情难却，他勉强译了几行，便收梵本说："此经部
轴与《大般若》同，玄奘自量气力不复办此。"⑤他晚年急切工作的情
景，跃然纸上。他也就死在这一年。

---

① 夫卷 50,260a-b。

② 夫卷 50,273c。

③ 夫卷 50,276a。

④ 夫卷 50,276b。

⑤ 夫卷 50,276c。

六、在佛教哲学方面理论与实践的矛盾

玄奘在佛教哲学方面，基本上继承了印度大乘有宗的传统，他比较忠实地把这一派学说介绍到中国来，形成了中国佛教的一个宗派——法相宗。不过，玄奘毕生所致力的是翻译工作，自己写的著作不多，法相宗理论的奠基人应该说是他的弟子窥基。

关于法相宗的哲学，可参阅任继愈的《汉唐佛教思想论集》和吕澂的《中国佛学源流略讲》，这里不详细论述。

我在这里只想谈一个问题，这就是，玄奘在佛教一个关键性、也是他毕生关心的问题上，理论和实践的矛盾。

法相宗，同中外唯心主义哲学一样，虽然立论决不是根据客观实际，本来是可以胡说一通的，却偏要搞成一个看起来深不可测五花八门的体系。这个体系的特点就是八识，世间一切都是"识"所变现出来的，因此被称做唯识宗。前六个识——眼识、耳识、鼻识、舌识、身识、意识，是容易理解的。第八识叫阿赖耶识，是总管一切的，而第七识末那识则是联系第八识与前六识的。最关键的是第八识。前六识只起了别、认识的作用。第七识起联系的作用。有了第八识，其他七个识才能起作用。此外法相宗还幻想出一个精神性的单子——种子，认为它是构成世界的原因。一切种子有染、净的分别，前者叫有漏种子，后者叫无漏种子。这些种子当然不能离开识，也就是说离不开人的主观精神，既然第八识是人的主观精神（心）的关键，种子藏住的地方就是第八识。世界是在种子生生灭灭中进行着的，种子又是经常处在染污的情况下。有漏种子是使人类陷于苦难的根本原因，只有断尽有漏种子，人类才能跳出轮回。在这里法相宗又提出了三性、三无性的学说。其中圆成实性或真如佛性是万法（一切事物）的实体。这个实体对于世界不具有加工、改造、推动的作用，它是不造作、不生灭、永世常存的。它是绝

对清净、不杂有染污的精神实体。如果想舍染归净，就必须割断阿赖耶识和众生活动的内在联系。阿赖耶识中包括有漏种子和无漏种子。不断经过善行的熏习，有漏可以转为无漏。根据法相宗的理论，只有佛才能断尽有漏种子；但是有漏种子断尽才能成佛。这个鸡与蛋的关系，使法相宗陷入窘境，无法摆脱[①]。

总之，不管怎么样，在法相宗看来，成佛是异常艰巨的，如果说不是不可能的话。这是他们的理论。

但是在实践上，好像又不是这么一回事，成佛不但不是不可能的，而且今生即可成佛。永徽二年（651 年）春正月有几个州的刺史请玄奘授菩萨戒，玄奘答应了。后来他们返任后各舍净财共修书遣使参见法师，信中有几句话说："始知如来之性，即是世间，涅槃之际，不殊生死。"[②] 这可能是玄奘因材施教，故意对居士弟子这样说的。但证之玄奘临终时的情况，好像他自己也这样相信。这样就产生了理论与实践的矛盾。我觉得，中国古代许多佛教大师都似乎有这样的矛盾。讲佛理的时候，头绪纷繁，越讲越玄。乍一看，真是深奥得很，实则破绽百出，想入非非，故弄玄虚，强词夺理。但在实践方面，则又是另外一套。这种理论与实践的矛盾，可能是由于对一般老百姓，如果死钻牛角，将会把他们吓退，不如说得简单明了，只需喊上几声"阿弥陀佛"，布施一些什么东西，就扯给他一张天国入门券，西天有份。这样对吸收信徒，增添利养，大有好处。我看玄奘也没能逃出这个窠臼。

七、翻译印度因明可能产生的影响

法称和陈那是印度因明（佛教逻辑）的创立者，他们都是唯心主义者，但又是逻辑学家，这本身就有点矛盾。想要调和唯心主义与逻辑

---

① 见于任继愈文。
② 《大唐大慈恩寺三藏法师传》卷 7，⑤卷 50,260c。

是不可能的。印度唯心主义者，包括佛教大乘的空宗和有宗在内，都认为外在世界或物质世界是不真实的。恩格斯的名言："全部哲学，特别是近代哲学的重大的基本问题，是思维和存在的关系问题。"① 这句名言在印度也是适用的。印度唯心主义者，尽管用的名词不同，但是目的是一致的，就是否认物质世界的存在，认为思维是第一性的。他们有一些手法同欧洲有些相似，比如唯识宗论证物质世界不存在的理论，就同英国的唯心主义者贝克莱几乎完全相同。印度唯心主义者否认 pramāṇa（旧译作"量"或"形量"），也就是知觉与推理等，他们说这些都只是幻象。因为如果承认知觉与推理就要承认知觉与推理的对象，认识的目的物。也就是说，承认外在物质世界的存在。印度的因明学者法称和陈那不想放弃唯心主义，又对 pramāṇa 感到兴趣。法称说："一切成了功的人类活动都以正确的知识为前提。正确的知识包括两个方面，这就是直接经验（pratyakṣa，一译知觉，旧译"现量"）和推理（anumāna，旧译"比量"）。"② 他们给印度因明（逻辑）与认识论灌输了新的活力，企图调和多少有点唯物主义因素的经量部与大乘有宗的理论。这就表明，因明的探讨，不能不承认知觉与推理等所谓 pramāṇa 的存在。这是一个矛盾，法称与陈那的弟子和注释者都不能不承认这一点。连他们本人也感觉到这一点而没有法子解决，只有不了了之，装出不理会这个问题的样子。不管怎么样，法称与陈那探讨了因明，承认了 pramāṇa，因而助长了唯心主义的对立面——印度唯物主义者的声势。这在印度哲学史上无论如何也算是起了进步作用的。

玄奘也是一个唯心主义者，但是他对因明也下过工夫。在印度留学期间，曾从戒贤大师听《因明》两遍。在南憍萨罗国，他也曾跟一个婆

① 《路德维希·费尔巴哈和德国古典哲学的终结》，《马克思恩格斯选集》，第4卷，人民出版社1972年版，第219页。
② 转引自恰托巴底亚耶《印度哲学中什么是活的？什么是死的》，第57页。

罗门学习因明。回国时他携带的书籍中有《因明论》36 部。他翻译了《因明正理门论本》一卷、《因明入正理论》一卷。他的大弟子窥基写了一部《因明入正理论疏》三卷。可见他们师弟对因明的重视。法称和陈那所遇到的难以解决的问题，想来玄奘师弟也会遇到。他们对因明的提倡，也就意味着对唯心主义的冲击，不管是多么微小，多么隐晦不引人注意，多么违反玄奘师弟的本意，但它毕竟是一次冲击。它产生的结果会是积极的、良好的。

上面论述了有关玄奘个人的一些情况。我们究竟应该怎样评价玄奘这样一个人呢？

我们是唯物主义者，我们当然不欣赏宗教、也不宣扬宗教，我们同意马克思的名言："宗教是人民的鸦片烟。"但是我们又是辩证唯物主义者，必须对具体的事物、具体的人，进行具体的、全面的分析。佛教传入中国促进了中国唯心主义哲学的发展，宋朝理学就是一个具体的例子。但是魔高一尺，道高一丈。唯心主义的发展也促进了与之对立的唯物主义的发展。在中国思想史上，佛教也不无功绩，尽管这个功绩多半是从反面来的。我们不同意像有一些同志那样对佛教采取一笔抹煞、肆口谩骂的态度。这表面上看起来是非常"革命"的，实际上是片面性的一种表现，是没有力量对佛教进行细致分析批判的表现。其次，同佛教一起传进来的还有印度的文学、艺术、音乐、雕塑、音韵，甚至天文、历算、医药，等等。这对我国文化的发展起了良好的作用。

对玄奘的评价也应该采取实事求是的态度。从中国方面来看，玄奘在中国佛教史上是一个继往开来承先启后的关键性的人物，他是一个虔诚的宗教家，同时又是一个很有能力的政治活动家。他同唐王朝统治者的关系是一个互相利用又有点互相尊重的关系。由于他的关系，佛教，特别是大乘佛教，得到了一定的发展。但是由于寺院有了独立的经济，寺院的头子都成了僧侣地主阶级，因此就不可避免地要同世俗的地主阶级，特别是地主阶级的总头子的唐朝皇帝发生矛盾。所谓"会昌法难"就是这样产生出来的。玄奘，不管他有多大能力，也无法避免这样的悲剧。佛教的衰微是不以他的意志为转移的。

至于他个人，一方面，他是一个虔诚的佛教徒、有道的高僧。另一方面，他又周旋于皇帝大臣之间，歌功颂德，有时难免有点庸俗，而且对印度僧人那提排挤打击，颇有一些"派性"。《续高僧传》卷四《那提传》说："那提三藏，乃龙树之门人也。所解无相与奘颇返。"这说明他信仰空宗，同玄奘不是一派。他携带了大小乘经律500余夹，合1500余部，永徽六年（655年）到了京师，住在慈恩寺中，"时玄奘法师当涂翻译，声华腾蔚，无有克彰，掩抑萧条，般若是难。既不蒙引，返充给使。显庆元年敕往昆仑诸国，采取异药。既至南海，诸王归敬，为别立寺度人授法。弘化之广，又倍于前。以昔被敕往，理须返命。慈恩梵本，拟重寻研。龙朔三年（663年）还返旧寺，所赍诸经，并为奘将北出，意欲翻度，莫有依凭"[①]。这里的玄奘简直像是一个地头蛇，一个把头。看来那提是一个很有学问很有道行的高僧，否则南方诸国的国王也不会这样敬重他。然而只因与玄奘所宗不同，便受到他的排挤、抑压。而且自己带来的佛经也被玄奘夺走。真有点有苦难言，最后只能怏怏离开中国，死在瘴气之中。连《续高僧传》的作者也大为慨叹："夫以抱麟之叹，代有斯踪，知人难哉！"

因此，我想借用恩格斯评论黑格尔和歌德的一段话来评论玄奘：

> 黑格尔是一个德国人而且和他的同时代人歌德一样拖着一根庸人的辫子。歌德和黑格尔在自己的领域中都是奥林帕斯山上的宙

---

① ㊛卷 50,458c-459a。

斯，但是两人都没有完全脱去德国的庸人气味。[①]

玄奘在自己领域内算得上是一个宙斯。但是他的某一些行为，难道就没有一点庸人习气吗？

但是，话又说了回来，玄奘毕竟是一个伟大的人物。我再引用鲁迅一段话：

> 我们从古以来，就有埋头苦干的人，有拼命硬干的人，有为民请命的人，有舍身求法的人……虽是等于为帝王将相作家谱的所谓"正史"，也往往掩不住他们的光耀，这就是中国的脊梁。[②]

鲁迅在这里并没有点出玄奘的名字，但是他所说的"舍身求法的人"，首先就有玄奘在内，这一点是无可怀疑的。有这样精神的玄奘的确算得上是"中国的脊梁"。

---

① 《路德维希·费尔巴哈和德国古典哲学的终结》，《马克思恩格斯选集》，第 4 卷，人民出版社 1972 年版，第 214 页。
② 《中国人失掉自信力了吗？》，见《鲁迅全集》卷 6，《且介亭杂文》。

关于《大唐西域记》

本文主要谈谈对玄奘《大唐西域记》的评价问题。

要想正确评价这样一部书，我觉得，应该从以下几个方面着手：第一，要把它放在一定的历史背景下来考察研究；第二，有比较才能有鉴别，要把它同其他同类的书籍来比较一下；第三，要看它帮助我们解决了多少问题，又提出了多少值得探索的新问题；第四，实践是检验真理的唯一标准，要看它在实践上究竟有多大用处。

先谈第一点。

中华民族不但是一个酷爱历史的民族，而且也是一个酷爱地理的民族。在历史方面，除了几乎每个朝代都有自己的正史以外，还有多得不可胜数的各种"史"。尽管这里面也难免有些歪曲事实的地方，有些迷信或幻想的成分，但是总的说来，是比较翔实可靠的，实事求是的。这充分显示了我们民族的特点。在地理方面，我们从很早的时候起就有了地理著作，比如《禹贡》《山海经》《穆天子传》之类。这些书尽管不像它们自己声称的那样古老，但总之是很古老的。我们也很早就有了关于外国的地理书，而且有的还附有地图。到了南北朝时代和以后的时代，由于中外交通频繁起来了，各种地理书风起云涌。南齐陆澄曾经把《山海经》以下160家的地理著作，按照地区编成《地理书》149卷，梁任昉又增加84家，编成《地记》252卷。中央政府设有专门机构，了解外国的情况。《唐六典》兵部有职方郎中员外郎，专管天下地图，包括外国的在内。还有鸿胪，专门招待外国客人，顺便询问外国的情况^①。有时候，打了胜仗以后，也派人到外国去调查风俗物产，写成书，画上图，进奉皇帝^②。甚至有了地形模型。

在唐代，在玄奘以后的相当长的时间内，地理书籍特别繁多，这同当时的政治、经济情况和文化交流、宗教活动是分不开的。《十道图》有很多种类。大历时贾耽著有《陇右山南图》，贞元十七年又撰《海内华夷图》，《古今郡国道县四夷述》40卷。可以说是一个典型的代表。

谈到宗教活动对地理学发展的影响，主要指的是佛教。古时候，交通异常困难，除了使臣和商人之外，大概很少有人愿意或敢于出国的。独有和尚怀着一腔宗教热诚，"轻万死以涉葱河，重一言而之奈苑"。他们敢于冒险，敢于出国。从汉代起，中印的僧人就互相往来，传播佛教。他们传播的不仅仅是宗教。正如人们所熟知的，中印两国的文化也随着宗教的传播而传播开来。在长达六七百年的时间内，出国活动的人

---

① 见《唐六典》卷5《兵部》："职方郎中员外郎掌天下之地图，及城隍、镇戍、烽候之数，辨其邦国都鄙之远迩，及四夷之归化者。凡地图委州府，三年一造，与板籍偕上省。其外夷每有番客到京，委鸿胪讯其本人本国山川风土为图以上奏焉。"

② 《唐会要》卷73《安西都护府》注："西域既平，遣使分往康国及吐火罗国，访其风俗物产，及古今废置，画图以进。因令史官撰《西域图志》60卷。"

以和尚为最多。而且中国和尚还充分表现了中华民族的特点：他们喜爱历史，也喜爱地理。他们实事求是，很少浮夸。他们写了不少的书，比如：

晋法显《佛国记》，今存。

释道安《西域志》，今佚。①

支僧载《外国事》，今佚。

智猛《游行外国传》，今佚。

释昙景（勇）：《外国传》，今佚。

竺法维《佛国记》，今佚。

释法盛《历国传》，今佚。

竺枝《扶南记》，今佚。②

惠生《惠生行传》（见《洛阳伽蓝记》）。

这些书无论如何，总可以说是中国佛教僧侣对中外文化交流历史的一个重大贡献。

到了玄奘的《大唐西域记》，佛教僧侣不但对中国地理学的贡献达到一个前所未有的水平，而且对印度地理学的贡献也是非常巨大的。在当时的历史背景下，这一部书确实是空前的。这一部杰作之所以能够产生，除了玄奘本人的天才与努力之外，还有其客观的需要。由于隋末的统治者滥用民力，对外讨伐，对内镇压起义军，杀人盈野，国力虚耗，突厥人乘机而起，不但威胁了隋代的统治基础，而且连新兴起的唐高祖李渊也不得不暂时向突厥低头称臣。唐高祖和太宗都深以为耻，必欲雪

① 见王庸《中国地理学史》。
② 均见向达《汉唐间西域及海南诸国古地理书叙录》《唐代长安与西域文明》，三联书店1957年版。

之而后快。想要进攻突厥或西域其他威胁唐王室的民族，必须了解地理情况，唐太宗之所以一见面即敦促玄奘写书，其原因就在这里。玄奘是一个有政治头脑的和尚，决不会辜负太宗的希望，《大唐西域记》于是就产生了。太宗拒绝经题，但是对于这一部书却非凡珍惜，他对玄奘说："又云新撰《西域记》者，当自披览。"可见他的心情之迫切了。

现在再谈第二点。

首先同中国类似的书相比。中国古代关于印度的记载，在汉以前的古书中，可能已经有了。但是神话传说很多，除了知道我们两国从远古起就有了交往以外，具体的事情所知不多。从汉代起数量就多了起来。佛教传入中国以后，两国间直接的交通日益频繁，对彼此了解情况，大有帮助。到印度去的僧人写了不少的书，上面已经列举了一些。但是所有这些书同《大唐西域记》比较起来，无论是从量的方面比，还是从质的方面比，都如小巫见大巫，不能望其项背。像《大唐西域记》内容这样丰富，记载的国家这样多，记载得又这样翔实，连玄奘以后很长的时间内，也没有一本书能够比得上的。因此，从中国方面来说，《大唐西域记》确实算是一个高峰。

其他外国人写的有关印度的书怎样呢？

印度民族是一个伟大的非常有智慧的民族，在古代曾创造出灿烂的文化，哲学、自然科学都有很高的造诣，对世界文化做出了巨大的贡献。但是印度民族性格中却有一个特点：不大重视历史的记述，对时间和空间这两方面都难免有幻想过多、夸张过甚的倾向。因此马克思才有"印度没有历史"之叹 ①。现在要想认真研究印度历史，特别是古代史，就必须依靠外国人的记载。从古代一直到中世，到过印度的

---

① 马克思：《不列颠在印度统治的未来结果》，《马克思恩格斯选集》第2卷，人民出版社1972年版，第69页。他的原话是："印度社会根本没有历史，至少是没有为人所知的历史。"

外国人非常多，没有亲身到过但有兴趣的也不少。他们留下了很多的记载。这些记载对研究印度历史来说，都成了稀世之宝。首先必须提出的是古代希腊人的著述。在这方面最早的是一个叫 Skylax 的人的记录。传说他于公元前 547 年左右泛舟印度河。他的著作已经佚失。其次是克特西亚斯（Ctesias），他的著作主要是一些寓言。再就是所谓"历史之父"的希罗多德（Herodotus，公元前 5 世纪，有人说是公元前 484—前 406 年）的记述。可惜他的资料不是根据亲身经历，而是来自波斯人的传闻，因此多不可靠。最重要的是亚历山大入侵时或以后的希腊人的著作，这些人亲自到过印度。记述亚历山大入侵的有希腊作家，也有罗马作家，比如：阿里安（Arrian，约 96—180 年）的《亚历山大远征记》[①]，第四卷；Curtius Rufus Quintus（约 41—54 年）的 *De Rebus Gestis Alexandri Magnl*，第五卷；Diodorus Siculus（公元前 1 世纪后半叶）的 *Bibliotheco Historica*，第 17 卷；Justin（公元 2 世纪）的 *Epitoma Historiarum Phlippicarum*，第 12 卷；普鲁塔克（Plutarch，约 46—120 年）的《希腊罗马名人传》；无名氏的《亚历山大大帝的历程》等。特别值得一提的是麦伽塞因斯（Megasthenes）。他曾到孔雀王朝朝廷上当过大使，在华氏城住过几年（约公元前 303—前 292 年），亲眼见过印度，所记当然翔实。但他那名叫《印度记》（*Indika*）的书已佚，仅见于其他书籍中，例如：1. 斯特拉波（Strabo，公元前 63—公元 19 年）的著作《地理学》（*Geographica*，共 17 卷），取材庞杂；2. 底奥多鲁斯（Diodorus，公元前 1 世纪，生活在亚历山大城和罗马）的《历史书库》（*Historische Bibliothek*，原书 40 卷，现存 1 卷至 5 卷，11 卷至 20 卷）；3. 阿里安（Arrian）的《亚历山大远征记》等。一鳞半爪，难窥全豹。在地理方面最重要的著作是麦伽塞因斯的《印度记》

---

① 中文有李活译本，商务印书馆 1978 年版。

（*Indica*），斯特拉波 Pliny 和 Ptolemy 的地理书。更重要更确切的地理书是 *Periplus Maris Erythraei*，时间约在公元 1 世纪，著者是一个住在埃及的希腊人，他曾航海至印度海岸。这些都是在玄奘之前的。晚于玄奘的还有不少，比如马可波罗《游记》[1]，伊本·白图泰（Ibn-Batuta）的《游记》[2]。这都是人所熟知的。还有贝鲁尼。贝鲁尼全名是 Abu-r-Raihan Mohammed ibn Achmed al-Beruni，是伊斯兰教最伟大的学者之一。生于花拉子模（Choresm），死于伽色腻（Ghasni 阿富汗）。生活时间从公元 973 年到 1050 年以后。自公元 1018 年起作为天文学家生活在 Sultan Machmud von Ghazni 和他的继承人的朝廷上。他精通地理、天文、数学、年代学、矿物学、宗教学、史学等。他的著作非常多。其中关于印度的有《印度》，英译书名是 *Al-Biruni's India*，译者是萨豪（E.C.Sachau）。还有《古代民族编年史》，英译书名是 *The Chronology of Ancient Nations*，1879，译者也是萨豪。其他天文著作有《占星学引论》（*The Book of Instruction in the Elements of the Art of Astrology*, 1934），英译者是莱特（R.R.Wright）。贝鲁尼有关印度的著作，不像以上两种那样著名。实际上价值决不下于以上两种，现已引起欧洲和全世界各国学者的注意。

比较更晚一点的还有：托马斯·罗欧（Thomas Roe）的著作。他是英国国王詹谟斯一世派往印度莫卧儿皇帝扎亨吉朝廷上的大使，写了一部书，叫做：《托马斯·罗欧爵士使印度记 1615—1619》[3]。此外还有法国人弗朗索瓦·泊尼尔（Francois Bernier）的著作，他于公元 1668

---

① 有冯承钧译本《马可波罗行记》商务印书馆 1937 年版。
② 有马金鹏译本《伊本·白图泰游记》，华夏出版社 2015 年版。
③ *Thomas Roe, The Embassy of sir Thomas Roe to India* 1615-1619, E.D. W.Forsten (London, 1926).

年访印，写了一本《旅行记》①。根据印度史学家罗米拉·塔帕（Romila Thapar）的意见，这两本书成为欧洲了解 17 世纪至 18 世纪的印度的主要依据。其中有些记载是相当可靠的，其他一些则是观察与幻想的混合物②。

以上这些书都各有其特点，都各有其可取之处。我们从这里可以学习到不少的有用的东西，对于研究古代中世纪和十七八世纪印度的历史有很大的帮助。但是在玄奘以前的那一些著作都比较简略，不能帮助我们全面了解印度。在玄奘以后的那一些著作，当然都详细多了。但是它们都无法代替《大唐西域记》，要想了解古代和 7 世纪以前的印度，仍然只能依靠这一部书。

《大唐西域记》的功绩究竟表现在什么地方呢？

研究印度历史的中外学者都承认，古代印度的历史几乎全部都隐没在一团迷雾中，只有神话，只有传说，也有一些人物，但是对历史科学来说最重要的年代，却无从确定。有的史学家形象地说，在古代印度没有年代的一片黑暗中，有一根闪光的柱子，这就是释迦牟尼的生卒年代。确定了这个年代，以前以后的几件大事的年代的确定就都有了可靠的依据，因而才真正能谈到历史。而释迦牟尼年代的确定，中国载籍起了很大的作用，《大唐西域记》对于确定佛陀生卒年月也起过作用。古希腊亚历山大的东征，曾起了帮助确定年代的作用，这次东征对理解阿育王碑有很大好处。我们在这里暂不详细讨论。

除了释迦牟尼的年代以外，《大唐西域记》对印度古代和中世纪的历史上的许多大事件都有所记述。比如关于伟大的语法学家波尼尼，关于毗卢择迦王伐诸释，关于阿育王与太子拘浪拿的故事，等等。迦腻

① *Voyages de F.Bernier* (Amsterdam, 1699).
② Romila Thapar, *Ancient India Social History*（《古代印度社会史》），New Delhi, 1978, p.1-2.

色迦王的问题多少年来在世界许多国家的历史学家中已经成为一个热门,《大唐西域记》有四五处讲到迦腻色迦,给这个问题提供了宝贵的资料。至于在玄奘时代,印度的政治、经济、宗教、文化、民族关系等方面,《大唐西域记》都有非常翔实的论述。我们在上面讲到这些方面的时候,主要依据就是这些论述。如果再谈到佛教史,这书里的材料就更多。几次结集的记载,除了南传佛教承认的阿育王的集结外,这里都有。关于大乘与小乘,大乘的许多大师,马鸣、龙猛(树)与提婆,无著与世亲,他们的活动的情况,这里也都有。我并不是说,这些记载都是百分之百的真实,那是不可能的,在玄奘那样一个时代,又加上他是一个虔诚的佛徒,有些神话迷信的色彩,是不可避免的,也是容易理解的。不过这些都只能算是白玉中的微瑕,决不能掩盖这一部奇书的光辉。而且这种情况仅仅限于宗教方面,一讲到地理、历史,就仿佛从神话世界回到现实世界,记载都比较翔实可靠了。

统观全书,包括了一百多个"国",玄奘的记述有长有短,但是不管多么短,他的记述似乎有一个比较固定的全面的章法:幅员大小、都城大小、地理形势、农业、商业、风俗、文艺、语言、文字、货币、国王、宗教等等,这些方面几乎都要涉及。当时和今天要想了解这个"国",除了以上这些方面,还要了解些什么呢?他能用极其简洁的语言描绘大量的事实,不但确切,而且生动。所以,我们可以说,玄奘是一个运用语言的大师,描绘历史和地理的能手,而《大唐西域记》是一部稀世奇书,其他外国人的著作是很难同这一部书相比的。

现在谈第三点。

上面我们讲了《大唐西域记》帮助我们解决了许多历史上的疑难问题。比如关于印度当时的政治、经济情况,关于重大的历史事件,关于宗教力量的对比,关于佛教的几次结集,关于大、小乘力量的对比,关于小乘部派的分布情况,等等。离开了《大唐西域记》,这些问题几乎都是无法解答的。但是我个人有一个想法：比解决问题更重要的是它提出了一些还没有解决的问题，这就启发我们进一步去思考问题、研究问题，帮助我们把研究工作更向前推进。

这样的地方是非常多的，几乎在每一卷里都可以找到一些，我在这里只能举出几个来当做例子。首先我想举玄奘所经各"国"的语言问题。玄奘是一个非常细致的观察家，对语言似乎是特别留心。他所到之处，不管停留多么短暂，他总要对当地语言、文字的情况写上几句，比如：

> 阿耆尼国
>
> 文字取则印度，微有增损。
>
> 屈支国
>
> 文字取则印度，粗有改变。
>
> 跋禄迦国
>
> 文字法则，同屈支国，语言少异。
>
> 窣利地区
>
> 文字语言，即随称矣。字源简略，本二十余言，转而相生，其流浸广，粗有书记，竖读其文，递相传授，师资无替。
>
> 捍国
>
> 语异诸国。
>
> 睹货逻国
>
> 语言去就，稍异诸国。字源二十五言，转而相生，用之备物，书以横读，自左向右，文记渐多，逾广窣利。

因为日本学者水谷真成对于这个问题已有比较详细的论证，我在这里不再引用原文，请参阅水谷真成《大唐西域记》，《中国古典文学大系》22。

在 19 世纪末 20 世纪初年以前，学者们对玄奘的记载只能从字面上接受，他讲到的这些语言，他们可以说是一无所知。但是从那个时期开始的在中国新疆一带进行的考古发掘工作，却用地下出土的实物、古代语言文字的残卷证实了玄奘的记载。是不是全部都证实了呢？也不是的。一方面现在还有一些出土的残卷，我们还没能读通。另一方面，考古发掘工作还要进行下去。将来一定还有更多、更惊人的发现，我们在这方面的工作可以说是刚刚开始。就以水谷真成的文章而论，他引证了大量的文献，论述了新疆、中亚一带（古代所谓"西域"）和印度本土的语言文字。但是对捍国的语言文字还没有论述。玄奘《大唐西域记》说这里："语异诸国。"同其他国都不一样，究竟是一种什么语言呢？这就需要我们进一步探讨研究。

除了语言文字以外，还有宗教方面的问题。玄奘谈到了许多佛教和印度教常见的神，他也谈到了许多别的教派和印度教不大常见的神，比如卷二健驮罗国，跋虏沙城讲到的毗魔天女，梵文是 Bhīmā，是大神湿婆的老婆，一名难近母（Durgā）；卷七吠舍厘国讲到"露形之徒，实繁其党"，所谓"露形之徒"指的是印度教苦行者，也可能指的是耆那教的所谓"天衣派"，二者都是赤身露体的；卷十三摩咀吒国讲到"异道杂居，露形尼乾，其徒特盛"，这里明说的是耆那教（尼乾）；卷十羯伽国讲到"天祠百余所，异道甚众，多是尼乾之徒也"；卷十珠利耶国讲到"天祠数十所，多露形外道也"；卷十达罗毗荼国讲到"天祠八十余所，多露形外道也"；卷三僧诃补罗国谈到耆那教"本师所说文法，多窃佛经之义""威仪律行，颇同僧法"。

书中有一些关于提婆达多的记载，其中有的非常重要、有启发性。劫比罗伐窣堵国讲到提婆达多打死大象堵塞佛走的道路。婆罗疤斯国讲到在过去生中如来与提婆达多俱为鹿王，菩萨鹿王仁爱慈悲，提婆达多鹿王则正相反。菩萨鹿王想代怀孕母鹿到宫中去供膳，结果感动了国王，释放群鹿。摩揭陀国讲到：

> 宫城北门外有窣堵波，是提婆达多与未生怨王共为亲友，乃放护财醉象，欲害如来，如来指端出五师子，醉象于此驯伏而前。

这里说到提婆达多与未生怨王的密切关系。摩揭陀国还讲到，提婆达多用石遥掷向佛。讲到提婆达多入定的地方。最有趣的是室罗伐悉底国的那一段记载：

> 伽蓝东百余步，有大深坑，是提婆达多欲以毒药害佛，生身陷入地狱处。提婆达多，斛饭王之子也。精勤十二年，已诵持八万法藏。后为利故，求学神通，亲近恶友，共相议曰："我相三十，减佛未几，大众围绕，何异如来？"思惟是已，即事破僧。舍利子、没特伽罗子奉佛指告，承佛威神，说法诲喻，僧复和合。提婆达多恶心不舍，以恶毒药置指爪中，欲因作礼，以伤害佛。方行此谋，自远而来，至于此也，地遂坼焉，生陷地狱。

很多佛典上把提婆达多说成是一个单纯的坏家伙，什么都不懂。这里讲到提婆达多并不是一个无能之辈，他"精勤十二年，已诵持八万法藏"，而且身上还有三十大人相。羯罗拿苏伐刺那国讲到：

> 别有三伽蓝，不食乳酪，遵提婆达多遗训也。

短短几句话很有启发。提婆达多是佛的死敌，佛教徒把他恨得咬牙切齿，把他说得一无是处。说根本没有几个人听他的话，然而，到了玄奘时期，离开佛与提婆达多已经一千多年了。在东印度居然还有提婆达多的信徒，而且又是这样忠诚于他。实在值得深思。关于这个问题，法显《佛国记》中已有记载。讲到拘萨罗国舍卫城时，法显写道：

> 调达亦有众在，供养过去三佛，唯不供养释迦文佛。

"调达"就是提婆达多的另一个译法。舍卫城是在中印度。玄奘讲到的羯罗拿苏伐剌那国是在东印度，可见提婆达多的信徒不但存在，而且地方还相当广。

此外，玄奘讲到提婆达多的信徒"不食乳酪"。对于研究印度佛教史这是一个很有趣的问题。唐义净译的《根本说一切有部毗奈耶破僧事》卷十：

> 于是提婆达多，谤毁圣说，决生耶（邪）见，定断善根。但有此生，更无后世。作是知己，于其徒众别立五法。便告之曰："尔等应知，沙门乔答摩及诸徒众，咸食乳酪。我等从今更不应食。何缘由此？令彼犊儿镇婴饥苦。又沙门乔答摩听食鱼肉，我等从今更不应食。何缘由此？于诸众生为断命事。"①

可见这种习惯来源已久。《根本说一切有部毗奈耶破僧事》讲的只是书本上的记载。能否相信，还值得考虑。玄奘讲的却是活生生的事实。它证明《根本说一切有部毗奈耶破僧事》讲的不是向壁虚构。

但是这件看来似乎是小事情的事实还有更深的意义。义净《南海寄归内法传》卷一说：

---

① �卷 24,149b。

> 律云：半者蒲膳尼，半者珂但尼。薄膳尼以含啖为义，珂但尼即啮嚼受名。半者谓五也。半者蒲膳尼，应译为五啖食，旧云五正者，准义翻也。一饭二麦豆饭三四肉五饼。半者珂但尼，应译为五嚼食。一根二茎三叶四花五果。其无缘者若食初五，后五必不合飡。若先食后五，前五啖便随意。准知乳酪等非二五所收。律文更无别号，明非正食所摄。[①]

　　学者们的意见是，这里讲的是大乘和尚，他们都不许吃奶制品。此外，上面引用的《根本说一切有部毗奈耶破僧事》中还谈到吃鱼、肉的问题。这也是佛教史上一个有趣的问题。看来小乘基本上是允许吃肉的，至少对有病的和尚是允许的。佛本人在死前可能就吃过猪肉。在这一段引文中，提婆达多拿吃肉这件事当做武器同释迦牟尼斗争。这很值得我们注意，当另文讨论[②]。从时间上来看，大乘的起源距提婆达多至少已有几百年的历史，为什么饮食的禁忌竟如此之相似呢？我们都知道，大乘是对小乘的发展与反动，而提婆达多则是释迦牟尼的对手。二者间难道还有什么联系吗？我觉得，这是个非常值得思考探索的问题。

　　还有一个非常有趣的问题。《大唐西域记》卷十一信度国有一段话：

> 信度河侧千余里陂泽间，有数百千户，于此宅居，其性刚烈，唯杀是务，牧牛自活，无所系命。若男若女，无贵无贱，剃须发，服袈裟，像类苾刍，而行俗事，专执小见，非斥大乘。闻之耆旧曰：昔此地民庶安忍，但事凶残，时有罗汉愍其颠坠，为化彼故，

---

① 大卷 54,210b。

② 参阅章炳麟《大乘佛教缘起考》，《章氏丛书·大炎文录·别录》。

乘虚而来，现大神通，示稀有事，令众信受，渐导言教，诸人敬
悦，愿奉指诲，罗汉知众心顺，为授三归，息其凶暴，悉断杀生，
剃发染衣，恭行法教，年代浸远，世易时移，守善既亏，余风不
殄，虽服法衣，尝无戒善，子孙奕世，习以成俗。

这段话引起了许多学者的注意。印度学者高善必写道：

最后这一段引文非常有趣，因为它告诉我们，雅利安人的仍然
从事畜牧业的部落的后裔在这条河边上继续干些什么，这一条河是
因陀罗"解放"出来的。他们这服装是否是佛教的做法或者是更早
时候形成的习惯，这种习惯通过东方的雅利安人而影响了佛陀对服
装的选择，这都不清楚；可能是前者。其余的记载则告诉人们，佛
教如何已逐渐向着喇嘛教发展，或者已变成一个神学的游戏，这种
游戏只限于获得极大利益的野心家。[①]

无论如何，这一段短短的记载提出了许多问题，也可以说是提供了
一些线索，我们应该进一步加以研究。

上面是宗教方面的问题。在社会制度方面，玄奘也提出了一些值得
研究的情况。比如在第二卷里他写道：

其婆罗门学四吠陀论：一曰寿，谓养生缮性。二曰祠，谓享祭
祈祷。三曰平，谓礼仪、占卜、兵法、军阵。四曰术，谓异能、伎
数、禁咒、医方。

---

① 《印度史研究导论》，第293页。

这同我们平常的说法不同，怎样解释呢？

此外，《大唐西域记》还记了一些当时印度社会里发生的看来不是很重大的事件，但是今天的历史学家看了以后，从中可以看出重大的意义。比如钵逻耶伽国大施场东合流口一天有数百人自沉。高善必认为，当时社会上必然有一部分人甚至是上流社会的人感到不满意，否则就无法解释，为什么这些老一点的人不死在圣河恒河的岸上而死在水中 ①。第二卷关于当时印度刑法的叙述，关于赋税、王田、分地和封邑的叙述，甚至关于蔬菜的叙述：

> 蔬菜则有姜、芥、瓜、瓠、荤陀菜等，葱、蒜虽少，啖食亦希，家有食者，驱令出郭。

高善必都能从里面得出相应的结论。他讲到，当时北印度有许多饮食方面的禁忌（塔布），比如不吃牛肉等，不吃葱蒜等，一直到今天，还没有多少改变 ②。

总之，正如我们上面已经说过的那样，《大唐西域记》提出来的新问题，比已经解决的问题还要重要，还更有意义。我上面举的仅仅不过只是几个例子而已。

我最近偶尔读到几本关于中世纪印度的书籍，作者都是印度学者。一本是古普塔的《檀丁时代的社会与文化》（Dharmendra Kumar Gupta: *Society and Culture in the Time of Dandin*，新德里，1972 年）。他大量地引证了《大唐西域记》的材料。第二章叫做《当时的历史透视》，基本上是根据《大唐西域记》的材料写成的。除了这一章以外，

① 《印度研究史导论》，第 284 页。
② 《印度研究史导论》，第 286-289 页。

在其他章节里，比如《政治理论与国家管理》《社会和经济生活》等，也经常引用这本书的材料。另一本是乔希的《印度佛教文化之研究》（Lalmani Joshi: *Studies in the Buddhistic Culture of India during the 7th and 8th Centuries A.D.Delhi*，Varanasi, Patna, 1977）。书中也大量地引用了《大唐西域记》的材料。我相信，读这两本比较新的书的人，都会自然而然地就得到一个印象：如果没有《大唐西域记》，这两本书恐怕是难以写成的。像这两部书的书还多得很，这也不过是几个例子而已。

最后一点谈一谈实践的问题。

这一点同上面谈的问题是有联系的。经过了一千多年实践的考验，特别是在最近一百多年内的考验，充分证明《大唐西域记》是有其伟大的意义的。玄奘这个人和他这一部书，对加强中印两国人民的传统友谊和互相学习、互相了解已经起了而且还将继续起不可估量的作用。玄奘的大名，在印度几乎是妇孺皆知，家喻户晓。正如我们在本文开始时写到的：他已经成了中印友好的化身。至于《大唐西域记》这一部书，早已经成了研究印度历史、哲学史、宗教史、文学史等等的瑰宝。我们几乎找不到一本讲印度古代问题而不引用玄奘《大唐西域记》的书。不管作者的观点如何，不管是唯心主义还是唯物主义，都或多或少地引用《大唐西域记》。这部书中有一些资料，是任何其他书中都找不到的。从上个世纪后半叶开始，国外学者就开始注意《大唐西域记》，开始有外文译本出现。现在先将欧洲的译本条列如下：

法文译本：

Julien, S.: Mémoires sur les contrées occidentales, traduits du Sanscrit en Chinois, en l'An 648，par Hiouen-Thsang, et du Chinois en Francais.2 tomes, 1857-8, Paris.

英文译本：

Beal, S.: Si-yu-ki, Buddhist Records of the Western World. Translated from the Chinese of Hiuen Tsiang （A.D.629). 2.Vols. 1884, London.

Watters,Th: On Yuan Chwang's Travels in India (629—645A. D.), edited after his death, by T.W.Rhys Davids and S.W.Bushell.2 Vols.1904-5, London.

日文翻译和注释本：

堀谦德《解说西域记》，1912 年，东京。

小野玄妙译《大唐西域记》，《国译一切经》史僧部一六，1936 年。

足立喜六《大唐西域记之研究》，二册，1942—1943 年，东京。

水谷真成《大唐西域记》，《中国古典文学大系》22，平凡社，东京，1972 年。

至于研究印度的学者对本书的评价，那简直就是车载斗量，无法一一抄录。我在这里想从代表各种类型、各种流派的历史学家中各选一个代表，谈一谈他们对《大唐西域记》的评价，这也就算是一种"优选法"吧。印度史学家罗米拉·塔帕（Romila Thapar）把研究印度史的学者分为许多类型①。我就是根据她的类型说来选择的。首先我想选择 20 世纪早期的英国印度史学家斯密士（Vincent Smith），他是代表英国

---

① 罗米拉·塔帕：《古代印度社会史》（*Ancient Indian Social History*），新德里，1978 年。

的利益、崇拜英国、又崇拜伟大人物的。他的历史观是英雄史观。他对《大唐西域记》的意见是：

> 印度历史对玄奘欠下的债是决不会估价过高的。[①]

这是一种类型。

到了二十世纪二三十年代，印度蓬蓬勃勃的民族解放运动影响了史学界。这时有一大批印度历史学者出现，他们一反前一阶段的做法，把反对帝国主义、要求民族解放和提高民族自尊心的思想贯穿在史学著作中，最著名的代表之一就是著名历史学家马宗达（R.C.Majumdar），他在《古代印度》（*Ancient India*）中说：

> 我们记述的有关曷利沙伐弹那的绝大部分事实都来自一个游方僧的惊人的记载，此外，这些记载还给我们描绘了一幅印度当时情况的图画，这种图画是任何地方都找不到的。

马宗达还在孟买印度科学院出版的《印度人民的历史和文化》（*The History and Culture of the Indian People*）第一卷《吠陀时期》对中国赴印留学的几位高僧法显、玄奘、义净评论说：

> （他们）把自己的经历写成了相当厚的书，这些书有幸都完整地保存了下来，并且译成了英文。三个人都在印度呆了许多年，学习了印度语言，法显和玄奘广泛游览，几乎游遍全印。在这些方

----

① 意思就是："无论怎样评价也不会过分。"见所著《牛津印度史》（*The Oxford Hisrlty of India*），牛津大学，1928 年版，第 169 页。

面，他们比希腊旅行家有无可怀疑的有利之处。

1978 年，印度著名历史学家阿里（Ali）教授的来信中说：

"如果没有法显、玄奘和马欢的著作，重建印度史是完全不可能的。"

这又是一个类型。

至于用马列主义观点研究印度历史的学者，前面引的高善必就是其中的先驱者和杰出的代表，他应用《大唐西域记》来研究印度历史，上面已经有了足够的例子，这里不再谈了。

这又是一个类型。

总之，研究印度历史的学者，不管他是哪一国人，不管他代表哪一种观点，他们都给予《大唐西域记》以极高的评价。上面几个例子充分可以证明，在上百年的研究印度史的实践中，《大唐西域记》已经表现出了自己的价值。再引更多的例子完全没有必要了。

对于玄奘的研究，对于《大唐西域记》的研究，尽管在中国和全世界范围内已经进行了很多年，也已取得了很大的成绩；但是我总感觉到，好像方才开始。要想用科学的观点实事求是地研究印度史，研究中印文化关系史，首先必须占有资料，像《大唐西域记》这样的资料堪称其中瑰宝。正如我上面已经说到的那样，书中的许多问题还没有解决。我上面这些不成熟的意见，只能看做是初步尝试。引玉抛砖，敢请以我为始；发扬光大，尚有待于来者。

1980年4月27日校毕

本题文字为《玄奘与<大唐西域>——校注<大唐西域记>前言》的第六部分，选自《季羡林学术论著自选集》（北京师范大学出版社1991年5月版）

佛教的倒流

　　我们讲"文化交流"，其中"交"字是关键。既然说"交"，就不会是向一个方向流，形成了所谓 one-way traffic，而是相向地流，这才是真正的"交流"。一方的新东西、新思想、新科技等等流向另一方。另一方的新东西、新思想、新科技等等也流向这一方。有时候，流过来的东西，经过这一方的改造、加工、发展、提高，又流了回去。如此循环往复，无休无止，一步比一步提高，从而促进了人类文化的发展，以及人类社会的进步。这种流出去又流回来的现象，我称之为"倒流"。

　　这种现象在科学技术方面特别明显而常见。但是在意识形态方面，则比较隐晦。至于在意识形态中最微妙的那一部分——宗教中，由于宗教的排他性特别强，则几乎是难以见到，甚至可以说是根本不见。

　　有之，自中印之间的佛教"倒流"始。这在印度佛教史上，在中印文化交流史上，甚至在世界宗教史上，是一个非常有趣的现象，一个非常值得深思的现象。为什么会在佛教中出现这种现象呢？这现象是否在其他宗教中也出现呢？如果不出现，那么原因何在呢？这样一些问题，对研究佛教史，对研究中印文化交流史，对研究世界宗教史，都有深刻的意义。但是，就我浏览所及，还没有哪一部佛教史或有关的书籍，认真地谈到这个问题。我认为，这不能不说是一件憾事。我现在试着对这个佛教倒流的现象作一些阐述，最后提出我的解释。

佛教是从印度传到中国来的。中国人接受了这一个外来的宗教以后，并不是墨守成规、原封不动地把它保留了下来，而是加以改造和提高，加以发扬光大，在传播流通过程中，形成了许多宗派。总起来看，在律的方面——僧伽组织方面的改变，比起在教义方面的改变与发展，要少一些，要不太引人注目一些。在佛教义理方面，中国高僧在几百年上千年的钻研与学习中，有了很多新的发展，有的又"倒流"回印度，形成了我所说的"佛教的倒流"。中国佛教典籍中对于这种现象有一些记载。我在下面举几个例子。

元念常集《佛祖历代通载》卷十三：

> 玄宗隆基开元二年（714年）十月十七日，永嘉玄觉禅师示寂。……与东阳策禅师偕谒六祖。……须臾告辞。祖曰："返太速乎？"师曰："本自无动，岂有速耶？"祖曰："谁知非动？"师曰："仁者自生分别。"祖曰："女（汝）甚明得无生之意。"师曰："无生岂有意耶？"祖曰："无意谁当分别？"曰："分别亦非意。"祖曰："善哉！善哉！少留一宿。"时谓一宿觉。及回，学徒奔萃。著《证道歌》一篇，梵僧归天竺。彼皆亲仰，目为东土大乘经，又著《禅宗悟修圆旨》十篇及《观心十门》，并盛传

于世。①

这一段话讲的是中国禅宗中所谓机锋。禅宗，虽然名义上是菩提达摩从印度传到中国来的，但是实际上是在中国发展起来的一个佛教宗派，流行得时间最长，最富于中国色彩。永觉禅师拜谒禅宗六祖慧能，二人耍开了机锋。永觉从中悟得大道（觉）。六祖连声高呼："善哉！善哉！"《证道歌》中的思想大概也不出中国禅宗的这一套东西。这一套东西印度人可能是陌生的，认为是莫测高深的。因而《证道歌》终于在唐玄宗时期（8世纪）传回了印度，为那里的人所"亲仰"。

最有典型意义的"倒流"现象是宋赞宁的《宋高僧传》二十七《含光传》所讲的情况。《传》中说：

> 时天台宗学湛然，解了禅观，深得智者膏腴。尝与江淮僧四十余人入清凉境界。湛然与光相见，问西域传法之事。光云：有一国僧，体解空宗，问及智者教法。梵僧云："曾闻此教定邪正，晓偏圆，明止观，功推第一。"再三嘱光，或因缘重至，为翻唐为梵，附来，某愿受持。屡屡握手叮嘱。详其南印土多行龙树宗见，故有此流布也。光不知所终。②

这个短短的《传》里讲到湛然见含光，含光谈到一个印度僧人再三叮嘱含光把智𫖮的著作翻成梵文，传到印度。看来智𫖮对大乘空宗的研究水平超过了印度空宗大师龙树。

赞宁是一位很有眼光，很有远见的高僧。他写完了《含光传》以

---

① 《大正新修大藏经》（以下简称为⊕。当页的上、中、下栏表示为 a、b、c）卷 49,589a-b。
② ⊕卷 50,879b-c。

后，心有所感，在《传》后面又写了一个《系》，发挥自己对含光遇到梵僧这一件事情的感想。这一个《系》是中国佛教史上的一篇重要文字，内容丰富，含义深刻。为了具体地阐明我对佛教倒流的看法，我把这一篇不太长的《系》全部抄在下面：

系曰："未闻中华演述佛教倒传西域，有诸乎？"通（羡林按：当即通慧大师）曰："昔梁武世，吐谷浑夸吕可汗使来，求佛像及经论十四条。帝与所撰《涅槃》《般若》《金光明》等经疏一百三卷付之。原其使者必通华言，既达音字，到后以彼土言译华成胡，方令通会。彼亦有僧，必展转传译，从青海西达葱岭北诸国，不久均行五竺，更无疑矣。故车师有《毛诗》《论语》《孝经》，置学官弟子以相教授。虽习读之，皆为胡语是也。又唐西域求易道经。诏僧道译唐为梵。"二教争"菩提"为"道"。纷挐不已，中辍。设能翻传到彼，见此方玄赜之典籍，岂不美欤。又夫西域者佛法之根干也，东夏者传来之枝叶也。世所知者，知枝叶不知根干，而不知枝叶殖土，亦根生干长矣。尼拘律陀树是也。盖东人之敏利，何以知耶？秦人好略，验其言少而解多也。西域之人淳朴，何以知乎？天竺好繁，证其言重而后悟也。由是观之，西域之人利在乎念性、东人利在乎解性也。如无相空教出乎龙树，智者演之，令西域之仰慕。如中道教生乎弥勒，慈恩解之，疑西域之罕及。将知以前二宗殖于智者、慈恩之土中枝叶也。入土别生根干，明矣。善栽接者，见而不识，闻而可爱也。又如合浦之珠，北土之人得之，结步摇而饰冠珮。南海之人见而不识，闻而可爱也。蚕妇之丝，巧匠之家得之，绣衣裳而成黼黻，缪抽之姬见而不识，闻而可爱也。懿乎！智者、慈恩西域之师，焉得不宗仰乎！

你难道不认为这是一篇蕴藏着许多深刻内容又十分有启发性的《系》吗？我现在根据原文内容顺序，对文中所谈的问题，加以必要的诠释，然后作出我认为是合情合理的结论。

先谈梁武帝。

我在这里要谈的是虔诚的佛教信徒萧衍，而不是身为一代人王帝主的梁武帝。因此，二十四史中的《梁书》等所谓正史，我一概不征引，我只从《高僧传》《佛祖统纪》《佛祖历代通载》等佛教典籍中征引必要的资料，来说明我要解决的问题。佛教典籍中当然认为梁武帝是一个非常值得赞扬的人物，吹嘘他是一个虔诚的居士，一生几次舍身出家。但是，在提到辟佛者的意见时，也间或提到萧衍。譬如唐代的韩愈就是这样。这些辟佛者抓住他一生虔诚拜在佛教莲台之下，终于还是落得了一个在侯景之乱中饿死台城的下场这一条辫子不放，使信佛者处于非常尴尬的情况中。

佛教典籍中吹捧梁武帝的地方，比比皆是，我举几个例子。《续高僧传》五《智藏传》说："逮有梁革命，大弘正法。"[1]《续高僧传》二十五《慧云传》说："梁高拨乱弘道，偏уваж释门。"[2]这样的吹捧之辞，还有不少。但在吹捧中也有含有贬意的，唐代魏征的《梁武帝赞》是一个有代表性的例子。魏征说："（梁武帝）剪离德如振槁，取独夫如拾遗，其雄才大略，固不可得而称矣。既悬白旗之首，方应皇天之眷。而布泽施仁，悦近来远，开荡荡之王道，革靡靡之商俗，大修文学，盛饰礼容，鼓扇玄风，阐扬儒业，介胄仁义，折冲樽俎，声振寰区，泽周遐裔，干戈载戢，凡数十年。济济焉，洋洋焉，魏晋以来，未有若斯之盛也。然不能息末敦本，斲雕为朴，慕名好事，崇尚浮华，抑

---

[1] ㊛卷 50,466a。

[2] ㊛卷 50,650b。

扬孔墨，流连释老，或终夜不寐，或日旰不食，非弘道以利物，唯饰智以惊愚。……"①这是一个崇奉儒家者的意见。可以参照。《佛祖历代通载》用极长的篇幅来为他树碑立传，记述他学佛的过程。他从高僧宝志交游，宝志示寂，梁武建浮图五级，葬大士其下。"凡大士（宝志）所为秘谶偈句，多著《南史》。为学者述《大乘赞》十篇，《科诵》十四篇，并《十二时歌》，皆畅道幽致，其旨与宗门冥合，今盛传于世"。天监三年（504年）四月八日，梁武帝亲制文发愿，乞凭佛力，永弃道教。五年（506年）帝注《大品》。十年（511年），诏法师僧旻入惠轮殿讲《胜鬘经》。十一年（512年）有旨命宝亮法师授《涅槃义疏》，帝为之序。又下诏蔬食断肉，造《断酒肉文》及《净业赋》，普通元年（520年），帝于禁中筑圆坛，将禀受归戒。以惠约为师，太子诸王公卿道俗从约授戒者四万八千人。时释子多纵率，帝患之，欲自以律行僧正事。帝开放宫禁，恣僧游览。大通元年（527年），帝幸同泰寺舍身。中大通元年（529年）九月，上幸同泰寺舍身，群臣以钱一亿万奉赎回宫。十月，上幸同泰寺，升座讲《涅槃经》，十一月，讲《般若经》。太清三年（549年），侯景作乱，梁武帝萧衍死。《佛祖历代通载》九评论他说："幼而好学，六艺备闲，基登逸品。至于阴阳纬候卜筮占决草隶尺牍骑射，并洞精微。虽登大位，万机多务，犹手不释卷，然烛测光，尝至戊夜。撰《通史》六百卷、《金海》三十卷，《五经义注》《讲疏》等，合二百余卷，赞序诏诰铭诔箴颂奏诸文，凡一百二十卷。晚奉佛道，日止一食，无鲜腴，唯豆羹粝饭而已。或遇事拥，不暇就食，日才过中，便嗽口而坐。制《涅槃》《大品》《净名》《三惠》诸经义记数百卷。听览余暇，即于重云殿同泰寺讲说，名僧硕学四部听众常万余。衣布衣木棉皂帐，一冠三载，一被二年。自五十

---

① ⓧ卷 49,552b。

外，便断房室，不饮酒，不取音乐，非宗庙祭祀大会飨宴及诸法事，未尝举乐。勤于政事，每冬月四更竟，即敕把烛看事。执笔触寒，手为皴裂。然仁爱不断，亲亲及所近倖，愆犯多纵舍。坐是政刑弛紊。"① 根据上面的叙述，梁武帝应该说是一个非常难得的虔诚的皇帝。虽然由于"仁爱不断"等可能是佛教影响过分姑息的作法，终致以耄耋之年饿死台城，但是总不失为一个有学问、有道德的帝王。他的有关佛教义理的著作能影响到西域，以致吐谷浑夸吕可汗派人来求佛像及经论，完全是可以理解的。至于他《涅槃》《般若》《金光明》等经疏能够"均行五竺"，看来只是通慧大师推测之辞，还没有找到有关的记载。

梁武帝这样一个人，从佛教倒流的角度来看，当然使我很感兴趣。但是从同一个角度来看使我更感兴趣的却是同梁武帝有某些牵连的一个印度和尚，他就是有名的菩提达摩大师，所谓东土禅宗初祖。他是天竺南印度国香至王第三子。父王死后，他出了家。《佛祖历代通载》九，把菩提达摩事系于梁大通元年（527 年）。下面一段记载值得注意：

> （达摩）遇二十七祖般若多罗，付以大法。因问："我既得法，宜化何国？"多罗曰："汝得法已，俟吾灭度六十余年，当往震旦阐化。"曰："彼有法（浩）器，堪继吾宗，千载之下，有留难否？"多罗曰："汝所化方，得菩提者，不可胜数。吾灭度后，彼有劫难，水中文布善自降之。"②

---

① 大卷 49,544b–552b。参阅《佛祖统纪》，卷 37，大卷 49,348b–352a。
② 大卷 49,547c。

《佛祖统纪》二九有类似的记载：

> （达摩）出家之后，遇二十七祖般若多罗，付以大法。谓曰："吾灭后六十年，当往震旦行化。"多罗既亡，师演道国中，久之思震旦缘熟，即至海滨，寄载商舟，以梁大通元年达南海。①

这里没有讲震旦"法器"，只讲"缘熟"，指的是震旦与大法有缘分。

《释氏稽古略》二也有这个记载：

> 姓刹帝利，本名菩提多罗。二十七祖般若多罗至其国，受其父王供养。得所施珠，试其所言。祖谓之曰："汝于诸法已得通量。夫达摩者，通大之义也。宜名菩提达摩。"磨咨之曰："我既得法，当往何国而作佛事？"祖曰："汝虽得法，未可远游。且止南天，待吾灭后六十七载，当往（生）震旦^{东土也}，设大法乐，获菩提者不可胜数。"

下面谈到一个名叫佛大先的和尚，遇到般若多罗，舍小（乘）趣大（乘），与达摩并化。后来达摩"念震旦缘熟，行化时至"，于是来到中国。②

《续高僧传》十六《菩提达摩传》里只说："南天竺婆罗门种，神慧疏朗，闻皆晓悟，志存大乘，冥心虚寂，通微彻数，定学高之，悲此边隅，以法相导。"③没有讲到同中国的缘分，对中国的期望。

---

① ⑥卷 49,291a。
② ⑥卷 49,796c-797a。
③ ⑥卷 50,551b。

《佛祖历代通载》《佛祖统纪》和《释氏稽古略》等三书中所讲的
情况，实际上已经够清楚的了。但是，到了大同元年（535 年）十月，
达摩行将示寂的时候，他对自己选定的接班人惠可说的一番话，更是明
白清楚：

> 吾有《楞伽经》四卷，亦付与汝，即是如来心地要门。吾自
> 离南印，来此东土，见赤县神州有大乘气象，遂逾海越漠，为法求
> 人。际会未谐，如愚若讷。今得汝传授，吾意已终。①

　　菩提达摩信奉的是佛教大乘，上面已经谈到过了。他在这里说得
明明白白，他到中国来是"为法求人"，这"法"就是大乘。他在中国
看到了大乘气象，找到了大乘传人，"吾意已终。"他满意了。众所周
知，中国千余年来，崇奉的就是大乘。这中间有什么必然性吗？这同
我在本文中要探讨的问题有什么联系吗？我在本文结束时再来谈一谈我
的想法。

　　还有一段神话似的故事，也值得提上一下。就在同一书中，在《佛
祖历代通载》九中，讲到达摩示寂以后，"明年，魏使宋云西域回，遇
师于葱岭，手携只履，翩翩独迈。云问：'师今何往？'曰：'西天
去。'及云归朝，具言其事。门人启圹。唯空棺只履存焉。②"难道这
里面蕴含着什么微言大义吗？

　　总之，从梁武帝和菩提达摩这个简单的故事中，我们似乎可以体会
出许多东西来，这些东西都与佛教倒流有关。它起码暗示出，印度人认
为中国人有学习并且发展佛教大乘的根器，这就给佛法倒流准备了有利

---

① ⑥卷 49,548c。
② ⑥卷 49,548c。

的条件。

现在按顺序谈翻《道德经》为梵文的问题。

严格说来，这不属于佛教倒流的范围。但是，既然通慧大师讲到它而赞宁又记了下来，所以我也来谈上一谈。

《旧唐书》一百九十八《天竺国》：

> 有伽没路国①，其俗开东门以向日。王玄策至，其王发使贡以奇珍异物及地图，因请老子像及《道德经》。

《新唐书》二百二十一上《西域列传·天竺国》：

> 迦没路国献异物，并上地图，请老子像。

《新唐书》没有讲《道德经》。《旧唐书》讲到了，肯定是有根据的。在这里，我认为，我们必需回答的问题是：玄奘究竟翻译了《道德经》没有？如果已经翻译了，传到印度去了没有？我现在根据现有的资料，试图解答如下。

《佛祖统纪》二十九，《玄奘》：

> 上令翻《老子》为梵文，以遗西竺。师曰："佛老二教，其致大殊，安用佛言，以通老义？且老子立义肤浅。五竺闻之，适足见薄。"遂止。②

---

① 伽没路国及迦没路国，皆梵文 Kāmarūpa 之音译。
② ⑰卷 49,294c。

这里说得很明确："遂止"，就是根本没有翻译。同书三九，又重复说了上面引用的这一段话，只是说得更详细一些："十月，车驾还京师，敕于北阙大内紫微殿西建弘法院，命奘法师居之。选名德七人以从。昼则陪御谈玄，暮则归院翻译。上令翻《道德经》为梵文，以遗西竺。"下面同上引文基本一致。^①

从上述情况来看，玄奘根本没有动手。但是，上面引用的《含光传·系》中却说："二教争'菩提'为'道'，纷拏不已，中辍。""中辍"就是已经动手翻译，因纷拏而停了下来。这同《佛祖统纪》的说法，稍有不同。

对于这一件事情叙述得最详尽的是《集古今佛道论衡》卷丙《文帝诏令奘法师翻〈老子〉为梵文事第十》。这一段文字很重要，我全文抄在下面：

> 贞观二十一年（647年），西域使李义表还奏，称"东天竺童子王（Kumāra）所，未有佛法，外道宗盛，臣已告云：'支那大国未有佛教已前，旧有得圣（道）人说经，在俗流布。但此文不来。若得闻（文）者，必当信奉。'彼王言：'卿还本国，译为梵言，我欲见之。必道越此徒（従）传通不晚（晓）'"。登即下敕，令玄奘法师与诸道士对共译出。于时道士蔡晃、成英二人，李宗之望，自余锋颖三十余人，并集五通观，日别参议，评核《道德》，奘乃句句披析，穷其义类，得其旨理，方为译之。诸道士等并引用佛经"中""百"等论，以通玄极。奘曰："佛教道教，理致大乖。安用佛理通明道义？"如是言议往还，累日穷勘。出

---

① ㊛卷 49,366b。《大唐大慈恩寺三藏法师传》卷七也谈到了建弘法院的事，但是没有谈到翻译《道德经》，㊛卷 50,259b。

语濩落，的据无从。或诵四谛四果，或诵无得无待。名声云涌，实质俱虚。奘曰："诸先生何事游言，无可寻究？向说四谛四果，道经不明。何因丧本，虚谈老子？旦据四谛一门，门有多义，义理难晓。作论辩之，佛教如是，不可陷沦。向问四谛，但答其名。谛别广义，寻问莫识。如何以此欲相抗乎？道经明道，但是一义。又无别论，用以通辩，不得引佛义宗用解老子，斯理定也。"晃遂归情曰："自昔相传，祖承佛义，所以《维摩》三论，晃素学宗，致令吐言命旨，无非斯理。且道义玄通，洗情为本。在文虽异，厥趣攸同。故引解之，理例无爽。如僧肇著论，盛引老庄。成诵在心，由来不怪。佛言似道，如何不思？"奘曰："佛教初开，深经尚壅。老谈玄理，微附虚怀。尽照落筌，滞而未解。故肇论序致，联类喻之，非谓比拟，便同涯极。今佛经正论繁富，人谋各有司南，两不谐会。然老之《道德》，文止五千。无论解之，但有群注。 自余千卷，事杂符图。张葛之耳附，非老君之气叶。又《道德》两卷，词旨沉深。汉景重之，诚不虚及（反？）。至如何晏、王弼、严遵（道）、钟会、顾欢、萧绎、卢景裕、韦处玄之流数十余家，注解老经，指归非一。皆推步（涉）俗理，莫引佛言。如何弃置旧踪，越津释府？将非探赜过度，同失混沌之窍耶？"于是诸徒无言以对。遂即染翰缀文。厥初云"道"，此乃人言。梵云"末伽"，可以翻度。诸道士等一时举袂曰："'道'翻'末伽'，失于古译。昔称'菩提'，此谓为'道'。未闻'末伽'以为'道'也。"奘曰："今翻《道德》，奉敕不轻。须核方言，乃名传旨。'菩提'言'觉'，'末伽'言'道'。唐梵音义，确尔难乖。岂得浪翻，冒罔天听。"道士成英曰："'佛陀'言'觉'，'菩提'言'道'。由来盛谈，道俗同委。今翻'末伽'，何得非妄？"奘曰："传闻滥真，良谈匪惑。未达梵言，故存恒习。'佛陀'天音，唐言'觉者'。'菩提'天语，人言为'觉'。此则人法两异，声采全乖。'末伽'为'道'，通国齐解。如不见信，谓是妄谈。请以此语，问彼西人？足所行道，彼名何物？非'末伽'者，余是罪人。非唯罔（惆）上，当时亦乃取笑天下。"自此众锋一时潜退，便译尽文。河上序胤缺而不出。成英曰："老经幽秘，闻必具仪。非夫序胤，何以开悟？请为翻度，惠彼边戎。"奘曰："观老存身存国之文，文词具矣。叩齿咽液之序，序实惊人，同巫觋之嫶哇，等禽兽之浅术。将恐两关异国有愧乡（卿，误）邦。"英等不惬其情，以事陈诸朝宰。中书马周曰："西域有道如李庄不？"答："彼土尚道九十六家，并厌形骸为桎梏，指神我为圣本。莫不沦滞情有，致使不拔我根。故其陶练精灵，不能出俗。上极非想，终坠无间。至如顺俗四大之术，冥初（物）六谛之宗，东夏老庄所未言也。若翻老序，彼必以为笑林。奘告忠诚，如何不相体悉！"当时中书门下同僚，咸然此述，遂不翻之。[①]

同上引文内容相似的，还有《续高僧传》四《玄奘传》里的一段话，为了利于比较，为了纠正上引文中的一些错字和难解之处，为了免去读者翻检之劳，我也把它抄在下面：

寻又下敕，令翻《老子》五千文为梵言，以遗西域。奘乃召诸黄巾，述其玄奥，领叠词旨，方为翻述。道士蔡晃、成英等竞引释论《中》《百》玄意，用通道经。奘曰："佛道两教，其致天殊。安用佛言，用通道义？穷核言迹（疏），本出无从。"晃归情曰："自昔相传，祖凭佛教。至于三论，晃所师遵，准义幽通，不无同

---

① ㊁卷 52,386b-387b。

会。故引解也。如僧肇著论，盛引老庄，犹自申明，不相为怪。佛言似道，何爽纶言？"奘曰："佛教初开，深文尚拥。老谈玄理，微附佛言。《肇论》所传，引为联类。岂以喻词，而成通极？今经论繁富，各有司南。老但五千，论无文解。自余千卷，多是医方。至如此土贤明何晏、王弼、周颙、萧绎、顾欢之徒，动数十家，注解《老子》，何不引用？乃复旁通释氏，不乃推步逸踪乎？"既依翻了，将欲封勒。道士成英曰："老经幽邃，非夫序引，何以相通？请为翻之！"奘曰："观老治身治国之文，文词具矣。叩齿咽液之序，其言（辞）鄙陋。将恐西闻异国，有愧乡邦。"英等以事闻诸宰辅。奘又陈露其情。中书马周曰："西域有道如老庄不？"奘曰："九十六道并欲超生。师承有滞，致沦诸有。至如顺世四大之术，冥初六谛之宗，东夏所未言也。若翻《老》序，则恐彼以为笑林。"遂不译之。[1]

大家一看就可以知道，对于研究中国佛教史，中国佛道关系史，甚至中国宗教史来说，这是一篇非常重要的文字，可惜过去鲜为人注意。把上录两个文本对比一下，可以看出，两者叙述的内容基本相同，个别字句可以互校互补。两者是否同一来源？其中最大的区别是，后者没有涉及"末伽"与"菩提"的问题。也许《续高僧传》的道宣认为这无关紧要，所以略而不谈，但其实这是一个很重要很关键的问题。看完我在下面的分析，读者会同意的。

这一段文字不但详尽，而且具体、生动，其可靠性是毋庸置疑的。从表面上来看，它讲的是翻《老》为梵的问题；但是实际上，它涉及的问题面要广阔得多，深刻得多。它主要讲了中国宗教史上的一个重大问

---

[1] ㊛卷 50,455b-c。

题，即佛道之争。在很长的时间内，佛道之间又对抗斗争又妥协融合的情况，是中国宗教史上的主轴问题之一。关于这一点，我这里无法详细讨论，请参阅汤一介《魏晋南北朝时期的道教》①。

佛教传入中国以后，同中国土生土长的儒学和道教，狭路相逢。宗教是最具有排他性的，但是同时又富于适应性。在这个普遍规律约束之下，佛教与儒道二家长期展开了极其漫长极其复杂的对抗斗争，同时又想方设法互相接近，以求得共同的生存。儒家我在这里不谈，只谈佛道二教。这两教斗争与调和的历史发展，可以分为几个阶段，有时以对抗为主，有时又以调和为主，错综复杂，简直令人眼花缭乱。汉魏两晋南北朝时期的情况，请参阅汤用彤《汉魏两晋南北朝佛教史》。我在这里只讲七世纪唐太宗时期的情况，也只限于翻《道德经》为梵文的问题。从这一件事情可以看出来，道家此时是想向佛教靠拢，至少道士蔡晃和成英的态度是这样的。但是佛家采取的却是拒绝的态度，至少玄奘的态度是如此的。根据《集古今佛道论衡》，还有《续高僧传·玄奘传》的记载，佛道矛盾至少表现在下列几个方面：

一、道士引用佛经《中》《百》等论，以通玄极。玄奘却说："佛教道教，理致大乖。安用佛理通明道义？"

二、道士诵佛教的四谛四果。玄奘却说："诸先生何事游言无可寻究？……不得引佛义宗用解老子，斯理定也。""四缔"，亦称"四圣谛"，梵文是 catvāryāryasatyāni，即苦、集、灭、道。"四果"指的是预流果、一来果、不还果、无学果（阿罗汉果）。

三、道士说："自昔相传，祖承佛义。……佛言似道，如何不思？"他还讲到僧肇，说他著论，盛引老庄，说明在义理方面，佛道可以不分家的。玄奘却认为，僧肇之所以著论引用老庄，是因为当时"佛

---

① 汤一介：《魏晋南北朝时期的道教》，陕西师范大学出版社，1988 年。

教初开，深经尚壅"，为了让中国人士理解佛典要义，以老庄相比附，是一种权宜之计，"非谓比拟，便同涯极"。到了唐代，情况大变，"佛经正论繁富，人谋各有司南，两不谐会"，不能再引道释佛了。玄奘讲的这一番道理，征之中国佛教史，是完全符合的。早期佛教僧侣提倡的"格义"，就与此相当。道安允许慧远不废俗书，也是同一用意。

关于道家向佛家靠拢，甚至取媚于佛家的说法很多，都是道家片面地一厢情愿地捏造出来的。归纳起来，约略有如下几种说法：

（一）老子转生为释迦牟尼。见《佛祖历代通载》八[①]，还有其他一些书。

（二）释迦牟尼是老子的老师，这说法见于许多地方，比如宋释僧愍作《戎华论》以折顾欢的《夷夏论》，其中说："大士迦叶者，老子其人也。"[②]

（三）释迦牟尼同老子是一个人。这同上面（一）微有不同，不是转生。《后汉书·襄楷传》说："或言老子入夷狄为浮屠。"

（四）道士姜斌说："《开天经》云：老子定王三年生，年八十五，西入化胡，以佛为侍者。"[③]这个说法同上面（二）正相反，那里老子是佛弟子，这里老子是佛老师。表面上不同，实际上都强调的是师生关系，其拉拢与取媚则一也。

（五）道事天，天事佛。[④]这是吴阚泽的话。接着又说："隋李士谦论三教优劣，谓：佛日，道月，儒五星。"这样一来，佛的地位就远在道上了。

---

① ㊍卷 49,541c。

② 汤一介：《汉魏两晋南北朝佛史》，陕西师范大学出版社，1988 年，第 299 页。

③ 《佛祖统纪》三八，㊍卷 49,355c。

④ 《佛祖统纪》三九，㊍卷 49,369a。

以上五种说法，当然还很不全面。我觉得，也根本没有要求全面的必要。仅此五种，如果依此类推，就足以看出，这样的说法是多么奇特，多么荒唐，多么自相矛盾。道家想同佛家拉关系的急切心情，跃然纸上。到了七世纪，道士蔡晃、成英二人继承的正是这样一个取媚佛教的传统。

总而言之，玄奘顶住了道士们的献媚，坚持佛道根本不是一回事。这在中国宗教史上也算是一件颇有意义的事情。

四、关于佛道关系的争论，可以说是以玄奘的胜利告终。这是佛道交锋的第一回合，是翻《道德经》这件工作的前奏曲。此曲既已终结，现在佛道坐下来要着手翻译，即引文中的"染翰缀文"。可是《道德经》的第一句话就是"道可道，非常道"。"道"字是五千文的第一个字，是《道德经》的，也可以说是道教义理的核心、关键和出发点。怎样来翻这个"道"字呢？不言而喻，这是一个至关重要的问题。在这里，佛道矛盾又明白无误地表现出来。

这里的矛盾焦点是，玄奘想用"末伽"（梵文 mārga）来翻"道"字，而道士们则主张用"菩提"（梵文 bodhi）来翻。他们说："昔称'菩提'，此谓为'道'，未闻'末伽'以为'道'也。"道士们甚至把皇帝老子抬了出来，说什么"岂得浪翻，冒罔天听！"好大的一顶帽子！成英还振振有词地说："'佛陀'言'觉'，'菩提'言'道'，由来盛谈，道俗同委。今翻'末伽'，何得非妄？"但是玄奘却是寸步不让，他说，这都是传闻错误。"'佛陀'天语，唐言'觉者'；'菩提'天语，人言为'觉'。……'末伽'为'道'，通国齐解。"你若认为是"妄谈"，请问一问印度人士。佛道两家，舌剑唇枪，煞是热闹。

我个人觉得，这一场争论，除了表现佛道矛盾以外，还含有更加深刻的意义。至少有两点可以指出：第一，以常情而论，如果道士们真想保留自己宗教的纯洁性，就不应该用佛教的术语来翻自己宗教的最高真理或最高原则。从玄奘方面来看，如果他想吃掉道教的话，他本来可以移花接木，顺水推舟，采用"掉包"的办法，用自己宗教术语来取代道教的术语。然而事实却是，道家为了取媚佛教，自甘被吞并，而玄奘则根本不买这个账，一心想维护自己宗教的纯洁性。第二，这一点比第一还要重要，"末伽"与"菩提"，两名之异，不仅仅是一个用字的问题，而牵涉到中印两国宗教信仰出发点或者基础的根本差异，甚至涉及中印两国思维方式的差异。切不能等闲视之。

中国的"道"字，《说文》："道，所行道也，从辵从首，一达谓之道。"唐代韩愈的《原道》中说："由是而之焉之谓道"，是同《说文》的原义相吻合的。道，就是人走的道路，人人都必须走的。"牟子曰：'道之言导也。'"[①] 这已经走了样，后汉时期词源解释，大多类此。牟子又加了一句："导人致于无为。"他心目中的含义更加清楚了。《说文》："导，引也，从寸，道声。""道"字在这里只起声符的作用，与此字的原义无关。牟子的解释是站不住脚的。总之，我们从这个"道"字可以看出来，中国这个宗教要解决的是现实的问题，今世的问题，不是神话的问题，来世的问题。道家这种精神，同儒家精神是完全一致的。孔子说："未知生，焉知死！"这是一脉相承的中国精神。后来道家发展成为道教，也不过是想长生不死，白昼升天而已。这种精神，这个"道"字，倘必须译为梵文，则 mārga（末伽）最为恰当。mārga 这个字的词根是 $\sqrt{}$ mārg，与 $\sqrt{}$ mṛg 也有一些联系，意思是"走路，走道"。印度哲学宗教中，少有 mārga 这样一个术语。但是用之来翻中国的哲学术语"道"，却是十分吻合的，无懈可击的。在这一点上，玄奘是完全正确的。

---

① ㊀卷 49,510c。《佛祖历代通载》五。

至于"菩提"（bodhi），则完全是另外一码事。这个字的词根是√budh，意思是"觉，醒"。Buddha（佛陀，佛）这个字也源于√budh，加上过去分词语尾ta，变成了buddha，意思是"觉悟了的人"，"觉者"。√budh的抽象名词就是bodhi，意思是"觉"，音译"菩提"。道士成英说："佛陀言觉"，不完全对，改为"觉者"，就完全正确了。牟子说："佛者，觉也。犹言三皇神五帝圣也。"①牟子不会知道，buddha和bodhi两个字是同源的。从宗教意义上来看什么叫做"觉"呢？根据佛教最原始的理论，所谓"十二因缘"，一个人（或其他生物）总是处在生死流转中的，只有认识了这个根本理论，认识了"无明"（avidyā）是十二因缘之首，他就算是"觉"了，算是得道了，成佛了。因此，梵文bodhi这个词儿所蕴含的意义，与中国的"道"完全不同。它要解决的问题，不是现世的，不是眼前的，而是来生来世无数生死流转的。

这是以佛教与道教为代表的中印宗教哲学思想最根本的分歧之所在。所以我在上面说，不能等闲视之。玄奘与道士们的争论，其重要意义也由此可见。

这一场至关重要的佛道之争，以玄奘的胜利告终。我在上面曾经提出了两个问题：玄奘究竟翻译了《道德经》没有？如果已经译出，传到印度去了没有？这里先回答第一个问题。上面引用的《集古今佛道论衡》卷丙说："自此众锋一时潜退，便译尽文。"《续高僧传》说："既依翻了，将欲封勒。"可见玄奘确实已将《道德经》译为梵文。我在上面已经说过，从一些迹象来看，《集古今佛道论衡》的说法是可靠的。因此，《佛祖统纪》三九所说的"遂止"，《含光传·系》中所说的"中辍"，是靠不住的。第二个问题后面再来答复。

---

① 参阅《释氏稽古略》一，⑥卷49,769a。

在这一回合的争论中，玄奘算是胜利了。但是，佛道之争并没有因此而停止。正文译完，又出现了译不译序的问题。玄奘不肯翻译《老子·河上公注》。成英强调说，《老经》很玄秘，没有序注，无法理解。玄奘却说："（河上公）序实惊人，同巫觋之淫哇，等禽兽之浅术。"翻译了，会给乡邦脸上抹黑。道士们没有办法，报告了朝中宰辅。中书马周询问玄奘，玄奘把印度的宗教哲学的教义和教派提纲挈领地介绍了一下，连顺世外道（lokāyata）也介绍了，结论是"若翻老序，彼（印度）必以为笑林"。当时中书门下同僚都同意玄奘的意见，"遂不翻之。"这一回合，玄奘又胜利了。

羡林按：《老子·河上公注》成于何时，出自何人之手，是有争论的。有人主张：该注当出于东晋以后，是葛洪一系门徒所作。有人主张：此注产生于西汉而非东汉末期汤一介。[1]。从《注》的内容来看，与其说它出于道家，毋宁说它出于道教。道家与道教应该严格区别开来。后汉兴起的道教，只不过是打着老庄的旗帜，而教义则是偷梁换柱，搀进了许多后汉出现的东西。二者主要的区别是，道教十分强调养生成神，长生不死。《河上公注》正是这样。玄奘称之为"同巫觋之淫哇，等禽兽之浅术"，是完全合适的。他之所以坚持不翻这个《注》，是有道理的。我在上面引用的《佛祖统纪》二九中，玄奘明确说："老子立义肤浅。"他是根本瞧不起道家这一位祖师爷的，碍于皇帝的面子，不得不翻。现在道士们想硬逼他翻道教的《河上公注》，他坚决不肯，是在意料中的。

总之，翻老为梵这一段公案，大体上即如上述。本文翻了，"序胤"未翻。至于本文的梵文译本是否传至印度，则是传去的证明，我们

---

[1] 释觉岸：《释氏采稽古略》，第 111-124 页。

没有；没有传去的证明，我们也没有，目前只好暂时缺疑了。①

　　现在顺便谈一谈《集古今佛道论衡》卷丙中玄奘对于印度佛教以外的哲学宗教的评价问题。他说："彼土尚道"，就是说，印度人崇尚哲学宗教。那里的宗教信仰共有九十六家，被称为"九十六种道"，比如《分别功德论》二说："闻阿难于九十六种道中等智第一。"②《那先比丘经》中几次提到"九十六种道"或"九十六种经道"。③玄奘说："九十六家并厌形骸为桎梏，指神我为圣本"。他们都"不拔我根""不能出俗"。所谓"神我"，梵文是 Ātman，阿特芒。玄奘的评论完全符合实际，足见他对印度当时哲学情况是理解的。他说，这九十六家，"上极非想，终坠无间。""无间"，梵文是 avīci，就是我们常说的"阿鼻地狱"。玄奘还讲到："至如顺俗四大之术，冥初六谛之宗。"所谓"顺俗"，梵文原文是 Lokāyata，就是我们常说的"顺世外道"，《续高僧传》四《玄奘传》用的正是"顺世"二字。这是印度古代极为难得的唯物主义者。所谓"四大"，就是我们常说的地、水、火、风。顺世外道认为，这四者是构成宇宙万有的本质。所谓"六谛"，亦称"六句义"，梵文是 ṣaṭpadārtha。《翻译名义集》五："毗世，此云胜异论，即六句义。""毗世"，梵文是 Vaiśeṣika，印度古代六派哲学之一，常用名词是"胜论"。

　　翻老为梵这一段公案，就介绍到这里。④

---

① 法国学者伯希和（Paul Pelliot）有一篇文章：Autour d' une traduction sanscrite du Tao Tö King, T' oung Pao 通报，Série Ⅱ,13。但此文未能见到。

② ㊍卷 25,34b。

③ ㊍卷 32,694a；703c；705b。

④ 介绍完了以后，我忽然想到，在佛教典籍中，确有以"道"（mārga）为术语者。佛教常用的"八种道""八正道""八种道行"，指的是正见、正思维、正语、正业、正命、正精进、正念、正定。这是佛教的最根本的教义之一。梵文叫 aṣṭāṅga-mārga，巴利文叫 aṭṭhaṅgika-ariya-（下接 273 页）

下面谈一谈《含光传·系》中提出的根干与枝叶问题。

这确是一个非常聪明、含义非常深刻的比喻。《系》中用尼拘律陀树来作譬，说明有时候难以区分的情况。尼拘律陀树，梵文是 nyagrodha，尼拘律陀是这个字的音译。梵文这个字来源于 niãñc-√ rudh 或√ ruh，意思是"向下生长"。这个字有许多不同的汉字音译，比如，尼拘律树、尼拘卢树、尼拘卢陀、尼拘律陀、尼俱陀、尼拘类树，等等。《经律异相》四一说："汝曾见尼拘陀树荫贾客五百乘车犹不尽不？"① 《法苑珠林》三三说："佛言：'汝见尼拘陀树高几许耶？'答曰：'高四五里，岁下数万斛实，其核大如芥子。'"② 为什么一棵树竟能荫覆商人的五百辆车还有空地呢？为什么一棵树竟能高四五里呢？这是一种什么样的树呢？《翻译名义集》三解释说："尼拘律陀，又名尼拘卢陀。此云无节，又云纵广。叶如此方柿叶。其果名多勒，如五升瓶大，食除热痰。撼华云：义翻杨柳，以树大子小，似此方杨柳，故以翻之。《宋僧传》之二"译之言易也。谓以所有，译其所无，如拘律陀树，即东夏杨柳。名虽不同，树体是一。"③ 这个解释显然是不正确的。天下哪里会有荫蔽五百辆车的杨柳呢？正确的解释应该从 nyagrodha 的词根下手。我在上面已经说到，此字的词根意思是"向下生长"。什么树向下生长呢？只有榕树。看过榕树的人都知道，从树干上长出一些树根，下垂至地，又在地中生根，然后长成一棵树，又在自己的干上长出细根，下垂至地，如此循环往复，一棵榕树能长出成百

（上接 272 页）magga。巴利文的 magga，就是梵文的 mārga。这个名词在佛典中频繁出现，正如《那先比丘经》，见Ⓣ卷 32,697c；707c；708a 等。玄奘以 mārga 译"道"，心目中是否想到了八正道，我不敢确定。

① Ⓣ卷 53,218a。

② Ⓣ卷 53,583c。

③ Ⓣ卷 54,1102a。

上千棵榕树，甚至让人摸不清究竟哪一棵树是初原的树，哪一些树是派生的树。只有这样生长的榕树，才能在一棵树下荫覆五百辆车而有余。在榕树这里，根干与枝叶互为因果，难解难分。用这样的榕树来比喻作为根干的印度佛法与作为枝叶的东夏佛法之间互为因果的关系，难道不是一个非常聪明、含义又非常深刻的比喻吗？

现在谈《含光传·系》中提出来的秦人或东人与西域之人（印度人）的区别问题。

这是一个异常深刻、异常耐人寻味的问题。我们不是也关心中国人同印度人的思维方式、心理状态等的区别究竟何在的问题吗？《含光传·系》对于这个问题提出了下面的意见："盖东人之敏利，何以知耶？秦人好略，验其言少而解多也。西域之人淳朴，何以知乎？天竺好繁，证其言重而后悟也。由是观之，西域之人利在乎念性，东人利在乎解性也。"这一段话的意思就是说，中国人敏利，言少而解多；印度人淳朴而好繁。最早的佛经，连篇累牍，动辄数十万甚至数百万言，同样的话能一字不移地一再重复，因此说"言重"。这个意见是完全符合实际的。就拿巴利文佛典来说吧，同样的词句，一字不动，换一个地方又重复一遍，而且重复之中套重复。因此英国刊行巴利文佛典不得不删去重复之处，加以注明，节省了大量的篇幅。我猜想，佛典产生在发明文字之前，师徒口耳相传，为了加强记忆，才采用了重复的办法，否则实在难以理解。

我觉得，在上引的一段话里，最关键的提法是"念性"与"解性"两个词儿。什么叫"念性"呢？"念"的含义是什么呢？在佛典中有不少地方出现"念"或"忆念"这样的字眼，比如"忆念弥陀佛""忆念毗尼""系念思惟""正念""惟念"等。这个"念"字来源于梵文，词根是 √ smṛ，由此派生出来的抽象名词是 smṛti。与之相当的巴利文是 sarati 和 sati。一般的用法其含义是"念""忆念"。但作为宗教哲学术语，smṛti，有特殊的含义。指的是"全部的神圣传统"，或者"凡人老师所忆念的"，包括六吠陀分支、传承经和家庭经、《摩奴法论》、两大史诗、往世书、伦理论，等等。常用的译法是"传承"。与之相对的是śruti，指的是仙人们直接听到的，比如《吠陀》等，只能口传耳听，不许写成文字。常用的译法是"天启"。这样一来，所谓"念"就与"传承"联系在一起了，它表示固守传承的东西，有点固步自封，墨守成规的意味。而中国人则是"解性"，所谓"解"就是"理解""解释"，有点探索、钻研的意味，不宥于常规，不固守传承的东西。《含光传·系》的作者就是这样来说明中印两方思维方式、心理状态等的不同之处的。①

《系》在下面举出了说明这种情况的两个例子：一个是隋朝的智顗，一个是唐代的玄奘。两个都是变枝叶为根干的中国高僧。

先谈智顗，所谓智者大师。

《系》对智顗的提法是"无相空教出乎龙树，智者演之，令西域之仰慕"。所谓"无相空教"指的是我们平常所说的"大乘空宗"。《系》的这几句话是完全准确的。但是，如果同下面的关于玄奘的几句话联系起来，就易出问题。这件事这里先不谈。我认为，最好先把印度佛教大乘空宗与有宗的轮廓大体勾勒一下；否则我们就无法真正了解智顗，也无法真正了解玄奘，更无法了解二位高僧的传承关系。

印度佛教在发展过程中，先小乘，后大乘。原始大乘的起源可能始于公元前二世纪。到了公元一二世纪以后，古典大乘开始出现。后来逐渐形成了两大宗派：空宗和有宗。一般的说法是，属于空宗的中观派（mādhyamika）创始人是龙树（Nāgarjuna，约公元150—250年），他

---

① 我想补充几句话，讲一讲"性"这个字。这个字在梵文中是svabhāva。或prakārti，意思是"本体""本质"。

的继承人是提婆（Deva，约170—270年），一直传下来，还有很多一代传一代的继承衣钵者，不必细述。属于有宗的瑜伽行派（yogācāra）的创始人是弥勒（Maitreya-nātha，约350—430年）。关于这个人，因为同著名的弥勒佛或弥勒菩萨同名，所以产生了一些混乱。这是不是一个历史人物？学者们中意见有分歧。一般的看法（我也是这个看法）是，他是一个历史人物，只是取的名字与弥勒佛相混而已。这一派的创始人传无著（Asaṅga，约395—470年）和世亲（Vasubandhu，约400—480年），一代一代传下去。一直传到戒贤。《唐大荐福寺故寺主翻经大德法藏和尚传》说："近代天竺有二大论师，一名戒贤，二称智光。贤则远承慈氏（羡林按：即弥勒），无著，近踵护法，难陀，立法相宗^{以一乘为权，三乘为实，}①
唐三藏玄奘之所师宗。

一个空宗，一个有宗，从字面上来看，好像是根本对立的，根本矛盾的。但是，实际上并不完全是这个样子。我们先看一看什么叫"空"。《佛祖统纪》六：

> 二祖北齐尊者慧文……师又因读《中论》《大智度论》《中观》一品，至《四谛品偈》云："因缘所生法，我说即是空；亦名为假名，亦名中道义。"恍然大悟，顿了诸法无非因缘所生；而此因缘，有不定有，空不定空，空有不二，名为中道。②

意思是说，一切东西（诸法）无非是由于众多关系（因缘）凑集在一起而产生出来的。只有关系，没有物质性的东西存在。空宗是这样主张的。所谓有宗，也并不承认所有的东西，包括物质性的，即所谓"诸

---

① ㈦卷 50,284c。
② ㈦卷 49,178c。

法"都是真实存在的，都是真"有"的。他们着重保护的是"真如佛性"等，坚持"真如""佛性"是真"有"的，真存在的。空宗和有宗的根本区别，就在这里。

交待完了空有关系，现在再谈智顗。

智者大师是中国佛教史上最著名的高僧之一，在佛典中有大量关于他的记载，给他立了不知道有多少传①。我在这里不想谈他的生平，请读者自行参阅。他的思想和理论，我在这里也不想去谈，那样要费很多篇幅。我想集中谈一谈，智顗是如何"演"龙树的无相空教的，"演"，我理解约略等于"发展"的意思，这个问题弄清楚了，智者的理论如何，为何"倒流"回印度的问题，也就迎刃而解了。

我先抄一段材料。《佛祖统纪》六《四祖天台智者传》后面有一段话：

义神智曰：吾祖出世，虽说诸经，而本怀得畅，唯在《法华》。自阿难结集之后，天亲作论，虽曰通经，然但约文申义，举其大略而已。至于斯经大事，教化始终，则晦而未明。暨罗什翻译，东传此土，造疏消释者，异论非一。唯我智者，灵山亲承，大苏证悟，发挥妙旨，幽赞上乘，以五义释经题，四释消文句，而又能以十章宣演明净法门，于是解行俱陈，义观兼举，可谓行人之心镜，巨夜之明灯。虽天竺大论，尚非其类，岂震旦人师，所能及云云。又设问曰：《辅行》②引九师相承，谓北齐以前，非今所承。且北齐既用觉心重观三昧，今此何故斥于觉觅，但是一辙耳。将非智者斥于北齐耶？答：妙玄开演《法华》十妙，尚云莫以中论相

① 最重要的有《续高僧传》一七《智顗传》，⑨卷50,546a-568a；《神僧传》五《智顗传》，⑨卷50,978a-c等。
② 指《止观辅行传弘决》，⑨卷46,141a-446c。

比。又云：天竺大论，尚非其类。盖智者用如来之意，明《法华》之妙，故龙树、北齐亦所不及。若无生宗旨三观行门，其实祖龙树，宗北齐，禀南岳，师资相承，宛如宿契云云。又曰：天台所谈三谛三观，出乎《仁王》及《璎珞经》，三智三德，本乎《涅槃大品》，所用义旨，以《法华》为宗骨，以《智论》为指南云云。

赞曰：舍天台之学而欲识佛法意者，未足与议也。故自夫圣教东度，经论遍弘，唯任己心，莫知正义。齐梁之际，挺出诸贤，盛演法华，立言判教。一音四相之说，四时六宗之谈，众制纷纭，相倾相夺，南三北七，竞化当时。犹夫粟散小王妄自尊大

补注：置粟盘中，各分位，以喻诸小王也。

而不知金轮飞行统御四海威德之盛也。惟我智者大禅师，天纵之圣，备诸功德，以为缵承祖父三观之绪，未遂光大，于是约《法华》悟门，说止观大道，立经陈纪，为万世法。至于盛破光宅，则余者望风；遍难四宗，则他皆失据，宣布至化，坐致太平，非夫间生圣人，其孰能为此大业者哉。然则欲识佛法意者，其唯天台之学乎！①

上面的两段话，内容还是颇为清楚的。有几个地方需要解释一下。"天亲作论"，《婆薮槃豆法师传》："法师即请兄（按即指无著）说灭罪方便。兄云：汝舌能善以（巧）毁谤大乘。汝若欲灭此罪，当善以解说大乘。阿僧加（无著）法师殂殁后，天亲方造大乘论，解释诸大乘经：《华严》《涅槃》《法华》《般若》《维摩》《胜鬘》等。"②
"灵山亲承"，《隋天台智者大师别传》："初获顶拜，思（按指慧思）曰：'昔日灵山同听《法华》，宿缘所追，今复来矣。'"③这个

----

① 大卷49,186a-b。
② 大卷50,191a。
③ 大卷50,191c。

说法多次见于佛典，比如《佛祖统纪》六①等。"大苏证悟"，《隋天台智者大师别传》："昔在周室，预知佛法当祸，故背游南，意期衡岳，以希栖遁，权止光州大苏山，先师遥餐风德，如饥渴矣。"②《佛祖统纪》六《慧思传》："六年（按指北齐天保六年，公元555年），于光州大苏山讲摩诃衍。"③

从整段的内容上来看，智者大师用力最勤，弘扬最力的是大乘空宗的宝典《法华经》，所谓"本怀得畅，唯在《法华》"。这一点在所有与他有关的佛典中都可以得到证明，文繁不一一列举。本来天台宗就以《法华》为宝典。东土二祖慧文远承龙树④，弘扬《法华》。三祖慧思也是念念不忘《法华》。这是天台宗的宗风，智者忠诚地继承了下来。

但是，智者却决非故步自封地来继承，而是在许多方面都有了新的发展，有了新的建树。这一部极其重要的经典，在印度已经是"晦而未明"，传到东土以后，也是"造疏消释者，异论非一"，"唯任己心，莫知正义"。智者除了宣讲此经以外，还亲手撰写著作，如《妙法莲华经玄义》《妙法莲华经文句》等，可见他对此经用心之专和用力之勤。佛典传说，他"灵山亲承"，也就是说，他亲耳聆听如来佛讲授《法华》，直接受到了佛祖的启悟，他对此经研究的成就非同小可，迥异前人。这当然不是历史事实，只是一种神话传说。但是，即使是宗教神话，也能反映一些事实。这里反映的是，智者对《法华》的研究，他"演"《法华》，确有过人之处。他是"用如来之意，明《法华》之妙"。他阐释其他经典，也是"以《法华》为宗骨"。他是一个研究《法华经》的集大成者，"故龙树、北齐，亦所不及"。因此，印度方

---

① 大卷49,181b。

② 大卷50,191c。

③ 大卷49,179b。

④ 《佛祖统纪》卷6《慧文传》。大卷49,178c。

面也必须向智者请教，这样一来，以《法华经》为骨干的，出乎龙树的大乘无相空教，传到了中国，又"倒流"回印度，充分表现了"东人利在乎解性"的惊人现象。

对于印度与智𫖮的关系，中国佛典有一些暗示，比如《神僧传》五《智𫖮传》说："（智𫖮）又患身心烦痛，如被火烧。又见亡殁二亲，枕头膝上，陈苦求哀。𫖮又依止法忍，不动如山，故使强弱两缘所感便灭。忽致西域神僧告曰：制敌胜怨，乃可为勇。每夏常讲《净名》，忽见三道宝阶从空而降。有数十梵僧乘阶而下，入堂礼拜，手擎香炉，绕𫖮三匝，久之乃灭。"[1] 这个神话中可能含有暗示的意义。

关于智𫖮的"倒流"，就讲到这里。[2]

下面再谈玄奘。

首先提出一个问题：《含光传·系》中说："如中道教生乎弥勒，慈恩解之，疑西域之罕及。"这个"中道教"是什么意思呢？我在上面曾引用过宗奉空宗的天台宗慧文的话，他使用了"中道义"和"中道"这样的词儿。现在要问，中道教（亦称中道宗）和中道、中观、中道行、中道观、中观论、中道义，等等，表面上很相似甚至相同，是不是一个意思呢？回答是：它们不是一个意思。我在上面引用的慧文的原文是："因缘所生法，我说即是空；亦名为假名，亦名中道义。"可见空就是"中道义"。引文下面还有"空有不二，是为中道"这样的话。"中道义"和"中道"，是空宗的重要术语。而"中道教"（也称"中道"，这个"中道"空宗也使用，二者容易混淆）则是有宗的术语。根据法相宗（有宗）的重要经典之一《解深密经》三时判教的说法："初

---

[1] ⦿卷 50,978b。

[2] 天台宗的义理，我没有细谈。请参阅吕澂《中国佛教源流略讲》，中华书局 1979 年版，第 325-334 页《天台宗》；任继愈：《汉唐佛教思想论集》，人民出版社 1981 年版，《天台宗哲学思想略伦》，第 47-86 页。

时，为小乘说有教，明人空，五蕴空，未显法空，很不彻底；第二时，大乘空宗所依之《般若经》，然是有上，有容，未为了义；第三时，有宗，说非有非空，中道教。"①这里说得非常清楚，"中道教"属于有宗。《含光传·系》中所说的与此完全符合。根据我现在的理解，空宗的"中道""中观"等一系列的名词，主要是用否定的方式（八不等等）来否定我们的一切主观认识，否定整个客观世界，所以叫"空"。而法相宗的"中道教"却是在说空的同时，还保留了一些对佛教来说是至关重要的东西，如果把这些东西也否定掉，佛教就将陷入危机。因此，在法相宗眼中，般若空宗的学说只是佛教宗义的低级阶段，只有法相宗才代表佛教的最高真理。

这个问题解决了，我现在来谈玄奘是怎样把弥勒所倡导的"中道教"来"解之"从而导致"疑西域之罕及"的，也就是说，"倒流"是在玄奘身上怎样体现的。这里用的这个"解"字非常值得注意。我认为，这个"解"字同"解性"的"解"，是同一个意思，是"理解"的"解"，"分解"的解。是同印度人的"念性"的"念"对立的。

把智𫖮和玄奘比较一下，这二位高僧的"倒流"的情况有点不一样。智𫖮根本没有到过印度，他"演"龙树的无相空教是在中国。他在中国"演"出了成绩，然后受到印度人的仰慕，倒流回了来源地印度。而玄奘则不同。他回国后创立的法相宗，根据一般学者的意见，是完全忠实地、亦步亦趋地保留印度传统的，是中国佛教宗派中最忠实于印度原型的，最少中国成分的宗派。有人甚至认为，它的寿命之所以最短，原因亦即在此。那么，玄奘难道说没有"解"中道教吗？当然不是。我个人觉得，玄奘在印度时已经"解"了中道教。他在印度留学期间，从

① 任继愈：《汉唐佛教思想论集》，人民出版社1981年版，第208页。《解深密经》，见Ⓣ卷16,697a-b；参阅《佛祖统纪》，卷29："贤用三时数：一有，二空，三不空不有。"Ⓣ卷49,295a。"贤"指戒贤。

师戒贤，而戒贤则继承了瑜伽行者有宗的宗风，所以玄奘也终生宗信有
宗。在他在印度的活动中，他曾撰写过两部梵文著作。我现在根据《大
慈恩寺三藏法师传》《续高僧传》四《玄奘传》等书，把有关资料条列
如下：

《慈恩传》：

> 时戒贤论师遣法师为众讲《摄大乘论》《唯识决择论》。时
> 大德师子光先为众讲《中》《百论》，述其旨破瑜伽义。法师妙闲
> 《中》《百》，又善瑜伽，以为圣人立教，各随一意，不相违妨。
> 惑者不能会通，谓为乖反。此乃失在传人，岂关于法也。愍其局
> 狭，数往征诘，复不能酬答。由是学徒渐散，而宗附法师。法师又
> 以《中》《百》论旨，唯破遍计所执，不言依他起性及圆成实性。
> 师子光不能善悟，见《论》称一切无所得，谓瑜伽所立圆成实等，
> 亦皆须遣。所以每形于言。法师为和会二宗，言不相违背，乃著
> 《会宗论》三千颂。论成呈戒贤及大众，无不称善，并共宣行。[①]

同样一件事《续高僧传》也有记载：

> 初那烂陀寺大德师子光等，立《中》《百》论宗，破瑜伽等
> 义。奘曰：圣人作论，终不相违；但学者有向背耳。因造《会宗
> 论》三千颂，以呈戒贤诸师，咸称善。[②]

这一段记载比较短。两段可以互相补充。这是两段非常重要的记

---

① ㊅卷 50,244b-c。
② ㊅卷 500,452c。

载，从中可以看出玄奘对瑜伽行派的贡献。那烂陀寺的师子光用空宗的《中论》《百论》的理论来破有宗的瑜伽义。玄奘既通《中》《百》，又通瑜伽。他认为这两派都是"圣人"所作，"不相违妨"。他会了二者，争取到了许多信徒。这是他同师子光斗争的第一回合。第二回合是关于三性论的。三性论是瑜伽派的基本教义之一。所谓三性是指：

遍计所执性，是一种虚妄的实在；

依他起性，是一种相对的实在；

圆成实性，是一种绝对的实在。

瑜伽派认为，对有或存在的认识有三个次第，或三个阶段，或三种境界。上面说的三性，就依次代表这三个次第，是逐渐向高深发展的三个次第，瑜伽派后起的大师陈那，用一个生动的比喻来阐释这三性：如夜行见绳，误以为蛇；后来看清了，才知是绳非蛇；再仔细看，知道绳是麻做的。见绳误认，是遍计所执；绳体由因缘生，是依他起；认识到绳为麻制，是圆成实[①]。玄奘用《中》《百》论旨，破遍计所执。他不谈依他起和圆成实。这是完全可以理解的。师子光是想破有宗瑜伽派的中道教。这是玄奘决不允许的。如果把这三性说同《解深密经》的三时判教说相比，则情况更易理解，更为明了。初时约略相当于遍计所执，二时相当于依他起，三时相当于圆成实，第三时的中道教是瑜伽派理论的基础。师子光所代表的般若空宗，属于第二时，尚是低级阶段。由此可见，玄奘并不是完全想"破"空宗，对于空宗他也是同意的，只不过认为它还处于低级阶段而已。他所著《会宗论》没有流传下来。但是从种种迹象来看，内容大概就是《解深密经》的三时判教，是想调和空有的。

这是玄奘在印度留学时对印度大乘教义发展的一个贡献。

---

① 参阅吕澂：《印度佛学源流略讲》，上海人民出版社 1979 年版，第 189 页。

下面谈玄奘的第二个贡献：《制恶见论》。

仍然先条列资料：

《慈恩传》四：

　　时法师欲往乌荼，乃访得小乘所制《破大乘义》七百颂者。法师寻省有数处疑，谓所伏婆罗门曰：汝曾听此义不？答曰：曾听五遍。法师欲令其讲。彼曰：我今为奴，岂合为尊讲？法师曰：此是他宗，我未曾见。汝但说无苦。彼曰：若然，请至夜中。恐外人闻从奴学法，污尊名称。于是至夜屏去诸人，令讲一遍，备得其旨。遂寻其谬节，申大乘义破之，为一千六百颂，名《破恶见论》。将呈戒贤法师。及宣示徒众，无不嗟赏，曰：以此穷核，何敌不亡？①

《续高僧传》四《玄奘传》：

　　先有南印度王灌顶师，名般若毱多，明正量部，造《破大乘论》七百颂。时戒日王讨伐至乌荼国。诸小乘师保重此论，以用上王。请与大乘师决胜。王作书与那烂陀寺：可差四僧善大小内外者，诣行宫在所，拟有论义。戒贤乃差海慧、智光、师子光及奘为四应命。将往未发间，有顺世外道来求论难。书四十条义，悬于寺门：若有屈者，斩首相谢。彼计四大为人物因，旨理既（沈）密，最难征核。如（数）此阴阳，谁穷其数？此道执计，必求决。彼土常法：论有负者，先令乘驴，屎瓶浇顶，公于众中。形心折伏，然后依投，永为皂（卑）隶。诸僧同疑，恐有（殿）负。默不陈对。奘停既久，究达论道。告众请对。何得同耻？各立旁证，往复数

---

① ㊛卷 50,245c。

番，通解无路，神理俱丧，溢然潜伏。预是释门，一时腾踊。彼既屈已，请依先约。奘曰：我法弘恕，不在刑科。禀受我法，如奴事主。因将向房，遵正法要。彼乌荼论，又别访得。寻择其中，便有谬滥。谓所伏外道曰：汝闻乌荼所立义不？曰：彼义曾闻，特解其趣。即令说之，备通其要。便指纤芥，申大乘义破之，名《制恶见论》，千六百颂。以呈戒贤等师。咸曰：斯论穷天下之勃寇也，何敢当之！①

上面两段引文，内容基本相同。我引《慈恩传》时，删节颇多；现在看起来，二者就似乎有点不同了。这里面讲了玄奘在印度的两场辩论，也可以说是两场斗争。一场是同小乘正量部的论争。正量部是在小乘部派第二次分裂时从说一切有部演化出来的一个部派，理论中颇有一些唯物的因素。它同大乘的斗争是可以理解的。这一场论争，可以说是佛教内部大小乘之间矛盾的表现。另一场斗争是佛教大乘同顺世外道之间的斗争。顺世外道，我在上面已经谈到过。他们是印度古代仅有的一个唯物论的宗派。他们主张万物根源是四大：地、水、火、风。引文中"彼计四大为人物因"，就是这个意思。四大都是物质的东西，与佛教大乘的空当然是格格不入的。玄奘根据大乘的义理，在辩论中折伏了这一个外道，并且以宽宏大度的态度，不让他受到侮辱，更没有砍他的脑袋。玄奘此举，大大地挽回当时最高学府那烂陀寺的面子，可以说是立了一大功。②另外玄奘还写了一篇《三身论》三百颂，内容不详。③

① 大卷 50,452c–453a。

② 《佛祖统纪》，卷29，"慈恩宗教"一项，列西天戒贤法师为初祖，三藏玄奘法师为二祖，慈恩窥基法师为三祖。大卷 49,294a–b。

③ 大卷 50,453b,《续高僧传》四《玄奘传》："于时异术云聚，请王决论，言辩才交，邪徒草靡。王（童子王）加崇重，初开信门，（下接 286 页）

我在上面讲了玄奘在印度的三件事：调和空有、摧破小乘正量部的理论，斗败顺世外道。显而易见，这三件事都有重要的意义，是玄奘对印度佛教的贡献。因此，《含光传·系》才说："疑西域之罕及。"

我在这里顺便讲一讲也与玄奘有关的《大乘起信论》的真伪问题。这是一部有很大争论的书。梵文原本据说出自马鸣菩萨之手。汉译《大藏经》中保留着两个译本：一个出自真谛三藏之手，一卷；另一个本子的译者是唐代的实叉难陀。[①] 中外学者间对此书的真伪问题有两派截然不同的意见，一派认为真是马鸣所作，一派认为是中国撰述。为此问题，在 1919 至 1920 年间，日本学术界展开了激烈的论战。认为此书为中国撰述派的代表人物为松本文三郎、望月信亨、村上专精等。反对派认为此书确为马鸣所作，代表人物为常盘大定、羽溪了谛等。论争著作有的极长，比如望月信亨所著《〈大乘起信论〉之研究》，竟长达五十万言以上，可见其用力之勤。我在这里无法详细介绍，请参阅梁启超《大乘起信论考证序》[②]

中国学者对于《大乘起信论》的真伪问题也展开了热烈的讨论。梁启超赞成松本、望月和村上三人的意见，想写一本规模极大的著作，似未成书。另一位国学大师章太炎，与任公意见正相反。他在《大乘起信论辩》中写道：

真谛既历梁陈二代，梁时所译或为陈录所遗，故《法经》因之致惑。今据长房所证，足以破斯疑矣。其后实叉难陀复有新译，则

（上接 285 页）请问诸佛，何所功德？奘赞如来，三身利物，因造《三身论》三百颂以赠之。王曰：'未曾有也。'顶戴归依。"《三身论》大概是颂佛之作。

① 均见⑧卷 32。
② 《饮冰室专集》之六十八。

本论非伪，又可证知。盖马鸣久居西北，晚岁著书，或未及流传中印。惟《庄严论经》《佛所行赞》，文体流美，近于诗歌，宜其遍行五竺。《起信论》立如来藏义，既精深非诗歌比。又迦湿弥罗之地，世为上坐所居……则马鸣之《起信论》不入中印，宜也。①

其他中国学者的意见，从略。

《起信论》的真伪问题，就谈这样多。我感兴趣的，不是此书的真伪，而是玄奘曾译此书为梵文这一件事。《佛祖统纪》二九：

> 《起信论》虽出马鸣，久而无传。师译唐为梵，俾流布五天，复闻要道，师之功也。②

《续高僧传·玄奘传》四：

> 又以《起信》一论，文出马鸣。彼土诸僧，思承其本。奘乃译唐为梵，通布五天。斯则法化之缘，东西互举。③

陈寅恪先生也提到这一件事。他在《大乘稻芊经随听疏跋》中写道：

> 昔玄奘为西土诸僧译中文《大乘起信论》为梵文。道宣记述其事，赞之曰：法化之缘，东西互举。④

----

① 《太炎文录·别录》。
② ㊛卷 49,295a。
③ ㊛卷 50,458b。
④ 《金明馆丛稿二编》，第 255 页。

从上面的引征来看，玄奘译汉文《大乘起信论》为梵文，确有其事，无可怀疑。虽然梵文译本已经佚失，但是它当年曾在印度起过作用，则是完全可以肯定的。这也可以算是玄奘对印度佛教的一个贡献吧。我认为，这也应该归入"倒流"的范畴的。

上面讲的"倒流"，仅仅限于大乘，空宗有智𫖳，有宗有玄奘，梁武帝也是大乘。这可以说是"倒流"的主流。但是，在大乘之外，也能找到"倒流"现象，比如说，在持律方面就有。《宋高僧传》一四《道宣传》：

> 宣之持律，声振竺乾。宣之编修，美流天下。是故无畏三藏到东夏朝谒。帝问：自远而来，得无劳乎？欲于何方休息？三藏奏曰：在天竺时，常闻西明寺宣律师秉持第一，愿往依止焉。勅允之。[①]

道宣持律，声名远播天竺。这当然也属于"倒流"的范畴。

把以上所论归纳一下："倒流"现象确实存在，在"倒流"中，除了持律以外，流回到印度去的都是大乘。为什么会出现这个情况呢？下面再谈，这里暂且放一下。

按照《含光传·系》中的叙述顺序，在讲完了智者和玄奘以后，它又讲起根干和枝叶的问题。《系》的意思是说，印度是根干。它的枝叶植于智者和玄奘的土中，就产生出来了对原生于印度的无相空教和中道教的发展。"入土别生根干"，枝叶又生出来了新的根干。用一个公式来表示：根干→枝叶→根干，还会继续发展下去，有如榕树。紧接着

---

① ⑦卷 50,791 a-b。

《系》又举了两个比喻；一个是合浦之珠，用来譬喻作为根干的印度："北土之人"用来譬喻中国；北方人用珍珠来"结步摇而饰冠珮"，表示中国人发展了佛教义理。另一个比喻是蚕丝，"蚕妇"指的是印度，"巧匠"指的是中国，中国把普普通通的蚕丝"绣衣裳而成黼黻"。这也表示中国的发展。《系》的结论是："懿乎！智者、慈恩西域之师，焉得不宗仰乎？"

佛教就是这样从中国"倒流"回印度，成为佛教发展史，甚至世界宗教史上的一个特异的现象。

写到这里，我应该说的都说了，应该论证的都论证了，我的任务可以说是已经完成了，这篇论文可以算是一篇有头有尾的完整的论文了。但是，我还不想就此罢休，我还想对这个宗教史上稀见的现象进一步加以探讨。我想提出三个问题：第一，为什么只有佛教才有"倒流"现象？第二，为什么只有佛教大乘才有"倒流"现象？第三，为什么只有中国人才能把佛教"倒流"回印度？这三个问题互有联系，我归纳在一起加以回答。

佛教是世界三大宗教之一。我现在就拿其他二大宗教，即耶稣教（包含天主教）和伊斯兰教来同佛教对比。那一些较小的宗教，我在这里就不谈了。我决不想，也不敢来评估三大宗教，它们各有其特点和优点。我也决不涉及宗教教义，这是我能力以外的事情。我只讲与"倒流"有关的问题。

据我涉猎所及，耶稣教和伊斯兰教不存在"倒流"的问题，至少没有佛教这样明显，这样深广。原因何在呢？耶稣教和伊斯兰教从一开始就各有一部圣经宝典。耶稣教的是《旧约》和《新约》；伊斯兰教的是《古兰经》。这两个宗教的信徒们，大概认为天下真理均在其中矣。只要勤学熟读，深入领会，用不着再探讨其他真理了，至少在社会和人生方面，是这个样子。我记得，耶稣教有查经班；牧师和阿訇们讲道，也多半是从《圣经》或《古兰经》中选出一段话，结合当前的需要，加以发挥，总是劝人做好事，不干坏事。从这一点上来看，宗教还是有一些好处的。

佛教有些不同。和尚讲经，也总是劝善惩恶，这一点同其他两大宗教是相同的。不同之处在于，释迦牟尼本人并不承认自己是神。他活着的时候，以及死后相当长的时间内，僧徒也没有把他当作神来膜拜。他被神化为如来佛，与外来影响有关。到了大乘时期，这现象才逐渐明朗化。根据这些情况，我觉得，佛教似乎是一个唯理的宗教，讲求义理的宗教，不要求信徒盲目崇拜的宗教，不禁锢信徒们的思想的宗教。大乘唯理的倾向更加明显。它对宇宙万事万物，对人类社会，对人们的内心活动，都深入钻研，挖掘得之深，之广，达到了惊人的水平。它十分强调智慧，标举"缘起"的理论，认为一切都是无常的，一切都是变动的。因此恩格斯认为佛教有辩证的思维。它的理论当然会有矛盾，会有牵强附会之处，这是不可避免的。但是，总起来看，它的教义中颇多哲学因素。古代印度有一个传统，宗教与哲学紧密地结合在一起。大乘佛教继承而且发扬了这个传统。大乘还提倡逻辑学，所谓因明学者就是。在这里大乘唯理的色彩也表现得很突出。这样的情况就促使佛教产生了大量的经典。经、律、论，样样齐全。有的部派还有自己的经典。结果在两千多年的发展中，佛教的经典就多到了超过汗牛充栋的程度。而且佛教同另外两个世界大宗教不同，始终也没有确定哪一部经典是圣经宝典，唯我独尊。所有的经典都并肩存在、庞然杂陈。这些经典通常称为"大藏经"。有梵文、巴利文、汉文、藏文、满文、蒙文、傣文等不同的文本，量有多大，谁也说不清。

有的学者说，佛教是无神论。有的人就义形于色地挺身起来反对：哪里会有无神的宗教呢？如果我们客观地深刻地观察一下，就可以发现，说佛教是无神论，在某种意义上是正确的。我们不妨粗略地把佛教分为两个层次：高和低。低层次的佛教烧香拜佛，修庙塑像，信徒们相信轮回报应，积德修福，只要念几声"南无佛，南无法，南无观世音菩萨"，或者单纯一声："阿弥陀佛！"就算完成了任务，不必深通佛教义理，宗教需要也能得到满足。但是，这并不是佛教的全貌，只是低层次的佛教。高层次的佛教信徒，虽也难免晨钟暮鼓，烧香礼拜；但是他们的重点是钻研佛教义理，就像一个哲学家钻研哲学。钻研的结果，由于理解面不同，理解者的修养水平、气质、爱好也不同，久而久之，就形成了许多宗派。小乘时期，宗派已经不少。大小乘分裂以后，宗派日益繁多。流传衍变，以至今日。现在世界上已经不知道究竟有多少佛教宗派了。

总之，我认为，佛教有宏大的思想宝库，又允许信徒们在这一座宝库内探讨义理。有探讨义理的自由，才能谈到发展。有了发展，才会有"倒流"现象。这是再明白不过的。同小乘比较起来，大乘的思想宝库更丰富，更复杂，更富于矛盾。唯其更富于矛盾，给信徒们或非信徒们准备的探讨义理的基础，才更雄厚，对义理发展的可能也就更大。中国佛教的"倒流"现象限于大乘，其原因就在这里。

至于为什么只有中国高僧才能发展佛教义理，才能"倒流"回印度去，这要从中国人民的精神素质着眼才能解答。在四、五千年的文化史上，中国人民表现出极高的智慧和极大的创造能力。这是人人皆知的历史事实，无待赘述。中国人善于思考，又勤于思考。中国人的基本思维方式是综合的，有别于西方人的分析。他们探讨理论，往往从实际需要出发，不像西方人那样从抽象的理论出发。连极端抽象的数学，中国古代数学史也表现出来了这个特点。《含光传·系》认为印度人"念性"，而中国人"解性"，实在是深中肯綮。这一点我在上面仔细分析过了，这里不再重复。梁启超对中国人智力方面特点的观察，我看也值得我们重视。他在《中国佛法兴衰沿革说略》那一篇文章中谈到中国人的"独悟"问题。他举的例子中有一个是晋代高僧道生。道生孤明先发，立善不受报和顿悟义，他认为一阐提人皆有佛性，因而受到旧学僧党的责难。后来《大般涅槃经》从印度传来中国，里面果然提到一阐提人皆有佛性，与道生之说若合符契。梁启超认为"大乘教理多由独悟"。他由此想到中国人富于研究心，中国人有"创作之能"[①]。他这些意见同《含光传·系》里的意见，几乎完全相同，足征这是符合客观实际的。

这就是独有中国高僧能发展印度佛教义理，"倒流"回印度去的原因。

我探讨佛教"倒流"问题，到此结束。

1991年12月21日写毕

补充

文章写完，偶检佛典，又看到一点资料，与本文有关，亟录之，以作补充。

《景德传灯录》五，第三十三祖慧能大师，法嗣四十三人，其中有"西印度堀多三藏"介绍原文如下：

西域堀多三藏者，天竺人也。东游韶阳见六祖。于言下契悟。后游五台，至定襄县历村，见一僧结庵而坐。三藏问曰："汝独坐奚为？"曰："观静"。三藏曰："观者何人？静者何物？"其僧作礼问曰："此理何如？"三藏曰："汝何不自观自静。"彼僧茫然，莫知所对。……三藏曰："我西域最下招者，不堕此见。兀然

---

① 见《饮冰室佛学论集》，江苏广陵古籍刻印社1990年版，第11页。

空坐，于道何益？"……三藏后不知所终。[①]

　　如果这段记载可靠的话，那么，在顿悟大师慧能座下也已有了印度的传法弟子了。

---

① ㊅51,237a。

《列子》与佛典

——对于《列子》成书时代和著者的一个推测

《列子》是一部伪书，自来学者少有异议。自唐柳宗元，宋高似孙、黄震、朱熹、叶大庆，明宋濂，清姚际恒、钱大昕、钮树玉、姚鼐、何治运、俞正燮、吴德旋、汪继培，下至章炳麟、陈三立、梁启超、顾实、马叙伦、陈文波、冯友兰、王德箴[①]，有的认为《列子》本有其书，只是经过了后人

---

① 柳宗元，见《柳河东集》卷4，《辩列子》。高似孙，见《子略》，顾颉刚校，第58页。黄震，见《慈黄氏日抄》卷55，《读诸子》:《列子》。朱熹，见《朱子全书》卷58。叶大庆，见《考古质疑》卷3（见《海山仙馆丛书》）。宋濂，见《诸子辨》，顾颉刚标点，第3版，第15—16页。姚际恒，见《古今伪书考》，顾颉刚校点，第54—56页。钱大昕，见《十驾斋养新录》卷18，《释氏轮回之说》。钮树玉，见《匪石先生文集》卷下，《列子跋》。姚鼐，见《惜抱轩文后集》卷2，《跋列子》（见《四部备要》）。何治运，见《何氏学》（下接295页）

的增窜；有的认为全书都是伪造的。怀疑的程度虽然不同，但大家都认为《列子》是一部伪书。只有很少数的人读到《列子》而没有怀疑，像梁刘勰、宋洪迈、元刘埙、明王世贞、清褚人获[1] 等。另外还有两家，虽然也承认《列子》不是出于列御寇之手，但大体上却是替《列子》辩护的：一是《四库全书总目提要》二十八子部道家类；一是日本学者武内义雄[2]。可惜这些替《列子》辩护的学者们的意见都太空虚，不能让人心服。

替《列子》辩护既然难成立，我们回头再看怀疑《列子》的学者的意见。统观这些学者，我觉得他们每个人都举出了很坚实可靠的证据，但他们却只证明了一点，就是：《列子》是一部伪书。至于这部书究竟伪到什么程度，换句话说，就是：这部书究竟是在哪一年著成的？著者究竟是谁？虽然他们有的也多少说到过，但我总觉得理由都太空洞，或者只是想象之辞。钱大昕说："恐即晋人依托。"[3] 姚鼐以为《列子》里面有汉魏以后人的附益，也许张湛就有所矫入。何治运举出了许多证

（上接294页）卷4，《书列子后》。俞正燮，见《癸巳存稿》卷10，《火浣布说》。吴德旋，见《初月楼文续钞》，《辨列子》。汪继培，见《列子张注》八卷，附《释文》二卷，汪继培序（见《湖海楼丛书》）。章炳麟，见《汉昌言》卷四。陈三立，见《东方杂志》第14卷第9号，《读列子》。梁启超、顾实，见霍世休《唐代传奇文与印度故事》，《文学》"中国文学研究专号"第1053页注8。马叙伦，见《国故》第1—3期，《列子伪书考》（又见《天马山房丛书》）。陈文波，见《清华学报》第1卷第1期，《伪造列子者之一证》（又见《古史辨》第4册）。冯友兰，见《中国哲学史》下册，第619页。王德箴，见《先秦学术思想史》第51页。

[1] 刘勰，见《文心雕龙》卷4，《诸子》。洪迈，见《容斋续笔》卷12，《列子书事》。刘埙，见《隐居通议》卷19，《列子精语》。王世贞，见《读列子》。褚人获，见《坚瓠续集》卷4。

[2] 江侠庵编译《先秦经籍考》中，《列子冤词》。

[3] 钱大昕《十驾斋养新录》说，释氏轮回之说出于《列子》，非常可笑。

据，说《列子》出于《尔雅》《易纬》，在佛法入中国和两汉"圣学昌明"之后，没有确定说什么时候①。俞正燮说：

> 《列子》晋人王浮葛洪以后书也，以《仲尼篇》言圣者，《汤问篇》言火浣布知之。

这理由似乎不大充足。《仲尼篇》言圣者，最多只能证明《列子》出于佛法入中国之后；《汤问篇》言火浣布也只能证明《列子》出于火浣布输入以后，都不能证明《列子》是王浮、葛洪以后的书。大概王浮、葛洪都是制造伪书的专家，所以俞正燮就想到他们身上去了。章炳麟先说《列子》作于佛法初兴之世，后来又说：

> 《列子》书汉人无引者。王何嵇阮下及乐广，清谈玄义，散在篇籍，亦无有引《列子》者。观张湛序，殆其所自造。湛谓与佛经相参，实则有取于佛经尔。

他说《列子》可能是张湛伪造的，实在是一个大胆的假设，发前人所未发；但可惜并没能举出具体的证据，只是一个揣测而已②。陈三立以为季汉魏晋之士，看了佛典以后，就杨朱之徒所依托的，增窜而成《列子》。马叙伦举了二十个事例证明《列子》是伪书，连刘向的《叙录》也是伪造的。他的结论是：

> 魏晋以来，好事之徒，聚敛《管子》《晏子》《论语》《山

① 马叙伦《列子伪书考》说："何治运以为出郭璞后人所为。"不知何据。
② 梁任公、顾实、霍世休也有同样的揣测。见霍世休《唐代传奇文与印度故事》二。霍氏说，他曾著《〈列子·汤问篇〉质疑》一文，不知写成了没有。

海经》《墨子》《庄子》《尸佼》《韩非》《吕氏春秋》《韩诗外
传》《淮南》《说苑》《新序》《新论》之言，附益晚说，成此八
篇，假为向叙以见重。

他最后说：

> 夫辅嗣为《易》注多取诸老庄，而此书亦出王氏，岂弼之徒所
> 为与？

陈文波在他的论文《伪造列子者之一证》里举出了几个前人没有注
意到的证据，他先说《列子》"颇似魏晋时之出产品"，又说"晋人或
有见于《庄子》之寓言，于是杂凑群书，以成《列子》"。以上这些说
法都太笼统。

我们上面谈到，学者们对于《列子》成书年代的意见既然都未免有
点空泛，那么我们是不是还有办法把这部书著成的年代更精密的确定一
下呢？我觉得我们还有办法，而且办法也许还不止一个。我现在只根据
中译的佛典来试一试。

张湛在《列子序》里说：

> 然其所明，往往与佛经相参。

章炳麟已经怀疑到，并不是《列子》与佛经相参，而是《列子》抄
佛经。我也有同样的感觉，我觉得张湛在这序里不打自招地说出了《列
子》一部分取材的来源。关于《列子》与佛典的关系，以前有许多学者
谈到过。高似孙说：

至于"西方之人，有圣者焉，不言而自信，不化而自行"。此固（故）有及于佛，而世犹疑之。①

朱熹说：

又观其言"精神入其门，骨骸反其根，我尚何存"者，即佛书四大各离，今者妄身尚在何处之所由出也。他若此类甚众，聊记其一二于此，可见剽掠之端云。

叶石林说：

《列子》，《天瑞》《黄帝》两篇皆其至理之极尽言之而不隐，故与佛书直相表里。②

王应麟说：

《列子》言西方之圣人，西极之化人，佛已闻于中国矣。③

明宋濂举出许多《列子》与佛典相合的例子。清何治运以为《周穆王篇》的西极化人和《仲尼篇》的西方圣人就是指的佛。龚自珍④和

① 黄震、沈濂（《怀小编》卷3，"西方之人"）、王世贞、顾颉刚都怀疑"西方之人"不是指的佛。
② 马端临《文献通考》卷210，《经籍考》三十八，子，道家引叶氏语。
③ 《困学纪闻》卷10。
④ 《定庵文集补编》卷2，最录《列子》。

杨文会①也有同样的意见。章炳麟和陈三立都指出《列子》与佛典的关系。马叙伦说的尤其详尽。他先指出西方之人就是佛,最后又说:

> 又如《天瑞篇》言天地空中之一细物,有中之最巨者。《周穆王篇》言西极之国,有化人来,入水火,贯金石,反山川,移城邑,乘虚不坠,触实不硋,千变万化,不可穷极,既已变物之形,又且易人之虑。《汤问篇》言其山高下周旋三万里,其顶平处九千里,山之中间相去七万里,以为邻居焉。其上台观皆金玉,其上禽兽皆纯缟,珠玕之树皆丛生,华实皆有滋味,食之皆不老不死,所居之人皆仙圣之种。一日之夕,飞相往来者不可数焉。此并取资于浮屠之书,尤其较著者也。

这些意见有的都很中肯;但类似上面举出的这些记载散见佛典,我们虽然可以说,《列子》剽掠了佛典,我们却不能确切地指出剽掠的究竟是哪一部,因而也就不能根据上面这些证据推测出《列子》成书的年代。反过来说,倘若我们能够在《列子》里找出与佛典相当的一段,而且能够指出抄袭的来源,我们也就能够推测《列子》成书的时代。这种例子,在《列子》里并不是没有,下面我就举出一个来。

《列子·汤问篇》五有这样一段:

> 周穆王西巡狩。越昆仑,不至弇山,反还。未及中国,道有献工人名偃师,穆王荐之,问曰:"若有何能?"偃师曰:"臣唯命所试。然臣已有所造,愿王先观之!"穆王曰:"日以俱来,吾与若俱观之!"翌日,偃师谒见王。王荐之曰:"若与俱来者何人

---

① 《冲虚经发隐》。

邪？"对曰："臣之所造能倡者。"穆王惊视之，趋步俯仰，信人
也，巧夫！领其颐，则歌合律；捧其手，则舞应节；千变万化，惟
意所适。王以为实人也，与盛姬内御并观之。技将终，倡者瞬其目
而招王之左右侍妾。王大怒，立欲诛偃师。偃师大慑，立剖散倡者
以示王：皆傅会革木胶漆白黑丹青之所为。王谛料之：内则肝胆心
肺脾肾肠胃，外则筋骨支节皮毛齿发，皆假物也，而无不毕具者，
合会复如初见。王试废其心，则口不能言；废其肝，则目不能视；
废其肾，则足不能步。穆王始悦而叹曰："人之巧乃可与造化者同
功乎？"诏贰车载之以归。夫班输之云梯，墨翟之飞鸢，自谓能之
极也。弟子东门贾禽滑厘闻偃师之巧，以告二子。二子终身不敢语
艺，而时执规矩。

在西晋竺法护译的《生经》（Jātaka-nidāna）卷三《佛说国王五人
经》二十四里有一个相同的故事：

　　时第二工巧者转行至他国。应时国王喜诸技术。即以材木作机
关木人，形貌端正，生人无异，衣服颜色，黠慧无比，能工歌舞，
举动如人。辞言："我子生若干年，国中恭敬，多所馈遗。"国
王闻之，命使作技。王及夫人，升阁而观。作伎歌舞，若干方便。
跪拜进止，胜于生人。王及夫人，欢喜无量。便角瞤（宋元明本作
眨）眼，色视夫人。王遥见之，心怀忿怒。促敕侍者，斩其头来：
"何以眼，视吾夫人？"谓有恶意，色视不疑。其父啼泣，泪出五
（宋元明本作数）行。长跪请命："吾有一子，甚重爱之。坐起进
退，以解忧思。愚意不及，有是失耳。假使杀者，我共当死。唯以
加哀，原其罪舋。"时王恚甚，不肯听之。复白王言："若不活
者，愿自手杀，勿使余人。"王便可之，则拔一肩橛，机关解落，

碎散在地。王乃惊愕："吾身云何嗔于材木？此人工巧，天下无双，作此机关，三百六十节，胜于生人。"即以赏赐亿万两金。即持金出，与诸兄弟，令饮食之，以偈颂曰：

观此工巧者　多所而成就
机关为木人　过逾于生者
歌舞现伎乐　令尊者欢喜
得赏若干宝　谁为最第一 [①]

我们比较这两个故事，内容几乎完全相同，甚至在极细微的地方都可以看出两者间密切的关系，譬如《列子》里说："倡者瞬其目而招王之左右侍妾"，《生经》里就说："便角䁷眼，色视夫人。"但这两个故事间的关系究竟应该怎样去解释呢？看了这两个故事这样相似，我想无论谁也不会相信这两个故事是各不相谋的独立产生的，一定是其中的一个抄袭的另外一个。现在我们就看，究竟哪一个是抄袭者。

首先我们要追究，这个故事的老家究竟是在什么地方，是印度呢？还是中国？在中文译本里，整个故事叫做《佛说国王五人经》，这个机关木人的故事只是其中一部分。《佛说国王五人经》讲的是五个王子的故事：第一个智慧（Prajñāvanta），第二个工巧（Śilpavanta），第三个端正（Rūpavanta），第四个精进（Vīryavanta），第五个福德（Puṇyavanta）。每个王子各有所长，正如他的名字所表示的。每个王子都找到机会显他的本领，结果还是福德王子占了第一。这五个王子显

---

① 《大正新修大藏经》（以下简写为⑥，当页的上、中、下栏表示为 a、b、c）卷 3，3,88a。E.Chavannes 法译文见 Cinq Cents Contes et Apologues, Tome Ⅲ.pp.166-175。季羡林德译文见 Zeitschrift der Deutschen Morgenländischen Gesellschaft H.2, 1943.

本领就用五个故事来叙述，我们上面抄的机关木人的故事是属于第二个
工巧王子的。这五个小故事合起来成了一个大故事，就是《佛说国王五
人经》。这个大故事在印度很流行。除了《佛说国王五人经》以外，保
存在中文《大藏经》里的还有《佛说福力太子因缘经》①。在用混合方
言写成的 Mahāvastu 里也有这个故事②。不但在印度，在中亚也可以找
到这故事，譬如在吐火罗文 A 方言（焉耆文）的残卷里就可以找到③。
有一点我在这里先要声明：整个大故事的内容和结构虽然差不多都一
样，但每个王子的故事有时候却多少有点差别。属于第二个工巧王子的
机关木人的故事，我一直到现在除了在《生经·佛说国王五人经》里找
到以外，在别的地方还没有发现类似的故事。但这个小故事既然嵌在那
个大故事里面，所以我相信，它的老家也一定就是印度④。

我们上面已经说到，《列子》与《生经》里机关木人的故事绝不会
是各不相谋的独立产生的，一定是其中的一个抄袭的另外一个。现在我
们既然确定了印度是这个故事的老家，那么，《列子》抄袭佛典恐怕也
就没有什么疑问了。

我们现在再看，在中文《大藏经》里除了竺法护的译文以外，是
不是还可以找到别的与《生经》机关木人的故事相类的故事。倘若有的
话，《列子》也许并不是抄袭竺法护。但据我浅见所及，在竺法护以前
并没有任何相同或相似的译文。所以我们现在还可以再进一步说，《列
子》里这个故事不但是从佛典里抄来的，而且来源就正是竺法护译的

---

① Buddhabhāṣitapuṇyabalāvadāna，《大正新修大藏经》第 173 号，南条文
雄《目录》第 953 号。

② ed. Senart 第三本第 33—41 页。

③ Sieg und Siegling, Tocharische Sprachreste, I.Band, Berlin und Leipzig
1921，pp. 1—14.

④ 关于机关木人的传说请参阅 C.H.Tawney 和 NMPenzer, The Ocean of Story
Vol. Ⅲ，p.56ff.

《生经》。

这一点弄清楚，我们再来看竺法护的译本。在所有古代的经录里面，竺法护译的《生经》都有著录。

梁僧祐《出三藏记集》卷二：

　　《生经》五卷或四卷[①]

隋法经《众经目录》卷三：

　　《生经》五卷[②]

隋彦悰《众经目录》卷一：

　　《生经》五卷或四卷[③]

唐静泰《众经目录》卷一：

　　《生经》五卷或四卷一百七纸[④]

唐道宣《大唐内典录》卷二：

---

① ㊛卷 55,7b。
② ㊛卷 55,128a。
③ ㊛卷 55,154a。
④ ㊛卷 55,186c。

《生经》五卷太康六年正月十九日译，或四卷见《聂道真录》①

从上面的著录来看，译者毫无问题。至于译出的时间据道宣《大唐内典录》是太康六年，相当公元 285 年。我们也没有理由怀疑这个记载。

写到这里，我觉得我们对《列子》成书的时代可以作一个比较确切的推测了：《列子》既然抄袭了太康六年译出的《生经》，这部书的纂成一定不会早于太康六年（285 年）。陈文波曾指出《列子》抄《灵枢经》。《灵枢经》据说是抄自皇甫谧所集的《内经·仓公篇》。陈文波就认为《灵枢经》之出世当在皇甫谧时。据《晋书》五十一《皇甫谧传》，皇甫谧死在太康三年（282 年）。所以，就我们现在所发现的材料来说，《列子》抄的最晚的一部书就是《生经》。

关于《列子》注者张湛的身世，我们知道的极少。唐殷敬顺《列子释文》也只说：

张湛，字处度，东晋光禄勋，注此《真经》。

《晋书》又没有传，生卒年月不详。我们唯一可根据的就是他的《列子序》。我现在抄一段：

湛闻之先父曰：吾先君与刘正舆、傅颖根皆王氏之甥也。并少游外家。舅始周，始周从兄正宗辅嗣皆好集文籍。先并得仲宣家书，几将万卷。傅氏亦世为学门。三君总角，竞录奇书。及长，遭永嘉之乱，与颖根同避难南行。车重各称力，并有所载。而寇虏弥盛，前途尚远。张谓傅曰："今将不能尽全所载，且共料简世所希有者，各各保录，令无遗弃。"颖根于是唯贵其祖玄父咸子集。先君所录书中有《列子》八篇。及至江南，仅有存者，《列子》唯余《杨朱》《说符》目录三卷。比乱正舆为扬州刺史，先来过江。复在其家得四卷。寻从辅嗣女婿赵季子家得六卷，参校有无，始得全备。

这序里面提到的人名，在正史里面大半都可以找得到。傅颖根就是傅敷，《晋书》卷四十七《傅玄传》附有他的传，说他：

永嘉之乱，避地会稽。

与张湛序相合。又据《三国志·魏志》卷二十一《王粲传》：

献帝西迁，粲徙长安。左中郎将蔡邕见而奇之。时邕才学显著，贵重朝廷，车骑填巷，宾客盈坐，闻粲在门，倒屣迎之。粲至，年既幼弱，容状短小，一坐尽惊。邕曰："此王公孙也。有异才，吾不如也。吾家书籍文章，尽当与之。"

《三国志·魏志》卷二十八《钟会传》附《王弼传》裴注：

《博物记》曰：初王粲与族兄凯俱避地荆州。刘表欲以女妻粲，而嫌其形陋而用率。以凯有风貌，乃以妻凯。凯生业，业即刘表外孙也。蔡邕有书近万卷，末年载数车与粲。粲亡后，相国掾魏讽谋反，粲子与焉。既被诛，邕所与书悉入业。业字长绪，位至谒者仆射。子宏，宏字正宗，司隶校尉；宏，弼之兄也。

《魏氏春秋》曰：文帝既诛粲二子，以业嗣粲。

　　也与张湛序相合。以上两件事都证明他的序与史实相符。但我们却不能因为他说到的几件事都可靠，就认为序里所有的话全可信。关于抄录《列子》一段，我觉得就绝不可信。张湛的序要我们相信，《列子》这部书是他祖父在永嘉之乱逃难时抄录下来的，原本当然更早。永嘉之乱大概是指的永嘉五年（311 年）晋怀帝的被虏。我们上面已经说到，《列子》的成书不会早于太康六年（285 年）。永嘉五年上距太康六年只有二十六年。我们绝对不能相信，在《生经》译出后短短二十几年内，在当时书籍传播困难的情况下，竟然有人从里面抄出了一段凑成一部《列子》。而且据张湛的暗示，这书在王家不知已经藏了多少年，这更是绝不可能的。我以为，这都是张湛在捣鬼。但他为什么这样做呢？最合理的推测就是，《列子》本文完全是张湛伪造的。为了灭迹起见，他写了这篇序，以史实为根据，加入一段童话般的故事，目的在惑乱读者。

　　归纳起上面所说的来看，我们可以立一个假设：《列子》这部书是彻头彻尾一部伪书[1]，刘向的《叙录》[2]《列子》本文、《列子序》和《列子》注都出于张湛一人之手，都是他一个人包办的。我希望将来能够找到更多的材料证成这一个假设[3]。

1948年12月4日初稿

1949年2月5日改作毕

---

[1] 这并不是一个新意见，参阅注本书第 296 页注释②。但真正找到确凿的证据恐怕还是第一次。

[2] 僧徒也有伪造刘向文的，参阅俞正燮《癸巳类稿》，《僧徒伪造刘向文考》。

[3] 《民彝》杂志一卷三期有一篇文章《读〈列子·汤问篇〉》，我还没能看到。

附记：

此文初稿曾送汤用彤先生审阅，汤先生供给了我很多宝贵的意见，同时又因为发现了点新材料，所以就从头改作了一遍。在搜寻参考书方面，有几个地方极得王利器先生之助，谨记于此，以志心感。

2月5日羡林记于北京大学图书馆